Fritz Brustat-Naval
Segel, Silber und Kanonen

Ein Buch, das alles Lesenswerte enthält: Abenteuer und Gefahren zu Wasser und zu Lande, einsame Küsten, ferne Inseln, eisige Stürme, Schiffbruch und Meuterei, Kaperfahrten und Seegefechte, lecke Schiffe und Menschen, denen das Wasser bis zum Halse steht.
Es ist die beispiellose Geschichte des Kommodore Anson, der mit sechs Schiffen der Royal Navy und 2 000 Mann zu den spanischen Besitzungen im Pazifik auszog und mit nur einem Schiff und 104 Mann zurückkehrte — aber mit der größten Beute aller Zeiten an Bord. Am Vorabend des weltweiten Siebenjährigen Krieges ablaufend ist es ein Stück Geschichte, von der man in der deutschen Literatur bisher noch nichts hörte: die atemberaubende Anson-Story 1740—44.

Viel Spaß...
Zeitmang...
von ...
Werkmeister, 1979

Fritz Brustat-Naval

Segel, Silber und Kanonen

Die Anson-Story 1740–1744

W. Fischer-Verlag · Göttingen

Einbandbild und Illustrationen von
Hans Peter Jürgens
Mitglied der Royal Society of Marine Artists

CIP-Kurztitelaufnahme der Deutschen Bibliothek
Brustat-Naval, Fritz
Segel, Silber und Kanonen : d. Anson-Story 1740—1744. — 1. Aufl. — Göttingen : Fischer, 1978.
(Göttinger Fischer-Buch)
ISBN 3-439-78151-8

1. Auflage 1978: 8 000

© 1978 by W. Fischer-Verlag, Göttingen
Alle Rechte vorbehalten
Gesamtherstellung: Fischer-Offset-Druck, Göttingen

Inhalt

I DIE REISE ZUR ROBINSON-INSEL

Die Greifer gehen um!	9
Das schlafende Geschwader	21
Unter Segel	37
Tod und Teufel an Bord	48
Der Feind erscheint	61
In der Hölle von Kap Hoorn	78
Die Robinson-Insel	101
Schiffbruch, Mord und Meuterei	120

II DIE JAGD NACH DEM SCHATZSCHIFF

Auf Kaperfahrt	137
Der Handstreich	153
Die Blockade	167
Schiffe ohne Rast und Ruh	190
Klar zum Gefecht	210
Kampf und Sieg	230
Wieder daheim	254
Nachwort	263
Anhang	268

I Die Reise zur Robinson-Insel

Die Greifer gehen um!

An einem Abend des Jahres 1739 verließ der junge David Ross das Haus seiner Tante, um ihr aus der nahen Gassenschenke „The Penny and Piper" eben mal einen Krug Bier zu holen. Es war nur eine Sache von wenigen Schritten, und als die Tür hinter ihm ins Schloß fiel, konnte er nicht ahnen, daß er erst mehr als vier Jahre später zurückkehren würde. Ohne Krug und ohne Bier. Dafür aber das Herz voll von Erinnerungen an die unerhörten und schier unglaublichen Ereignisse einer Reise um die Welt, in die er unverhofft und wider Willen verstrickt wurde.

Trotz des Vollmondes war draußen alles menschenleer und so still, als hielte die Hafenstadt den Atem an. Verschlossen und abweisend blickten die Häuserfronten herab. Dumpf klapperten Davids Schritte über das Kopfsteinpflaster, als er dem einladenden Schein der Wirtshauslichter entgegenhastete. Doch der Schein trog, und als er näher kam, schlugen ihm aus dem Innern des „Penny and Piper" erregte Stimmen entgegen. Eine Prügelei, dachte David, vorsichtig durch die Butzenscheiben spähend. Noch ehe er begriff, was sich dahinter tat, wurde der Eingang von innen aufgestoßen. Mehrere Männer droschen unter Verwünschungen auf einen einzelnen ein, der wie am Spieß brüllte, aber trotz heftiger Gegenwehr auf die Gasse gezerrt wurde. Vergeblich rief der Angegriffene Gott und alle Welt zum Zeugen an, kein Fenster öffnete sich, niemand kam ihm zu Hilfe. Auf einmal gewahrte er David, der wie erstarrt dastand, und rief ihm mit letzter Kraft zu: „Die Greifer gehen um, hau ab!" Dann legte sich von hinten eine Hand auf seinen Mund.

Die Greifer gehen um! David Ross ließ vor Schreck seinen Zinnkrug fallen. Die Suchtrupps der Royal Navy waren wieder einmal unterwegs, um Mannschaften für den Dienst auf den Schiffen seiner Majestät des Königs von England zu „pressen", die immer Menschen nötig hatten. Die Greifer durchsuchten ganze Stadtviertel, vor allem die ärmlichen, lauerten an Treffpunkten, und wenn ihnen jemand brauchbar erschien, und das waren so ungefähr alle, dann nahmen sie ihn einfach mit. Sie trennten den Bräutigam von der Braut und den Ernährer von der Familie. Never mind, was machte das schon! Im „Penny and Piper" war ihnen offensichtlich wieder ein Opfer unter die Finger geraten, und wenn er, David, sich nicht augenblicklich davonmachte, würde es auch um ihn geschehen sein. Die Warnung des Unglücklichen und das Scheppern seines Kruges auf den Steinen hatten ihr Augenmerk auf ihn gelenkt.

„He, du, komm doch mal her!"

So machte er denn auf dem Absatz kehrt, solange sie noch mit ihrem ersten Opfer beschäftigt waren. Den Ruf „Stehenbleiben, verdammt noch mal!" überhörte er geflissentlich.

Mit langen Sätzen flüchtete er die Gasse hinunter, wobei sein Schlagschatten im Mondschein gespenstisch vor ihm herjagte. Aber da ihm der Rückzug abgeschnitten war, lief er aufs Geratewohl und entfernte sich damit mehr und mehr vom sicheren Hause seiner Tante. Am Ende der Gasse sah er die Ankerlichter von Schiffen, die sich im Wasser spiegelten. Er verlor einen Schnallenschuh, lief aber unbeirrt weiter, die Pfiffe der Greifer im Rücken, die nun hinter ihm her waren,

und schickte keuchend ein Stoßgebet gen Himmel. Doch der Himmel hörte gerade nicht hin.

David wußte nicht, daß man das Hafenbollwerk abgeriegelt hatte, weil ein Geleitzug von Handelsschiffen aus der Levante gekommen war und man die sorglos an Land gehenden Seeleute abfangen wollte. So lief er einer anderen Gruppe von Menschenräubern, die natürlich die Pfeifsignale längst vernommen hatten, direkt in die Arme. Er bemerkte sie erst, als er um die Ecke bog und kopfüber hinfiel. Ein grobschlächtiger Kerl hatte ihm ein Bein gestellt. „He, Bürschlein, warum so eilig, wohin des Weges?"

Andere Stimmen fielen ein. „Hast du etwas ausgefressen, so sag's gleich..."

„Was ist das für ein Vogel? He, mach's Maul auf!"
„Vielleicht ist er ein Dieb, untersucht ihn."
Eine Hand riß ihn unsanft hoch. „Ein Dieb? Nein, dazu ist er zu gut gekleidet."
David zwang sich, nicht zu weinen. Noch halb betäubt vom Fall, ließ er alles über sich ergehen und merkte, wie flinke Finger ihn abtasteten. „Er hat eine halbe Krone bei sich!" schrie einer triumphierend. „Und eine Taschenuhr dazu", fuhr ein anderer fort, „wer weiß, wem er die gestohlen hat."
Die Männer, die ihn umringten, trugen kurze Jacken und weite Hosen. Das Mondlicht glitzerte auf ihren Lackhüten und auf dem blanken Degen eines Offiziers, dessen Dreispitz und Kniestrümpfe seinen Stand anzeigten. David schöpfte Hoffnung.
„Herr Leutnant", rief er flehend, „ich bin kein Dieb! Die Uhr und das Geld gehören meiner Tante. Wir können gleich hingehen und sie fragen."
„Das werden wir hübsch bleiben lassen", unterbrach ihn einer, „nicht wahr, Sir?"
„Na, und ob, Bootsmaat", entgegnete der Offizier und bemerkte scheinbar wohlwollend zu David: „Ist deine Tante so begütert, daß sie dir soviel anvertraut?"
„Ja, gewiß, Sir, sie hat ein Haus und lebt vom Vermögen."
„Und deine Eltern?"
„Die sind schon einige Jahre tot, mein Vater war Pfarrer auf dem Lande."
„Nun, wenn das so ist und du keinen zu ernähren hast", rief der Offizier lachend, „wird dich auch niemand vermissen, wenn wir dich mitnehmen."
„Aber ich bin erst sechzehn Jahre alt", log David.
„Na, und?" winkte der Offizier ab. „Als man mich in die Marine steckte, war ich erst fünfzehn, und ich bin ein Sohn des Grafen von Trenton. Also, was soll's."
In diesem Augenblick kamen seine Verfolger aus der Gasse herangestürmt. „Na, habt ihr ihn geschnappt?" rief ihr Boots-

mann. „Am Abend geht das Geschäft doch immer am besten. Dann sind die Leute unvorsichtig, und unsereins erregt kein Aufsehen und braucht sich nicht vom Publikum beschimpfen zu lassen."

„Gott sei Dank, diesmal haben wir einen guten Griff getan", antwortete der Maat. „Mal was anderes als immer nur Betrunkene, Fettwänste und Lahme. Los, ziehen wir mit den beiden ab, erlauben Sie, Sir?"

Noch einmal nahm David allen Mut zusammen. „Hören Sie doch, Sir, es gibt schließlich eine Habeaskorpusakte, und ..."

„Nun hören Sie sich das an, Sir!" fuhr ihm der Bootsmann dazwischen. „Eine Habe ..., was zum Teufel meint er damit, will er sich über uns lustig machen?"

„Nein, nein", schrie David so laut er konnte, „nach unserm Gesetz darf kein britischer Untertan ohne gerichtliche Anordnung verhaftet oder in Haft gehalten werden!"

Der Offizier stutzte einen Moment. „Dein Vater mag ein Pfarrer gewesen sein, und du hast eine ziemlich große Klappe. Aber damit wir uns richtig verstehen, du bist nicht verhaftet, und es gibt auch eine Parlamentsakte, die uns das Einziehen von Mannschaften für die Marine erlaubt. Hast du mich verstanden?"

„Aber ich will ..."

„Nichts wirst du!" Der Offizier richtete sich hoch auf. „Wir haben schon zuviel geredet, Schluß mit dem Hin und Her. Geh zur Flotte und sieh dir die Welt durch ein Bullauge an. Du wirst es sicher noch weit bringen. Es ist", und nun klangen seine Worte sehr steif und förmlich, „es ist eine Ehre, in der Königlichen Marine zu dienen. Gott segne unsern König, Georg den Zweiten, aus dem Hause Hannover!"

„Gott segne unsern König!" stimmten die andern ein.

Ab ging's. Mitgefangen, mitgehangen. Ade, Tante!

Alles war wie ein Traum. Ab ging's, die steinernen Stufen am Bollwerk hinunter und ins Boot, in dem sofort militärisches Reglement einsetzte. Das gedämpfte „Eins-zwei-drei" des Bootssteurers, der den Takt der Rudernden bestimmte, waren die einzigen Worte. Selbst der aus dem „Penny and Piper" Verschleppte hatte klein beigegeben und seufzte nur noch unterdrückt. Das Ufer blieb zurück. Der wolkenverhangene Mond verbreitete einen milchigen Schleier, in dem wie unwirklich Masten und Takelwerk auftauchten. Still und verlassen lagen die Handelssegler da. Über das Wasser kamen Triller, begleitet von Rufen „Pfeifen und Lunten aus!" Das waren die Men of War, Kriegsschiffe, auf denen die Nachtruhe begann. Vom Lande gelöst, zerrten sie an ihren Ankertrossen. Fast reglos hockten hinten im Boot die Gestalten des Steurers und des Offiziers, dessen Hut wie ein dunkler Schemen gegen den Himmel stand. David fröstelte.

Dann erschien ein hoher Schatten über ihnen. Ein langer Klüverbaum und die Mündungen von Kanonen ragten über das Wasser. „Boot ahoi!" Zurufe wechselten, man hörte das Trampeln nackter Füße. Lampen wurden gebracht, eine Treppe senkte sich. Von oben starrten im flackernden Schein die Gesichter vom Läufer Deck und Bootsmaat der Wache herunter.

„Riemen hoch!" Schwungvoll flogen die Ruder senkrecht in die Höhe. Dumpf stieß das Boot an die Bordwand.

Wenn David Ross später einmal an seinen unfreiwilligen Eintritt in die Marine zurückdachte, verstand er die rauhe Art, mit der man mit ihm und seinesgleichen umgesprungen war. Meine Güte, was waren das für Männer gewesen, die sich die Greifer da aufgelesen hatten! Neben unbescholtenen Gimpeln waren es Tagediebe, Tunichtgute und Knastbrüder. Jeder erzählte eine andere herzzerreißende Geschichte, die aber alle darin übereinstimmten, daß sie kaum der Wahrheit entsprachen, den Betreffenden selber jedoch zu Tränen rührten. Eine ganze Menge Leute waren zusammengekommen.

„Ihr bleibt nicht hier, sondern werdet auf die einzelnen Schiffe der Flotte verteilt", eröffnete ihnen ein forscher Korporal. „Und laßt nur nicht die Köpfe hängen. Wie der Doktor sagt, haben die meisten von euch seit langem keine vernünftige Mahlzeit mehr im Magen gehabt. Nach der Speiserolle der Königlichen Marine bekommt ihr nun viermal in der Woche zwei Pfund Rindfleisch oder je ein Pfund Schweinefleisch und Speck. An den drei fleischlosen Tagen gibt es Fisch oder Hülsenfrüchte, dazu Käse, Schiffszwieback, Gewürze und Zucker. Leute, hört euch das an — wie kärglich leben dagegen die Menschen an Land! An Bord aber habt ihr's wie die Made im Speck."

Die Zuhörer atmeten erleichtert auf, und David dachte an den sparsamen Haushalt seiner bürgerlichen Tante. Fleisch war bei der Bevölkerung knapp und Zucker ebenfalls. Doch da ließ sich ein langgedienter Seemann griesgrämig vernehmen:

„Das mit den Maden im Speck stimmt schon, aber anders, als ihr euch das denkt. Daß ihr's wißt: das Fleisch ist meistens alt und gammelig, weil sich die Proviantlieferanten an der Marine gesundstoßen, der Käse ist hart wie Stein, und im Hartbrot wimmelt es von Würmern."

„Manchmal, zuweilen nur", beschwichtigte der Korporal. „Damit es besser schmeckt, wird alles reichlich mit Bier heruntergespült. Außerdem bekommt jedermann täglich seine Rumration, zusammen fast einen halben Liter. Ist das etwa nichts?"

Doch der alte Seemann ließ nicht locker. „Das Bier verdient kaum seinen Namen, und was den Rum angeht, so hast du wohl noch nichts von ‚Old Grog' gehört, ich meine Admiral Vernon. Der läßt neuerdings den Rum mit Wasser verdünnen, angeblich um der Trunksucht Einhalt zu tun." Er knurrte ärgerlich.

„Je, nun", suchte ihn der Korporal zu besänftigen, „Admiral Vernon schlägt sich mit seinem Geschwader zur Zeit in Westindien herum. Eh' sein Beispiel Schule macht, hat es noch gute Weile."

„Und wie steht es mit der Kleidung?" fragte David. „Nur mit dem, was wir auf dem Leibe tragen, können wir keinen

Dienst tun. Ich laufe barfuß, weil ich einen Schuh verloren habe, und meine Uhr ist auch weg."

„Eine Uhr hat der feine Herr gehabt", bekam er da spöttisch zu hören, „na, so was! Hier wird die Zeit mit der Schiffsglocke angezeigt, und wenn die jede halbe Stunde loslegt, wirst du schon wissen, was die Glocke geschlagen hat — auch ohne Taschenuhr."

„Und die Kleidung?"

Der Korporal war eitel Wohlwollen. „Dafür gibt es die sogenannte Schlappkiste, die der Zahlmeister verwaltet und die alles Notwendige enthält. Die Marineleitung in ihrer großen Güte hat nämlich im Jahre 1731 verfügt, daß ein ‚Gepreßter' sofort im Werte von einer Monatsheuer eingekleidet werden soll. Warum wohl, na, warum wohl?"

Er sah sich im Kreise um, und als er nur stummen Blicken begegnete, fuhr er eindringlich fort: „Ist denn das so schwer zu begreifen? Weil ihr auf der Straße aufgegriffen werdet und meist mittellos an Bord kommt. Oder habt ihr etwa noch Geld?"

David entsann sich seiner verschwundenen halben Krone, zog es aber vor, den Mund zu halten.

„Na also, dachte ich mir's doch", sagte der Korporal mehr zu sich selbst und setzte beiläufig hinzu: „Damit wir uns recht verstehen: die Ausrüstung müßt ihr selbst bezahlen, sie wird gegen die Heuer verrechnet."

Staunen und ohnmächtiger Widerstand hingen spürbar in der Luft, und der Korporal zuckte die Achseln.

„Ihr braucht euch deswegen nicht groß aufzuregen, es ist so üblich und gilt übrigens erst, wenn ihr regulär eingeschifft seid. Wartet also ab."

David Ross mußte nicht lange warten. Als einer der ersten wurde er als Ordinary Seaman auf die „Centurion" kommandiert, das Flaggschiff des Kommodore-Anson-Geschwaders. Für monatlich 19 Shilling.

Die letzten Tage hatten ihn merkwürdig verwandelt. Allmählich fügte er sich in sein Schicksal. Er hatte als Waise im

Hause seiner alleinstehenden Tante gelebt und eine gute Schulbildung genossen, wenn auch nicht die beste. Über seine Zukunft war er noch unschlüssig gewesen, seine Tante wollte ihn als Schreiberlehrling beim Magistrat oder in einem Anwaltsbüro unterbringen. Das war nichts Aufregendes, er las gerne und hatte Phantasie. Da sah er sich plötzlich und sozusagen im Handumdrehen der Königlichen Marine ausgeliefert, einer ehrenwerten, aber sprichwörtlich rauhen Zunft. Zum Glück war er mit seinen siebzehn Jahren und als Ordinary Seaman noch immer besser dran als die vielen kleinen Schiffsjungen, von denen es in der Flotte zu wimmeln schien.

Seine Abneigung lag wohl eher darin, daß es ihn so unvorbereitet getroffen hatte. Aber was half's, am besten, man gab sich drein und nahm es, wie es kam. Weglaufen konnte er ohnehin nicht, sie durften überhaupt nicht an Land, die Schiffe lagen vor Anker. Und wenn es ihm gelang, so würden sie ihn bald wieder aufgreifen und als Deserteur bestrafen. Andersherum würde er es vielleicht zu etwas bringen, wie es der Leutnant angedeutet hatte. Er hoffte nur, daß man die besorgte Tante über sein Schicksal nicht im unklaren ließ.

Was die „Centurion" betraf, so war sie 1732 in Portsmouth vom Stapel gelaufen und kaum acht Jahre alt. Der hölzerne Dreimaster gehörte zu den Linienschiffen dritter Klasse, die in der Schlachtflotte am häufigsten vorkamen. Die dritte Klasse hatte nichts mit seinen Qualitäten zu tun, die bei dem verhältnismäßig so jungen Schiff gewiß noch recht gut waren. Sie betraf vielmehr die Anzahl seiner Kanonen. Die „Centurion" führte deren 60, in der Hauptsache 24-Pfünder, von vorne zu laden und mit einem Kaliber von 15 Zentimetern. Daneben gab es noch leichtere Stücke. Wie alle Einheiten ihrer Klasse war auch die „Centurion" ein Zweidecker. Die leichteren Kanonen standen meist auf dem Oberdeck, die schweren darunter in der Unterbatterie, dem Zwischendeck. Und inmitten der Kanonen hauste die Besatzung.

Auf David machte das 1 005 Tonnen große Linienschiff den Eindruck eines Bienenkorbs. Er bewunderte die Schönheit seiner Formen, betrachtete mit ein wenig Herzklopfen die hohen Masten und die seitwärts weit über das Wasser hinausragenden Rahen. Auf den sauberen Decksplanken war auch nicht die leiseste Fußspur zu finden. Außenbords zog sich ein breiter weißer Streifen entlang, der von den dunklen Stückpforten wie das Muster eines Schachbrettes unterbrochen wurde. Das waren Davids erste und flüchtige Eindrücke; denn man hielt ihn dauernd in Trab und jagte ihn ganz schön, von vorne nach achtern und wieder zurück.

Vorne, wo auf einem durch Verstrebungen und Netze gesicherten Vorbau die Galionsfigur hing, der Torso eines gepanzerten Fabeltieres. Und wo neben kunstvollen Schnörkeln und klassischer Schönheit unerwartet einige Seeleute hockten und ihm den blanken Hintern zuwandten. Denn dort befanden sich die nicht ganz ungefährlichen Plumpsklos für die Mannschaften. Das ging, bis die hochgehende See dem Betreffenden nicht nur den Hintern zu waschen, sondern gleich den ganzen Kerl mitzunehmen drohte.

Achtern, wo neben dem verzierten Spiegelheck kleine barocke Erker klebten, die sich bei näherem Hinsehen als reizende Plumpsklos für die Herren Offiziere erwiesen. Wie praktisch und sauber das doch alles war, wer hätte das gedacht ...

Und eingekleidet wurde er als „Gepreßter" auch, von Kopf bis Fuß. Mit grauer Jacke, weiten Hosen, einer roten Weste. Mit Segeltuchschuhen und wollenen Strümpfen, mit Halstuch und Mütze und was man so braucht. Und wofür er einzeln zu quittieren hatte, weil ihm alles in Shilling und Penny angerechnet wurde.

„Ist das die Uniform für Matrosen?" fragte er arglos.

„Uniform?" Der Zahlmeistergehilfe betrachtete ihn verblüfft. „Matrosen tragen keine Uniformen. Diese Sachen sind nur deshalb so einheitlich, weil sie vom Beschaffungsamt in großen Mengen für die Seeleute bestellt werden. Gleicher

Schnitt, gleiche Farbe, das macht's billiger. Hast du das kapiert?"

„Ja, aber ich dachte..."

„Merk dir eins: Uniformen, rote Röcke, Helme und dergleichen sind nur für die eingeschifften Soldaten, für die Kampftruppen und das Landekommando. Warte nur ab, die ersten kommen bald, uns stopfen sie mindestens hundertfünfzig Mann an Bord. Dann wird es in der Tat sehr eng, und du kannst was erleben."

David hatte schon jetzt eine gewisse Vorstellung vom Gedränge an Bord. Vom überfüllten Batteriedeck, wo man zwischen den Kanonen aß und dichtgedrängt in Hängematten schlief und die nächtliche Luft so zum Ersticken war, daß man die Pforten öffnete. Wo man unter den Schlafenden fast auf allen vieren kroch, wenn man mal raus mußte, wo man über Tauwerk fiel und im schwachen Glimmern der Sicherheitslampen kaum die Treppen fand. Weiter hinten lagen die Verschläge der Offiziere, und vorne stand der aus Ziegelsteinen gemauerte Küchenherd. Darunter lagen die Brotlasten, Segelkojen und Materialspinde, die Pulverkammer und, nicht zu vergessen, das Hospital. Dazwischen säulengleich die dicken Masten und die Pfosten der Ankertrossen. Last but not least die Regimenter von Kakerlaken und Wanzen und die verborgenen Nester der Ratten, die hinter der Verschalung raschelten. Tausend Dinge und Kleinigkeiten und Hunderte von Menschen, eingezwängt in die Bordwände eines hölzernen Kastens von 1 005 Tonnen.

„Warum noch die vielen Soldaten an Bord?" stammelte David verwirrt. „Wozu das Ganze, ich verstehe nicht."

„Es wird gerammelt voll", fuhr der Kalfaktor ungerührt fort, „so voll, daß jede Hängematte nur noch den zugestandenen Spielraum von nicht einmal 20 Zoll in der Breite hat. Ihr liegt eingepfercht wie die Pökelheringe, und dreht sich mal einer auf die andere Seite, pflanzt sich die Bewegung durch die ganze Reihe fort. Seemann Ross, du wirst es kennenlernen."

„Aber wozu dieses Aufgebot?" wiederholte David.

Der andere sah sich vorsichtig um. „Wozu, fragst du?" flüsterte er hinter der Hand. „Ich werde dir verraten, wozu. Es gibt Krieg."

„Krieg?"

Der Kalfaktor nickte heftig. „Jawohl, Krieg — hast du denn noch nichts gehört? Man munkelt schon lange davon."

Das schlafende Geschwader

„Vor einem Jahr sprach man schon davon, daß ein Krieg zwischen England und der spanischen Krone unvermeidlich wäre und wir, um den Spaniern zuvorzukommen, gewisse Maßnahmen treffen müßten. Wir sollten Spanien angreifen, und zwar dort, wo es das am wenigsten erwartet und wo es am verwundbarsten ist — in seinem Kolonialreich am anderen Ende der Welt."

Kommodore Anson, ein stattlicher Vierziger mit vollem, energischem Gesicht und wachen Augen, unterstrich seine Worte durch lebhafte Gesten. Sein Dritter Leutnant, Philip Saumarez, schwieg. Sie saßen in der großen Kommandantenkajüte der „Centurion", dem einzigen Raum an Bord, den keine Kanonen einengten und wo man nicht Gefahr lief, sich den Kopf an einem Decksbalken zu stoßen. Mahagonitäfelung, Zierleisten, Spiegel und Bücherregale, ein großer Tisch mit festen Drehstühlen, Bilder und Wappen an den Wänden vermittelten sowohl Autorität wie Behaglichkeit.

Saumarez war nur hereingekommen, um etwas zu melden. Er war erst seit kurzem an Bord, und die Arbeit brannte ihm unter den Händen. Neunundzwanzig Jahre alt, eher hager als schlank, bildete er äußerlich fast ein Gegenstück zu dem Kommodore, der ihn offenbar schätzte. Vielleicht weil Saumarez so gewissenhaft war, vielleicht deshalb, weil auch er in Westindien gedient hatte und Anson angenehme Erinnerungen damit verband. Eines kam zum anderen. Jedenfalls hörte er höflich zu, wie Anson seinem Herzen Luft machte, was selten genug geschah. Zu entgegnen gab es da nichts.

„Im November vorigen Jahres eröffnete mir die Admiralität, daß wir stillschweigend zwei Geschwader in Marsch setzen würden", fuhr Anson fort und blickte vorwurfsvoll ein Bild des Königs an. „Das eine sollte unter meinem Befehl ostwärts um das Kap der Guten Hoffnung nach Ostasien zu den Philippinen vorstoßen. Das andere sollte in westlicher Richtung Kap Hoorn umsegeln und den Stillen Ozean, die Südsee unsicher machen. Beide sollten die spanischen Kolonien angreifen, die Eingeborenen aufwiegeln, Handelskrieg treiben und sich schließlich vor Manila vereinigen. Ist das klar?"

Saumarez nickte. „Getrennt operieren mit gleichem Ziel", bemerkte er kurz.

„Sie sagen es! Und der Pfiff bei der Sache: Nachrichten brauchen lange, um nach draußen zu gelangen. Noch ehe die Kunde vom Kriege die spanischen Kolonien erreicht hätte, würden wir schon dort sein und wie ein Blitz aus heiterem Himmel auf die Überraschten einschlagen. Wir brächten die Kriegserklärung gleich mit."

Der Kommodore sah sein Gegenüber erwartungsvoll an, und der Dritte Leutnant lächelte zustimmend. Was sollte er schon sagen, er war ein kleiner Mann, und alles klang einleuchtend.

„Wären aber die fernen Hilfsquellen Spaniens erst einmal ausgeschaltet und die Verbindungen zum Mutterland unterbrochen, würde die Krone wohl oder übel um Frieden bitten müssen."

„Ein bewährtes Muster", gab Saumarez zu.

Der Kommodore trommelte mit den Fingern auf die polierte Tischplatte, seine Stimme wurde kalt. „Bewährt, gewiß. Doch was ist daraus geworden? Ein dreiviertel Jahr ist darüber hingegangen, der Krieg ist ausgebrochen, die Überraschung ist hin. Vom Vorstoß zu den Philippinen war nicht mehr die Rede."

„Und warum nicht, Sir?"

„Was weiß ich, mein Lieber! Beinahe als Trostpflaster überläßt man mir, das entsetzliche Kap Hoorn zu umsegeln und die Westküste Südamerikas anzugreifen — Chile, Peru und Mexiko. An sich nicht schlecht, wenn man erst einmal dort ist. Ich bin auch Kommodore geworden und habe planmäßig mein Geschwader bekommen, aber schon im November '39, wie gesagt. Mittlerweile aber schreiben wir Juli 1740, und das Geschwader liegt noch immer vor Anker und schläft."

Anson blickte mißmutig durch die Heckfenster aufs Wasser. Saumarez sah erst gar nicht hin. Er kannte das alles schon auswendig, die Schiffe und ihre Einzelheiten. Da ankerten die „Gloucester" und die „Severn", beide Linienschiffe eine Idee kleiner als die „Centurion" und mit je 50 Kanonen bestückt. Dann kamen die nachgeordnete „Pearl" mit 40 und die Fregatte „Wager" mit 28 Kanonen. Die nur 200 Tonnen große Sloop „Tryal" mit 8 Kanonen war sozusagen der Däumling des Geschwaders. Auch das Alter der Schiffe war sehr unterschiedlich und lag zwischen drei („Gloucester") und über vierzig Jahren („Severn"). Mit gut 1 000 Tonnen und 60 Kanonen war das Flaggschiff „Centurion" den anderen an Größe und Feuerkraft überlegen. Zusammengenommen verfügte das Geschwader über 236 Kanonen.

„Was auch Politiker beraten, schlagen müssen sich Soldaten", bemerkte Saumarez tiefsinnig. „Immerhin dürfte das Warten bald ein Ende haben, wenn ich die Zeichen richtig deute, Sir."

Anson lächelte vielsagend. „Sie wissen vielleicht, daß mir der Herzog von Newcastle vor wenigen Tagen die Instruktionen seiner Majestät des Königs überbrachte. Wir verholen daraufhin nach Spithead, um dem offenen Wasser näher zu sein. Was Sie aber nicht wissen, Saumarez", und hier wurde Anson wieder laut, „diese sogenannten endgültigen Orders, die mir im Juni übergeben wurden, sind möglicherweise schon wieder überholt; denn sie wurden schon im Januar ausgefertigt, so halbherzig werden die Dinge angepackt."

Saumarez machte große Augen. „Also, wenn Sie mir erlauben, Sir, ich blicke da nicht mehr durch."

„Ja, denken Sie vielleicht, ich", entgegnete Anson. „Was uns aber nicht hindern soll, unsere letzten Vorbereitungen zu treffen und bei gutem Wind endlich abzusegeln, bevor man sich wieder eines anderen besinnt." Einschränkend fügte er hinzu: „Das heißt, sobald mir die Admiralität die noch fehlenden dreihundert Seeleute geschickt hat und die Seesoldaten eingeschifft sind, was nur noch ein paar Tage dauern kann."

Saumarez rutschte auf seinem Drehstuhl hin und her. „Wenn Sie mir die Frage gestatten, Sir: Sind Sie sicher, daß wir so viel Leute zusammentrommeln können? Es wird eine lange Reise..."

„Eine jahrelange, Leutnant."

„... und die Unlust der Verheirateten, sich so lange von ihren Familien zu trennen, kennt man. Ihr Sold ist gering und unregelmäßig, und die Zurückbleibenden geraten oft in Not. Ich erinnere an den Protest der Seemannsfrauen, die mit unbezahlten Rechnungen beim Marineminister aufmarschierten. Es ist zwar schon einiges her, aber nicht vergessen. Könnten Sie nicht etwas für die Zurückbleibenden tun, Sir?"

Anson zuckte die Achseln. „Mein lieber Saumarez, wie stellen Sie sich das vor? Ich bin mit fünfzehn Jahren in die Königliche Marine eingetreten, mit fünfundzwanzig Kommandant geworden und habe fast dreißig Dienstjahre. Glauben Sie mir, ich kenne die Marine, ehe sich da etwas ändert! Reformen — du meine Güte! Überdies bin ich als Kommodore noch kein Admiral, wer also hört denn schon auf mich?"

Saumarez wollte den Mund aufmachen, aber Anson hob die Hand.

„Nein, warten Sie! Ich bin kein Höfling und kein Diplomat, ich sage jedem meine Meinung batzweg ins Gesicht. Halten Sie das etwa für einen Vorteil? Wie die Erfahrung zeigt, sieht man mich doch lieber gehen als kommen."

Saumarez zögerte einen Moment. „Wenn ich persönlich werden darf, Sir: Ihre Frau Mutter war mit Lord Macclesfield verschwägert, einem früheren Justizminister, und Ihre verehrte Gattin ist die Tochter des Justizministers, Lord Harwick. Ich meine, Sie haben Verbindungen nach oben und könnten gewisse Übelstände im Parlament zur Sprache bringen lassen."

„Als ob das so einfach wäre", Anson schüttelte den Kopf, „die edlen Lords haben anderes zu tun, als sich um die Nöte der Teerjacken zu kümmern. Und dann, Saumarez, sieht es mit der Bezahlung der Offiziere etwa besser aus?"

„Sir, das ist gleichfalls ein trübes Kapitel", räumte der Dritte Leutnant kleinlaut ein. „Vier Shilling pro Tag und Halbsold im Frieden. Auf Auslandskommando bezahlt uns die Admiralität mit Wechseln, die unsere Angehörigen zu Bargeld machen, wobei man ihnen unverschämt hohe Gebühren abzieht, der reinste Wucher. Es ist schon ein Kreuz."

Der Kommodore verzog das Gesicht. „Es ist noch wie zu Zeiten König Georgs des Ersten und des sogenannten Gouvernment of Corruption. Kaum daß sie uns das Prisengeld für gekaperte Schiffe gönnen, das doch den größten Anreiz für die Leute bildet."

Ihm wurde heiß, und er lüftete seine Perücke ungeniert. „Mir wurde da ein Fall bekannt von einer Prise, die 8 600 Kronen wert war. Prisengericht und Marineagenten beanspruchten aber derart hohe Gebühren und Abgaben, daß gerade noch 1 900 Kronen für die tapferen Beutemacher übrigblieben. Und das ist nur ein Fall unter vielen."

„Angesichts derartiger Ungerechtigkeiten sollten Sie etwas unternehmen, Sir", bat Saumarez noch einmal. „Wenn Sie nicht dagegen angehen, wer soll es dann tun?

„Vielleicht später einmal, wenn ich in der Rangliste höher gestiegen bin", erwiderte der Kommodore.

Dann gab er sich einen Ruck und sagte mit veränderter Stimme: „Im Augenblick haben wir Wichtigeres zu tun, Leutnant. Ich lasse für morgen vormittag die Herren Kommandanten zu einer Besprechung bitten. Leiten Sie das Nötige ein und setzen Sie die entsprechenden Signalflaggen."

Saumarez salutierte. „Yes, Sir."

Pünktlich wie befohlen erschienen anderntags die Kommandanten des Geschwaders in ihren schmucken Booten. Richard Norris von der „Gloucester", der Ehrenwerte Edward Legg von der „Severn", Mathew Mitchel von der „Pearl". Ihnen folgten Daniel (genannt Dandy) Kidd von der „Wager" und der Ehrenwerte John Murray von der „Tryal". Die mit Ehrenwert Betitelten waren die jüngeren Söhne von Grafen. Alle standen im gleichen Rang und waren Kapitäne zur See.

Mit Degen, Schärpe und Dreispitz angetan, die Perücken frisch gepudert, stiegen sie an Bord. Unter den Ehrenbezeigungen der Wache, begleitet vom Trillern der Bootsmannspfeife, grüßten sie die Flagge und begaben sich nach achtern. Der Posten Kajüte senkte seine Waffe, trat beiseite und öffnete ihnen die Tür.

„Gentlemen, wir wollen gleich zur Sache kommen", empfing sie der Kommodore. „Ich habe eine gute Nachricht für Sie. Wie mir die Admiralität mitteilt, wurde Sir John Norris, der Stationschef von Plymouth, angewiesen, uns die noch fehlenden Seeleute zur Verfügung zu stellen. Wir dürfen also hoffen, in aller Kürze unsere Besatzungen auf Kriegsstärke bringen zu können."

Beifälliges Gemurmel setzte ein, und der Kommodore machte eine Pause, ehe er fortfuhr:

„Außerdem werden nun auch die für das Unternehmen ursprünglich bestimmten Soldaten eingeschifft. Zunächst drei selbständige Sturmkompanien von jeweils hundert Mann.

In der Hauptsache ist es aber das Infanterieregiment Oberst Bland, so daß uns alles in allem rund tausend Mann Landetruppen begleiten werden. Der Oberst übernimmt den Befehl über alle eingeschifften Soldaten — natürlich unter meinem Kommando."

Den Kommandanten fiel ein Stein vom Herzen, daß das Warten endlich vorüber war und ein untätiges Dreivierteljahr aufhörte. Ihre Schiffe glichen schwimmenden Käfigen, da während dieser Zeit kaum ein einfacher Mann seinen Fuß an Land gesetzt hatte.

„Sobald die Leute eingetroffen sind, gehen wir Anker auf, um auf fernen Ozeanen für die Ehre unseres Landes gegen die Spanier zu kämpfen und gute Prisen zu machen. Informieren Sie Ihre Besatzungen in diesem Sinne. Ich danke Ihnen, Gentlemen."

Die Kommandanten erhoben sich und wollten schon gehen, als ein Wort des Kommodore sie noch zurückhielt. Anson runzelte die Stirn.

„Mir ist da eben noch etwas Wesentliches eingefallen, was Sie unbedingt wissen müssen, weil es die allgemeine Lage betrifft. Unser Unternehmen wurde anfänglich unter dem Siegel der Verschwiegenheit geplant, es war eine geheime Kommandosache. Durch das viele Hin und Her und den langen Aufschub hat es sich indes soweit herumgesprochen, daß es heute die Spatzen von den Dächern pfeifen. Es ist ein offenes Geheimnis, und man weiß sogar, daß die hellhörigen Spanier inzwischen ein noch stärkeres Geschwader unter Admiral Don Josef Pizarro aufgestellt haben, um uns den Weg nach Südamerika zu verlegen und uns möglichst bald abzufangen."

Die Kommandanten blieben kühl und gelassen. „Das bedeutet also, daß wir vom ersten Tag an mit Feindberührung rechnen müssen", faßte der Älteste die Meinung aller zusammen. „Seien wir also auf der Hut."

Der Kommodore lächelte. „Wie ich sehe, haben wir uns verstanden. Schlagen wir sie, wo wir sie treffen."

Anson sei wieder einmal kein Freund von vielen Worten gewesen, meinten die Kommandanten nachher unter sich. Seine Ausführungen hätten aber doch recht zuversichtlich geklungen.

„Es wurde allerdings höchste Zeit, daß man uns die angeforderten Mannschaften bewilligte", äußerte Captain Legg von der „Severn". „Wenn wir wirklich etwas gegen die Spanier ausrichten sollen, müssen wir unsere Schiffe bald auf Gefechtsstärke bringen."

„Daß die Spaniolen ein uns überlegenes Geschwader zusammengestellt haben, haben wir ja nun vernommen." Dandy Kidd von der „Wager" lächelte vielsagend. „Warum der Kommodore sich wohl so vorsichtig ausdrückt?"

„Mit anderen Worten, die spanischen Schiffe sind bis an die Zähne bewaffnet", mutmaßte der junge John Murray von der kleinen „Tryal". „Was mache ich da mit meinen ganzen acht Kanonen?"

Der Kommandant von der „Gloucester" lachte dröhnend. „Was wir alle machen — schießen! Das Problem sind doch nicht die Kanonen an sich, zumal die Spanier viel unterschiedliche Kaliber verwenden und wir einheitlicher bestückt sind und schneller schießen. Aber für jedes Rohr brauche ich fast ein Dutzend Leute — und ich habe fünfzig Rohre. Wo also die vielen Leute hernehmen?"

„Nun, schließlich schießen wir ja im allgemeinen nur nach einer Seite", scherzte ein anderer.

„Im allgemeinen, im allgemeinen, mein Bester", winkte der vorige ab. „Das Hinundhergerenne möchte ich sonst nicht sehen. Denken Sie an die Leute, die mit den Flaschenzügen exerzieren. An die in der Pulverkammer, an die Pulverjungen, die mit den abgewogenen Ladungen zu den Kanonen rennen, an die Matrosen, die Sanitäter, an die Scharfschützen — doch wem sage ich das."

„Zugegeben, die Gefechtsstärke hat es in sich. Woher also die vielen Menschen nehmen? Wenn das nur klargeht."

„Weshalb sollte das nicht klargehen? Der Kommodore hat doch die Zusagen der Admiralität."

„Die Admiralität verspricht vieles."

Die Zweifler sollten recht behalten. Wenige Tage später sah man den Kommodore wie einen gereizten Löwen auf dem Achterdeck seines Flaggschiffes auf- und abgehen. Er schwenkte ein Papier in der Hand und redete nachdrücklich auf seine Offiziere ein. David Cheap und Charles Saunders, der Erste und der Zweite Leutnant, folgten jeder seiner Bewegungen.

„Nun hören Sie sich doch das einmal an, was bei all den Versprechungen herausgekommen ist", sagte Anson höhnisch. „Sir John Norris, der Stationschef, lehnt es rundheraus ab, Personal zur Verfügung zu stellen. Er gehe in Kürze mit einem eigenen Geschwader in See und brauche seine Leute selber. Sein Nachfolger, der neue Chef und Admiral Balchen, bewilligt uns statt der angeforderten dreihundert Seeleute mit Ach und Krach hundertundsiebzig."

„Hundertundsiebzig?" riefen die Umstehenden empört.

„Genau hundertundsiebzig, und nicht einen Mann mehr. Aber nicht nur das", lamentierte Anson weiter, „das sind alles Männer, die man offenbar anderswo nicht gebrauchen kann und loswerden will. Die meisten sind überhaupt keine Matrosen. Stellen Sie sich vor, zweiunddreißig Mann kommen direkt aus dem Lazarett."

„Aus dem Lazarett?" Die unglaubliche Nachricht verursachte soviel Aufregung, daß sie gegen alle militärischen Formen durcheinander redeten. Sind wir denn ein Genesungsheim — gehen wir etwa auf eine Lustfahrt — ist der Friede ausgebrochen?

Es sollte aber noch viel schlimmer kommen ...

Vorerst ging alles seinen Gang. Die hundertundsiebzig Matrosen, einschließlich einer Handvoll Offiziere, wurden eingeschifft und auf das Geschwader verteilt. Die Divisionsoffiziere stellten jeden an seinen Platz, der Wachtmeister sorgte für Zucht und Ordnung. Die Kranken genasen, die erste Aufregung legte sich, der Dienstplan lief weiter. Die Segelschiffe wurden für die lange Reise ausgerüstet: mit Trinkwasser und Brot, mit eingesalzenem Fleisch und Gemüse, mit Mehl und Hülsenfrüchten und Käse. Mit Material und Verbrauchstoffen wie Segeltuch und Tauwerk, Teer und Farbe zum Instandhalten. Mit Holz für den Zimmermann zum Reparieren von Schäden, Eisen für den Schmied und Kohle für den Koch.

Hinzu kamen Pulver und Blei und gußeiserne Kanonenkugeln verschiedener Sorten. Da gab es die massiven Kugeln, die durch ihre Schwere die Bordwand des Gegners zerschmettern sollten; dazu Geschosse, die zum Glühen gebracht wurden, um das feindliche Schiff in Brand zu setzen, oder die mit brennbarem Material gefüllten Stabkugeln, von denen die Segel Feuer fingen. Pfiffige Stückmeister hatten die durch eine Kette verbundenen Zwillingskugeln ausgetüftelt. Sie rissen dem Gegner Masten und Takelage weg. Kartätschenkugeln in Leinwandbeuteln prasselten wie ein tödlicher Hagel auf die feindlichen Besatzungen hernieder. Und schließlich die von den Franzosen eingeführten, den vorigen ähnlichen Kastenkugeln, Musketengeschosse in Zinnbüchsen, die das feindliche Deck leerfegten. Der menschliche Erfindungsreichtum ist unerschöpflich ...

Nun fehlte dem Geschwader nur noch das Landekommando. Jene Infanteristen, die dazu bestimmt waren, ihren Fuß auf überseeischen Boden zu setzen und im Feuerschutz der Bordkanonen die feindlichen Stellungen niederzukämpfen und zu besetzen. Eine solche Aufgabe erforderte eine schlagkräftige Truppe, deshalb wartete man ungeduldig auf die versprochenen drei Sturmkompanien und das aktive Regiment. Allerdings wollten gewisse Gerüchte nicht verstummen, wonach es auch hierbei nicht mit rechten Dingen zugehen werde. Die Zahlmeistergehilfen waren die ersten, die davon redeten, und von diesen zog es durch alle Decks. Vor allem würden keine tausend Mann kommen, sondern höchstens fünfhundert. „Uns kann's egal sein", brummten die Seeleute, „den größten Teil der Reise stehen die Soldaten doch bloß unnütz herum und im Wege." Aber was dann wirklich kam, empfanden auch sie als einen empörenden Mißgriff der Obrigkeit.

Eines Morgens näherten sich dem Geschwader einige Fahrzeuge mit Uniformierten. Von weitem erkannte man schon die roten Röcke, die erwarteten Soldaten! Doch etwas stimmte an dem Bilde nicht. Kein fröhlicher Zuruf erscholl, die Insassen hoben kaum die Köpfe. Still und zögernd dümpelten die Kähne in der schwachen Morgenbrise. Befremdet blickte der wachhabende Offizier durch sein Teleskop, dann ließ er den Ersten Leutnant rufen. „Mit Verlaub zu sagen, Sir, das sieht eher nach einem Leichenzug aus als nach einer Truppe."

Eine Menge alter Gesichter starrten zu ihnen herauf. Die Bootsführer grinsten halb mitleidig, halb amüsiert. „Fallreep runter!" befahl der Wachhabende, während die Seeleute ihre Arbeit sinken ließen und neugierig an die Reling traten. Das erste Fahrzeug kam längsseit.

Es gab einen Bums, und die Rotröcke fielen fast von ihren Plätzen. Sie erhoben sich mühsam und erklommen steifbeinig und unsicher nacheinander die hölzerne Treppe. Je näher sie kamen, um so älter wurden sie. Als erster betrat ein Sergeant das Deck, versuchte so etwas wie eine straffe Haltung und mit gichtigen Fingern am Dreispitz einen Gruß. Seine Brust zierte eine Medaille. „Melden uns an Bord, Sir!"

Hinter ihm quoll es herauf. Humpelnd und lahm, krumm und schief, schwach und elend. Aber kein Zweifel, es handelte sich um Soldaten Seiner Majestät des Königs. Ihre Uniformen waren abgeschabt und verblichen, mit schwärzlichen Tressen besetzt. Flecken von Bier und Tabak zierten neben dieser oder jener Auszeichnung ihre Brust. Hier und da beugte sich einer schwerhörig vor oder trug eine Augenklappe, zeigte Narben und Verletzungen vergangener Gefechte. Zusammengenommen boten sie ein Bild des Jammers und der Hinfälligkeit.

Cheap, der Erste Leutnant, wußte nicht, wie ihm geschah. Waren das etwa die angekündigten Sturmkompanien, diese menschlichen Wracks, die sich selber kaum auf den Füßen halten konnten? Sah so das Regiment von Oberst Bland aus? Wer sollte hier eigentlich verheizt werden? Ein furchtbarer Verdacht stieg in ihm auf. „Sagen Sie, Sergeant, sind Sie sicher, diesem Geschwader zugeteilt zu sein? Wo kommen Sie denn überhaupt her?"

Der Gefragte nahm wieder eine respektvolle Haltung an. „Wir sind Pensionäre aus dem Militärhospital in Chelsea, Sir, und sind ausdrücklich an Bord geschickt worden, weil man uns dort los sein wollte." Sein Lächeln wurde zur Grimasse.

Der Erste Leutnant erstarrte, die ganze Welt schien teuflisch zu grinsen. Chelsea — er hatte genug gehört. Das war in der Tat noch schlimmer als Lazarett. „Rufen Sie sofort den Kommodore", wandte er sich an den Offizier vom Dienst, „man hat uns Invaliden geschickt!"

Die Insassen des Militärhospitals von Chelsea waren ehemalige Soldaten, die wegen ihres Alters, ihrer Wunden oder Gebrechen zum aktiven Dienst nicht mehr tauglich waren. Sie aßen dort das Gnadenbrot. Sie hatten England treu gedient, in Europa, in Indien, in der Neuen Welt. Das alles schien in diesen Zeiten wohl nicht mehr zu zählen.

„Wofür haben Sie das bekommen?" Cheap tippte auf den Orden des Sergeanten.

Der Gefragte richtete sich mit einem Ruck auf. „Das habe ich für die Schlacht am Boyn bekommen, Sir, als wir das irisch-französische Heer unter dem Stuart-König Jakob dem Zweiten vernichteten."

Cheap rechnete schnell. „Aber die Schlacht am Boyn war doch schon 1690, und jetzt schreiben wir das Jahr 1740. Wie alt sind Sie eigentlich?"

„Ich bin achtundsechzig Jahre alt, Sir", kam es zögernd, „wir haben aber noch Ältere unter uns. Die meisten dürften zwischen sechzig und siebzig sein."

Die meisten zwischen sechzig und siebzig. Sie hatten noch dem Oranier gedient, der Königin Anna und dem ersten Hannoveraner, sie hatten Jakob II. besiegt. Und zum Dank dafür schickte man sie jetzt um Kap Hoorn — auf die letzte Reise. Ab dafür...

Pfeifsignale, alles stand still. Der Kommodore betrat das Oberdeck. Er trug die Miene eines Mannes zur Schau, der sich mit allem abgefunden zu haben schien. „Ich sehe schon, die Soldaten von Chelsea sind eingetroffen", fiel er dem Ersten Leutnant ins Wort. „Ich ahnte so etwas; denn man wollte uns plötzlich weder die Sturmkompanien noch das Regiment mit auf den Weg geben und deutete Chelsea an, wo zur Zeit eine Menge Pensionäre lebten, darunter noch ganz passable. Ob ich wollte oder nicht, fünfhundert der Tauglichsten sollten eingeschifft werden."

Er stutzte plötzlich, seine Augen wurden groß. „Was ist das denn, das sind doch keine fünfhundert — und tauglich sind sie auch nicht, das sieht doch ein Blinder."

„Wir sind keine fünfhundert Mann, Sir", antwortete der alte Krieger, „genau gesagt nur die Hälfte — zweihundertneunundfünfzig."

„Und wo ist der Rest?" fuhr Anson auf. „Hat man mich wieder überspielt?"

Der Alte schnitt erneut eine Grimasse. „Der Rest ist, mit Verlaub zu sagen, desertiert. Alle, die noch genug Mumm in den Knochen hatten, machten sich davon, als sie hörten, was ihnen blühte. Nur wir ganz Alten und Schwachen können uns nicht mehr in die Büsche schlagen, die Füße wollen nicht mehr, Sir. Trotzdem hat der Arzt uns alle ohne Ausnahme seediensttauglich und kriegsverwendungsfähig geschrieben."

Wie zum Hohn begannen einige zu hüsteln, als pfiffen sie auf dem letzten Loch. Andere starrten abwesend vor sich hin, mümmelten greisenhaft und stützten sich gegenseitig. Verfallene Gesichter, glanzlose Augen, die ein schweres Schicksal auf sich zukommen sahen. Herr, erbarme dich unser!

Am Abend des gleichen Tages gruppierten sich in den Mannschaftsdecks die Seeleute um die armen Opfer, die ihrem gequälten Herzen Luft machten. Es war ein garstig Lied. Da erzählte ein alter Soldat beispielsweise:

„Nach vielen Sturm-und-Drang-Jahren, in denen wir unsere Haut zu Markte trugen, saßen wir nun warm und trocken im Chelsea-Hospital unter unseresgleichen. Die Armee war unsere Familie, sie versorgte uns mit allem Nötigen. Mit einem warmen Lager, mit Fleisch und Brot, mit der täglichen Bierration und Tabak. Wir waren gute Kameraden und ließen in der Erinnerung die gemeinsam geschlagenen Schlachten vorüberziehen. Und jetzt erst recht erflehten wir das Kriegsglück, wo England und Spanien im Kampfe liegen. Einige ganz Eifrige bedauerten lauthals, nicht mehr jung genug zu sein, um ihrem Vaterland nochmals dienen zu können."

Er machte ein paar Züge aus seiner Pfeife. „Diese Vermessenen! Sie sollten bald eines Besseren belehrt werden. Unverhofft, von einem Tag zum anderen, wurden wir plötzlich aufgefordert, unser Bündel zu schnüren und uns reisefertig zu machen. Wohin, fragten wir. Fragt nicht so dumm, hieß es da, das Parlament hat's beschlossen. Lange genug habt ihr ausgeruht, alte Soldaten müssen gehorchen. Da standen wir nun auf der Straße, rausgeworfen — fünfhundert Mann, und ab ging's. Bis wir in der Ferne die Masten sahen und Bescheid wußten.

Die noch rüstig genug waren, verschwanden gleich. Die letzten humpelten in Portsmouth davon. Nur wir Ältesten und Hinfälligsten blieben zurück, wir hatten nicht einmal mehr den Willen zur Flucht. Aber wir fragen euch: Ist das nun der Dank Old Englands, dem wir die besten Jahre unseres Lebens und unsere Gesundheit geopfert haben?"

Die Zuhörer lauschten offenen Mundes, und in der ganzen Flotte, die auf Spithead Reede versammelt war, verbreiteten sich Abscheu und Entrüstung über diese neuerliche Willkür. Doch das Geschwader sollte segeln.

Im gleichen Sinne äußerte sich auch Kommodore Anson, der sich abermals im Stich gelassen sah. „Widerstrebend genug habe ich mich bereit erklärt, notfalls noch Chelsea-Pensionäre zu übernehmen, aber nur die kräftigsten und jüngsten. Das Umgekehrte ist eingetreten, und wir haben es nun mit einer Auswahl der schlechtesten zu tun. Es ist wie immer, Hauptsache, eine Kopfzahl steht auf dem Papier, da habt ihr sie, fertig! Wie es in Wirklichkeit aussieht, danach fragt keiner da oben. Alles steht auf dem Papier: die Speisenfolge, das Bier, der Sold. So geht's in unserer heutigen Marine zu, Gentlemen. Aber ich will noch einmal versuchen, denen ins Gewissen zu reden."

Anderntags ließ er sich an Land rudern und bestieg die Postkutsche nach London. Er hatte vor, bei „denen" in der Admiralität zu protestieren und die für das Unternehmen völlig ungeeigneten Invaliden austauschen zu lassen. Verbittert kehrte er zurück.

„Obwohl Sir Charles Wager, ein einflußreicher Berater dieser Mission, und andere auf meiner Seite waren, hörte man kaum hin. Wissen Sie, was man uns erklärte? Leute, die mehr von Soldaten verstünden als Sir Charles und ich, wären der Meinung, es handele sich um die für das Unternehmen am besten geeigneten Leute. Sie können daraus ersehen, wie man mit alten und verdienten Soldaten umspringt, aber sicherlich auch, wie man unsere Aufgabe einschätzt und welchen Wert man ihr beimißt."

Das alles klang nicht gerade ermutigend. Nichtsdestoweniger hatte das Geschwader in See zu stechen, Order blieb Order. Der Kommodore ließ keinen Zweifel daran.

„Wir werden nach St. Helen's, in den Landschutz der Insel Wight, verlegen. Dort sind wir schon im Kanal und können uns beim nächsten günstigen Wind freisegeln. Leider hat sich unsere Abfahrt derart verzögert, daß wir den schwierigsten Teil der Reise, das stürmische Kap Hoorn, in der kältesten und wildesten Jahreszeit zu bezwingen haben, die selbst die Gesunden umwirft, ganz zu schweigen von unseren Invaliden. Sie werden sterben, ohne den Feind auch nur zu Gesicht zu bekommen und ohne zum Erfolg des Unternehmens das Geringste beigetragen zu haben. Sie werden nutzlos geopfert und tun mir heute schon leid."

Nach einer kleinen, nachdenklichen Pause, die ihre Wirkung bei den Zuhörern nicht verfehlte, schloß Kommodore George Anson, Esquire, mit Nachdruck:

„Wie dem auch sei, Gentlemen, unser Befehl lautet: die spanischen Kolonien zu beunruhigen und zu verwüsten; die spanischen Schiffe, die uns begegnen, wegzunehmen, zu verbrennen, zu versenken, zu vernichten! Vergessen Sie das nie. Es lebe England!"

Unter Segel

Es ist der 20. September 1740. Das Geschwader segelt. Wahrhaftig, seit zwei Tagen segelt es. So weit das Auge reicht, sieht man weiße Leinwandflächen wie Schmetterlingsflügel auf den graugrünen Wogen des Englischen Kanals. Die hochbordigen Schiffsrümpfe liegen unter dem Winddruck schräg geneigt, es pfeift in der Takelage, das Wasser klatscht an die hölzernen Bordwände. Während vor dem stampfenden Steven der Gischt aufsprüht, bleibt das Kielwasser wie eine gekräuselte Schleppe zurück. Flaggen wehen; im Vortopp der „Centurion" flattert der breite, rote Kommodorestander von Anson, ein weithin sichtbares Zeichen seiner Kommandogewalt.

Herbstliche Sonnenstrahlen brechen durch die Wolkendecke und malen Silberstreifen auf den Horizont. Der strenge Zauber des Tages unterdrückt die letzten Nachwehen der Seekrankheit bei David Ross. Einige der Neulinge unterliegen ihr mehr, andere weniger. Selbst alte Teerjacken packt es nach langer Liegezeit wieder einmal. David gehört zu den Glücklicheren. Obendrein lenkt ihn seine Tätigkeit als Hilfsrudergänger gehörig ab. Als einer von vieren am großen Doppelsteuerrad muß er sich zusammennehmen, um es den drei anderen gleichzutun. Es sind stämmige Langgediente, und sie warten nur auf eine Nachlässigkeit von ihm, um ihn zu knuffen. Sein Blick wandert zwischen der pendelnden Kompaßscheibe und den oberen Segeln hin und her. Gelegentlich tritt der Wachhabende, Leutnant Piercy Brett, hinzu und überzeugt sich, ob der Kurs eingehalten wird. „Was liegt an?"

„Südwest zu West, halb West, Sir", antwortet dann der Älteste von ihnen.

„Gut so", entgegnet Brett zufrieden.

Als David übereifrig einmal den Mund aufzumachen wagt, raunt es hastig: „Schnauze halten, dich fragt hier niemand."

Und doch ist es herrlich, es geht dem offenen Atlantik zu. Vergessen ist das abermalige, zermürbende Warten auf guten Wind vor St. Helen's. Denn mittlerweile war die Zeit der anhaltenden Westwinde gekommen, die sie mehrmals zurückwarfen und mit stürmischer Gewalt die große Schar der Ankerlieger durcheinanderbrachten. Ein Warten, das nach weiteren sechs langen Wochen nur dadurch beendet wurde, daß der Kommodore endgültig die Geduld verlor und das Geschwader im Zickzack gegen den Westwind anpreschen ließ. Denn Anson sah jetzt im September unter Umständen die ganze Expedition gefährdet, die einstmals im Januar unter hoffnungsvolleren Vorzeichen begonnen hatte.

Doch nun sind sie endlich unterwegs, die dreimastigen Linienschiffe „Centurion", „Gloucester", „Severn" und „Pearl", die Fregatte „Wager" und die kleine zweimastige „Tryal". Dazu zwei dem Geschwader beigegebene Versorgungsschiffe, die Schoner „Anna" und „Industry".

Damit nicht genug: es ist Krieg, und es folgen weitere Segler, die sich dem Geschwader befehlsgemäß angeschlossen haben, um zu gegenseitigem Schutz die Reise gemeinsam fortzusetzen. Jedenfalls so weit es ihre unterschiedlichen Ziele zulassen, bis jeder im Atlantik seinen eigenen Weg geht. Das sind Seiner Majestät Kriegsschiffe „St. Albans" und „Lark", mit einem in die Türkei bestimmten Geleitzug von Handelsschiffen. Ferner H. M. S. „Dragon", „Winchester", „South Sea Castle" und „Rye", die einen nach Indien und einen nach Amerika bestimmten Konvoi begleiten. Insgesamt sind es elf Kriegsschiffe und einhundertfünfzig Handelssegler. Ein überwältigender Anblick, Englands Wooden Walls, jene „hölzernen Mauern", wie sie schon das delphische Orakel den Athenern verkündete, die gegen die Perser zogen.

Alle haben die von der Admiralität herausgegebenen Marschbefehle und die besonderen Gefechtsinstruktionen bekommen; den „Totentanz", der bei einem Angriff zu beachten ist. Anson hat sie ihnen während eines Kriegsrates ausgehändigt und auf die Gefahr der Stunde hingewiesen. Der Kommodore tut noch ein übriges und schickt die „Pearl" als Aufklärer der Flotte vorweg. Die „Pearl" hat sich jeden Morgen an die Spitze zu setzen und bei Sonnenuntergang ihren alten Platz im Verband wieder einzunehmen. Auf allen Schiffen sind sie alarmbereit, alle wichtigen Posten, vor allem der Ausguck, sind doppelt und dreifach besetzt. Jeder kennt seine Station, wenn es unter Trommelwirbel und Gepfeife wirklich heißen sollte: Klar Schiff zum Gefecht! Im Hafen wurde es oft genug geübt. An der Reling sind die üblichen Netze ausgespannt, die den Gegner am Entern hindern sollen. Die allgemeine Order lautet jedoch, sich nicht auf einen solchen Nahkampf einzulassen, sondern Abstand zu wahren. Die Kanonen der Linienschiffe reichen gut und gerne zweitausend Meter weit. Man nähert sich dem Gegner etwa bis auf Pistolenschußweite, das bringt die Handfeuerwaffen mit ins Spiel. So pflegt das Gefecht zu verlaufen.

Der Feind könnte kommen. Er kommt aber nicht, und die ganze Masse der Schiffe schiebt sich immer weiter in den offenen Atlantik. Elf „Men of War", wie der Volksmund die Kriegsschiffe nennt, und ein schier unabsehbares Feld von einhundertfünfzig Frachtern. „Ich wäre froh, wenn wir den ganzen Schwarm schon los wären und allein operieren dürften", vertraut sich Anson seinem Stab an. „Ich weiß genau, daß das spanische Geschwader unterwegs ist — doch wo steckt es?"

Fünf Tage später verläßt sie die „Winchester" mit dem Amerika-Konvoi und verschwindet am westlichen Horizont. Am Monatsende trennen sich die Geleitführer „St. Albans" und „Dragon" von ihnen und ziehen ab, jeder mit einem Rattenschwanz von Seglern hinter sich. Die einen sind nach Indien bestimmt, die anderen gehen ins Mittelmeer und nehmen zuerst Kurs auf Gibraltar, das seit 1713 englischer Besitz ist. Das Anson-Geschwader aber ist endlich allein und macht einen großen Bogen, sein nächstes Ziel ist die Insel Madeira. Der Nordatlantik zeigt sich nicht gerade von der freundlichen Seite. Es sind die Äquinoktien, die Zeit der Tagundnachtgleiche, und die Winde haben sich offensichtlich gegen sie verschworen, so daß es eine Weile dauern wird. Die „Pearl" läuft immer vorneweg, um den Feind als erste zu melden. Einen Feind, der sich noch immer nicht blicken läßt.

„Da er unsere Absichten kennt, wird er uns vor Madeira abzufangen versuchen", mutmaßt der Kommodore. „Warten wir's ab."

An Bord ist es wirklich so drangvoll eng geworden, wie es der Kalfaktor in der Kleiderkammer dem David Ross vorausgesagt hat. Da Anson keine Ruhe gegeben hat, sind wenigstens die Plätze der desertierten Invaliden aufgefüllt und weitere zweihundertzehn Seesoldaten eingeschifft worden. Es ist zwar ein zusammengesuchter Haufen von Rekruten, denen man nach Meinung der Offiziere „nicht einmal ein Gewehr in die Hand drücken kann, da sie Gefahr laufen, sich selbst damit umzubringen". Aber sie stehen in ihren roten Röcken mit den gekreuzten Schulterriemen ebenso herum wie die Alten und nehmen Platz weg.

Das Flaggschiff „Centurion" hat nun 521 Mann Besatzung. Davon sind allein 37 Offiziere samt ihren Bediensteten, 117

Soldaten und 367 Seeleute. Auf der „Gloucester" und der „Severn" segeln 396 und 348, auf der „Pearl" 299 und auf der „Wager" 243 Mann. Selbst die kleine „Tryal" mit ihren acht Kugelspritzen und einer 96köpfigen Besatzung ist brechend voll. Und trotzdem sind mit den insgesamt 1 939 Menschen die Kriegsstärken noch immer nicht erreicht. Ob nun die Rechnung aufgeht oder nicht, auf den verhältnismäßig kleinen Holzschiffen ist es übergenug. Kommt hinzu, daß man auf Schritt und Tritt, in allen Decks und allen Durchgängen, über Kisten und Kasten fällt: Proviant, Getränke und Material für die lange Reise, was man eben so braucht.

Die Hauptlast dieser Art wird dabei noch von den beiden kleinen Frachtseglern „Industry" und „Anna" getragen. Es sind zwei Schoner, die von der Admiralität gechartert wurden. Außer Reisevorräten für das Geschwader schleppen sie eine regelrechte Warenladung, von der sich die Regierung einbildet, an fernen feindlichen Kolonialküsten den englischen Handel einleiten zu können; von der Kommodore Anson jedoch überzeugt ist, daß sie nur der persönlichen Bereicherung der beiden Handlungsbevollmächtigten dienen wird. Es sind dies Mister Taswell und sein Neffe Charles Herriot, zwei Zivilisten, gegen deren Mitfahrt er sich vergeblich gesträubt hat und die ihm vom ersten Tage an ein Dorn im Auge sind. Krieg und Handel vermischen hemmt nur die Beweglichkeit. Doch wieder mal haben es andere besser gewußt. Und nun schleppt man sich mit diesen Gütern ab, in der stillen Hoffnung, daß es mit der Zeit irgendwie von allein weniger werden.

Auch das Flaggschiff „Centurion" ist sozusagen bis zur Halskrause beladen. Luken und Lasten sind vollgestopft. Das geht bis zu den Wasserfässern und Hartbrotregalen ganz unten im Schiff, zum Bootsmannshellegatt, zur Kabellast mit den schenkeldicken Ankertrossen, zur Segelkoje, zu den Proviant- räumen, zum Arrestlokal, zum Verbandsplatz, das geht so bis in die fernsten Verstecke, in die weder Licht noch Luft fällt, da sie geschützt unter der Wasserlinie liegen. Das macht nur vor den Munitionsspinden und vor der tiefen Pulverkammer halt, die der Feuerwerker und seine Leute nur auf Strümpfen oder barfuß betreten, in der metallene Gegenstände verboten sind und wo abgeschirmtes Licht aus Nebenräumen die Konturen erhellt.

Das quillt von unten wieder herauf ins Zwischendeck, wo vorn der mit Ziegeln vermauerte Kombüsenherd steht, an dem neben anderen Monsieur Louis Léger, der französische Leibkoch des Kommodore, die feinen Sachen schmurgelt, und wo ganz hinten die Quartiere der Offiziere und Fähnriche eingebaut sind, die eher bloße Verschläge darstellen als feste Kabinen, damit man sie im Ernstfall schnell abreißen und Spielraum fürs Gefecht schaffen kann.

Dazwischen aber nimmt den größten Teil des Zwischendecks die düstere Unterbatterie ein, in der David und seine Schiffsgenossen aller Gattungen in drangvoller Enge hausen. Decke und Wände sind weinrot gestrichen, damit das Blut der Verwundeten weniger auffällt, die Geschützbedienungen nicht kopfscheu werden und das große Laufen kriegen. Sie würden ohnehin nicht weit kommen; denn im Gefecht sind alle Aufgänge von Seesoldaten besetzt, die jeden an der Flucht hindern. Ein Posten steht ständig an der Lunte, an der sie ihre Pfeifen anzünden, bis es zur Schlafenszeit heißt: „Ruhe im Schiff — Pfeifen und Lunten aus!" Dies ist das Reich der Leute „vor dem Mast", wo sie in kleinen Gemeinschaften sitzen, essen, spielen und flicken, musizieren, saufen und raufen — wenn es der strenge Wachtmeister nicht sieht, versteht sich. Bei „Pfeifen und Lunten aus" legen sie ihre Sachen beiseite, die Kriegswachen ziehen zur Nacht auf, und die Freiwachen kriegen ihre Hängematten her und törnen ein. Übrigens dienen diese Hängematten eingerollt auch als Kugelfang.

Das alles geschieht zwischen, über und unter den eisernen Kanonenrohren (früher waren es bronzene), die man alle eingezogen hat, was den Raum noch mehr beengt. Denn die Stückpforten der Unterbatterie sind zugeklappt, damit das

Wasser im hohen Atlantikseegang nicht hereinströmt und der ganze Kahn absäuft (wie es später in der Seeschlacht bei Quiberon der französischen „Thésé" passiert, wobei ihr Gegner, Seiner Majestät Schiff „Torbay", nur mit knapper Not dem gleichen Schicksal entgeht). Und weil das so ist und die Pforten in der Bordwand geschlossen sind, staut sich im Zwischendeck ein fürchterlicher Mief von Hunderten von Menschen, den auch der Windsack nicht zu vertreiben vermag und in dem das spärliche Nachtlicht zu ersticken droht.

Die Menschen liegen reihenweise nebeneinander, jeder Schläfer hat eine Breite von zwanzig Zoll für sich, und das ganze ist eine einzige dichte Schicht von Hängematten und schwitzenden Körpern. Und im Rhythmus der See pendeln die Hunderte von Hängematten von einer Seite zur anderen: zu-gleich, zu-gleich, zu-gleich. Das ganze hölzerne Schiff, dessen drei dicke Masten alle Decks durchstoßen, dehnt sich und knarrt, dehnt sich und knarrt, zu-gleich, zu-gleich, zu-gleich, wenn es sich von einer Seite auf die andere wälzt.

Das ist nun der Lebensraum für David Ross. Geh zur Navy und sieh die Welt durchs Bullauge! Er ist jetzt achtzehn, und der Mensch gewöhnt sich an alles. Seine Tante wußte, wo er war. Er hatte ihr geschrieben, und tatsächlich hatte ihm die Postordonnanz eines Tages eine Antwort gebracht. Die gute Tante machte sich anscheinend weniger Sorgen um ihn als er um sie. Nun, da alles einen ganz unerwarteten Verlauf genommen habe, so schrieb sie, wolle sie sich dreinschicken und darin den Willen des Allmächtigen erblicken, God bless my soul. Sie wünsche ihm alles Gute und hoffe, ihn gesund und munter wiederzusehen. Das war gewiß ein frommer Wunsch. Unser David, der inzwischen gelernt hatte, die Dinge kritischer zu sehen, war nichtsdestoweniger verdutzt. Das sah der Alten ähnlich, Bier trinken und beten, und in ausweglosen Situationen mußte immer der liebe Gott herhalten. Er hatte ihr die Verantwortung für David auf so drastische Weise abgenommen, der Herr sei gelobt. Jedenfalls hatte der unbekannte

Offizier der Greifer recht behalten, die Tante wurde auch ohne ihn fertig. Der tat am Ende noch der verlorene Zinnkrug leid.

Er ist nun einer von diesen Johns, James und Edwards, die zwar Dolby, Sullivan, McMannus und ähnlich heißen, als befahrene Teerjacken aber auf Spitznamen wie Tiger-Brown und Schiffbruch-Charly, Whisky-Jonny und Dreifinger-Ben hören, die sich die langen Haare hinten zu einem Pferdeschwanz zusammenbinden oder zu einem fettigen Zopf flechten.

Matrosen schimpfen gern, es ist so eine Art von Berufsmerkmal, und wenn sie das nicht tun, sind sie nicht gesund. Und dem erfahrenen Kapitän sind die Lauten lieber als die stillen Duckmäuser, in denen sich die Unzufriedenheit staut. Auch in der Royal Navy wird geschimpft, nur um eine Tonart leiser. Auf der „Centurion" schimpfen sie schon bald, nämlich als nach zehn, zwölf Tagen immer noch kein Feind und schon gar nicht die Insel Madeira zu sehen ist. Im allgemeinen gibt man der Reise von St. Helen's nach Madeira knappe zwei Wochen, aber jetzt bläst der Wind der „Centurion" und allen anderen gerade ins Gesicht. Das Geschwader kreuzt gegenan, alle paar Stunden geht es im Zickzack über Stag. Die Arme der Matrosen scheinen vom vielen Brassen länger zu werden, während die Seesoldaten ihnen im Wege stehen und bei Segelmanövern nicht zu gebrauchen sind.

Erst nach vollen vierzig Tagen sind sie am Ziel, lassen die Anker auf Madeira Reede fallen, geien die Segel auf und machen sie fein säuberlich fest. Alles genau vierkant, wie es sich gehört und der Segelmeister es haben will. Die Luft ist lind, das Wasser glasklar. Der felsige Strand mit der hohen Brandung, die weißen Häuser der Stadt Funchal und die grüne Berglandschaft im Hintergrund bilden ein unvergeßliches Panorama. Die Matrosen haben sich wieder beruhigt und ahnen noch nicht, daß sie im weiteren Verlauf der langen Reise allen Grund haben werden, ihr Los zu beklagen.

Kommodore Anson war unzufrieden. Seine Hoffnung, durch eine schnelle Überfahrt wenigstens einen Teil der verlorenen Zeit aufholen zu können, hatte sich nicht erfüllt. Vierzig Tage auf dem Rücken der tiefblauen Atlantikseen, die schaumgekrönt und von weißen Adern durchzogen heranrollten, hatten nur die Kette der Verzögerungen fortgesetzt. Man schrieb schon den 25. Oktober.

Die Insel Madeira gehörte zu Portugal. Das Geschwader schoß Salut, der von der Landbatterie erwidert wurde. Der Kommodore warf sich in seine beste Uniform, um mit dem Adjutanten dem Gouverneur einen Höflichkeitsbesuch abzustatten. Obendrein wollte er auf den Busch klopfen und herumhorchen, was sich sonst noch in der Welt tat. Man begrüßte sich lebhaft, fast herzlich. Der Portugiese war über die kleine Abwechslung hocherfreut, seine Tage flossen sonst recht gleichförmig dahin. Sie verstehen, Kommodore. Aber natürlich, Exzellenz. Man redete ein bißchen hin und her. Jawohl, Kommodore, stehe zu Ihrer Verfügung. Das Geschwader kann hier seine Trinkwasservorräte auffüllen. Sehr empfehlenswert sind auch unsere Weine, wie von der Vorsehung für uns und unsere Gäste geschaffen. Ich werde Ihre Gastfreundschaft zu schätzen wissen, Exzellenz. Und wie man noch so palaverte, über den Krieg mit Spanien, über die Auseinandersetzungen zwischen England und Frankreich in Kanada und daß sich zwischen Friedrich von Preußen und der jungen Kaiserin Maria Theresia ein Gewitter zusammenbraute, fragte Anson beiläufig nach der Anwesenheit spanischer Kriegsschiffe im Bereich der Inseln.

Der portugiesische Gouverneur machte ein geheimnisvolles Gesicht. Er sei zwar zur Neutralität verpflichtet, aber im Vertrauen: „Wissen Sie, Kommodore, vor wenigen Tagen sichteten wir im Westen sieben oder acht Linienschiffe mit einem Begleitfahrzeug, das mit uns in Verbindung zu treten versuchte."

Anson war sofort hellwach und mißtrauisch, er witterte den Feind. Doch der Gouverneur schwor hoch und heilig, daß kein

Insulaner mit den Fremden gesprochen habe. „Es waren, so nehme ich an, Franzosen oder Spanier, wahrscheinlich letzteres." So, so.

„Natürlich waren es die Spanier", sagte Anson auf der Rückfahrt zu seinem Begleiter, „das hat der alte Fuchs doch genau gewußt."

„Dann wird er uns auch dem nächsten spanischen Besuch verpfeifen, Sir", gab der Leutnant zu bedenken.

„Damit erzählt er denen nicht viel Neues", entgegnete der Kommodore. „Kurz bevor wir England verließen, kam einer unserer Agenten aus Panama zurück. Wie er berichtete, waren auch die Spanier in Südamerika schon über uns im Bilde. Sie kannten alle Einzelheiten, einschließlich unserer Absichten. Das Mutterland hetzt seine Kriegsschiffe hinter uns her, und drüben erwartet man uns bereits. Was sagen Sie nun?"

„Wenn uns die Gegenwinde nicht so lange aufgehalten hätten, Sir, hätten sie uns jetzt schon zu fassen gehabt."

„Höchstwahrscheinlich." Anson nickte. „Den großen Geleitzug wagten sie zwar nicht anzugreifen, sie haben uns vor Madeira abfangen wollen. Aber als sie hier aufkreuzten, fand sich von uns nicht das kleinste Anzeichen. Sie glaubten, wir wären schon da gewesen, und segelten weiter. Jetzt sind wir die Verfolger und hinter ihnen her."

„Da können wir lange suchen, Sir, der Ozean ist groß", wandte der Leutnant ein.

„Keine Bange", lachte Anson, „es führt nur ein Weg in die Südsee, nämlich um Kap Hoorn — sie werden uns irgendwo dort unten auflauern, und wir werden ihnen ein Gefecht liefern, das sich gewaschen hat."

„Dann wird es wohl Zeit, daß wir weiterkommen", meinte der Adjutant.

Am 3. November ist es soweit. Sie haben ihre Wasservorräte ergänzt und ihren Schiffen Wein und andere Erfrischungen aufgeladen, so viel sie nur tragen können. So berichtet es ausdrücklich der Geistliche des Flaggschiffes, Mister Walter. Nach anfänglichen Überlegungen hat der Kommodore als nächstes eine längere Etappe abgesteckt und beschlossen, Santa Catarina anzusteuern. Das ist eine portugiesische Insel vor der brasilianischen Küste, also wieder ein neutraler Treffpunkt. Auch die Zerstreuten und Versprengten will er dort erwarten; denn man kann nicht wissen, was ihnen unterwegs und bis dahin noch alles blüht. Spanien hat, dessen ist er gewiß, einen großen Teil seiner Seestreitkräfte abgestellt, um sie zu vernichten.

Ansons Mutmaßungen stimmen. Es sind hinter ihnen her: das Linienschiff „Asia" mit 66 Kanonen und 700 Mann Besatzung, Flaggschiff des spanischen Admirals Don José Pizarro; ferner die „Guipuzcoa", mit 74 Kanonen und ebenfalls 700 Mann auch ein ziemlich dicker Brocken. Dann folgen die „Hermione" mit 54 Kanonen und 500 Mann Besatzung, die „Esperance" mit 50 Kanonen und 450 Mann und schließlich die „St. Estavan" mit 40 Kanonen und 358 Mann Besatzung. Obendrein ist noch ein reguläres spanisches Infanterieregiment auf den verschiedenen Schiffen untergebracht.

Den sechs englischen Men of War mit zusammen 236 Kanonen und 1 939 Mann stehen fünf spanische Einheiten mit insgesamt 284 Kanonen und 2 708 Mann gegenüber. An Kampfkraft sind die Spanier ihnen überlegen. Wird das ein Treffen werden!

Tod und Teufel an Bord

„Die ‚Industry' gibt ein Signal, Sir." Der Posten Ausguck zeigt achteraus, wo der Versorger im Kielwasser des Verbandes segelt, ohne indessen recht mithalten zu können.

„Was will er denn?" fragt der wachhabende Leutnant und greift zum Teleskop.

Der Posten guckt nochmals. „Der Schiffsführer möchte rüberkommen, Sir. Er hat, so scheint's, etwas auf dem Herzen."

Der Offizier handelt entsprechend. „Meldung an den Kommodore — und braßt den Großtopp back, Segelmeister, damit wir Fahrt verlieren und die ‚Industry' aufholen kann!"

Es ist der 16. November. Seit zwei Wochen segelt das Geschwader auf südlichem Kurs, über den Wendekreis des Krebses hinweg und weiter. Man befindet sich in einer Schönwettergegend. Die vom Passat geschwellten Segel stehen wie Pyramiden gegen den strahlenden Himmel. Auf sonnendurchflutete Tage folgen zauberhafte Nächte, in denen die Sternbilder des Nordens sich langsam neigen. Am Firmament ziehen Centauren, Argonauten und das Kreuz des Südens funkelnd herauf. Es ist das Paradies des Seemanns, in dem er sich kein Bein ausreißt und fast vergißt, daß er sich in Wirklichkeit auf dem Kriegspfad befindet. Und nun flattert auf der „Industry" ein Signal und stört die Ruhe.

Die „Centurion" fällt zurück, und der Transporter holt auf. Hunderte von Augenpaaren sehen sein Beiboot herantanzen. Der Kapitän ergreift die Strickleiter des Flaggschiffs und schwingt sich an Bord, wo ihn der Kommodore empfängt. Wie geht's, wie steht's, schöne Reise und so. Der Handelskapitän druckst und druckst, er ist nicht deswegen gekommen. „Die Sache ist die —", beginnt er bedächtig, „ich habe meinen Chartervertrag mit der Admiralität erfüllt, bis hierher mitzukommen. Und jetzt möchte ich, daß mein Schiff entladen und wie vorgesehen entlassen wird. Dies hier ist die äußerste Grenze."

Anson weiß, der andere ist im Recht, tut aber überrascht. „Na und? Wollen Sie denn mit dem leeren Schiff zurücksegeln?"

„Sicherlich nicht", entgegnet sein Gegenüber hastig. „Ich bin, wie Sie wissen, eigentlich zur Insel Barbados der Kleinen Antillen unterwegs und nur bis hierher mitgekommen, weil unsere Kurse soweit übereinstimmen. Ich habe im Auftrag meines Reeders von den Antillen eine neue Ladung nach England zurückzubringen — und nun müssen wir uns trennen, und jeder geht wieder seinen eigenen Weg."

Der Geschwaderchef überlegt. Die „Industry" schleppt eine Menge Versorgungsgüter mit sich herum, die nun auf die Kriegsschiffe verteilt werden müssen — aber wo und wie? „Wenn's denn also sein muß, meinetwegen", stimmt er zögernd zu, „aber ich muß das alles noch mit meinen Kommandanten besprechen, und das dauert noch ein paar Stunden. Bis dahin..."

Der Kapitän geht, und die Kommandanten werden gerufen. Es ist nicht mehr die gleiche Rangfolge wie auf der Ausreise vor zwei Monaten. Captain Richard Norris von der „Gloucester" hat in Madeira sein Schiff abgegeben und ist nach

England zurückgekehrt. Zur Wiederherstellung der Gesundheit, wie es heißt. Er wurde durch Mathew Mitchel von der kleineren „Pearl" ersetzt. Die anderen rückten reihum einen rauf, und für die kleine „Tryal" mußte ein ganz frischer Kommandant gefunden werden. Anson hatte sich für David Cheap entschieden, seinen bisherigen Ersten Leutnant.

Und wie das so ist, des einen Not, des anderen Brot. In die nun offene Stelle des Ersten Leutnants der „Centurion" war Charles Saunders gekommen, der bisherige Zweite. Dieser wiederum war von Philip Saumarez abgelöst worden, der damit seinen Aufstieg unter Anson begann. Zum Dritten Leutnant hatte der Kommodore Piercy Brett befördert, einen mutigen jungen Offizier, der auch zeichnerisch begabt war und manches Bild vom Verlauf der Reise anfertigte. So geht es, das Karussell dreht sich, aber im Augenblick hat man andere Sorgen.

Die Kommandanten erwarten einen Kriegsrat auf hoher See. Sie sind erstaunt, von Verpflegung und sonstigen alltäglichen Dingen zu hören, und erheben Einwände. „Wir haben schon genug Proviant an Bord herumstehen und können nichts übernehmen. Wie ist es denn mit der ‚Anna', wann will denn die fort?"

„Die ‚Anna' wird uns auf jeden Fall so lange wie möglich begleiten", erklärt ihnen der Kommodore. „Aber da das Unternehmen erst anläuft, ist sie selbst bis obenhin beladen."

„Wie dem auch sei", so murrt man, „wir liegen schon so tief, daß jedes weitere Gewicht riskant wäre."

Im weiteren Gespräch stellt sich allerdings heraus, daß es sich in der Hauptsache um Trinkbares handelt, um die Weinvorräte, den Schnaps und die Rumrationen Seiner Majestät Schiffe. „Gentlemen, Sie wollen doch wohl nicht Ihre Leute trocken segeln lassen."

Nein, das wollen sie natürlich auf keinen Fall. Und so dreht am nächsten Tage das Geschwader bei und tritt auf der Stelle.

Die hölzernen Kästen dümpeln in der Dünung des Ozeans. Ihre Seiten, an denen sich schon Muscheln und Algen zeigen, tauchen träge ein und aus. Ein Boot nach dem anderen begibt sich zur „Industry". Dort liften Baum und Flaschenzug die Fässer aus dem Laderaum hoch und schwenken sie über die Bordwand. Langsam hinunter damit in die Boote, wo sich ihnen muskulöse Arme entgegenrecken. Das geht alles sehr umständlich und langsam, da im Rhythmus der See alles schaukelt und bumst. Wenn hier und da ein Faß tröpfelt, ist gleich einer mit der Zunge dabei. Finger klemmen, Seeleute fluchen. Die Sonne brennt, der Schweiß rinnt in Strömen, man kratzt sich die behaarte Brust. Lieber Gott, laß Abend werden!

Drei Tage geht das so, dieses Hin und Her mit Fässern und Ballen über einem nassen Abgrund. Der Anteil der „Centurion" allein beträgt 42 Faß. Endlich, am Abend des 19. November, ist alles übernommen. Das Schnapsschiff „Industry" heißt seine Segel und richtet den Kurs nach Westen, der englischen Kolonie Barbados entgegen. Dem Schiffsführer fällt ein Stein vom Herzen, er dünkt sich fein heraus. In seiner Freude hat er noch Privatbriefe von Geschwaderangehörigen mitgenommen, die er in England abzuliefern verspricht. Doch er hat sich zu früh gefreut. Die „Industry" wird später von Spaniern aufgebracht, und die Briefe kommen nie an.

Mit dem Ausscheiden der „Industry" setzt das Unglück ein, das meint nicht nur David Ross. Die Kanonenpforten der jetzt noch tiefer abgeladenen Kriegsschiffe können selbst bei ruhiger See nicht mehr geöffnet werden. Das Wasser würde auf der Stelle hereinschwabbern.

Jetzt zeigt sich auch die Kehrseite des Paradieses. Die senkrechte Sonne bestrahlt das Deck mit solcher Glut, daß man es nicht mehr mit bloßen Füßen betreten kann und das Pech aus den Nähten schmilzt. Beim Abspülen verdampft das Wasser schnell bis auf den letzten Tropfen. In den Innenräumen ist es so stickig, daß es einem den Atem benimmt. Das ganze Schiff wird zum Backofen, in dem das Fett zerfließt, das Ungeziefer sich entsetzlich vermehrt und halbnackte Leute mit offenem Munde im Schlaf stöhnen. Es ist noch enger geworden, einer fällt über den anderen.

Wieviel Menschen da unten hausen, merkt man erst bei der Musterung oder beim Gottesdienst (bei dem Katholiken, Juden und Freidenker nicht mitzumachen brauchen). Was der hölzerne Schiffskörper dann alles von sich gibt, ist schier unvorstellbar. Da erscheinen die Herren Offiziere, der Pfarrer, die Ärzte und die Verwalter in ihrer besten Garderobe und gentlemanlike. Da kommen wie aus der Versenkung die Meister und Maate und treten an: Segelmeister, Stückmeister, Wachtmeister, Quartermeister, Bootsmänner und Segelmacher, Zimmerleute, Schmiede und Köche, Sanitäter und die Bedienten. Da schwitzt man unter Perücken und Dreispitzen in Reih und Glied. Da posiert Oberstleutnant Cracherode, der die Seesoldaten kommandiert, mit Leutnant Gordon am rechten

Flügel. Da pflanzt sich — richt't euch — ihre Truppe auf, Kinn an der Binde, dicke Uniform, Mützen auf dem Kopf. Und hin und wieder fällt mal einer vor Hitze um. Über die Invaliden brauchen wir erst gar nicht zu reden, die sind ohnehin schon halbtot.

Barhäuptig und locker, den Hut in beiden Händen, in weitem Leinen stehen die Matrosen und Jungen da. Sie haben es ein wenig leichter, jedenfalls an Deck. Doch je schöner es draußen wird, um so schlimmer ist es drunten. Während sich über ihren Köpfen die großen Leinwandflächen blähen und Schatten werfen, ist drunten die Hölle. Und nun stillgestanden, Mützen ab zum Gebet und weggetreten. Runter mit euch fünfhundert Mann in die Hölle auf Seiner Majestät Schiff „Centurion", Flaggschiff des Kommodore George Anson.

Tod und Teufel kommen an Bord. David Ross hat es schon bemerkt. Dann merkt es der Wachtmeister, der mit seinem Stock nach Drückebergern sucht, und auch die Offiziere merken es, wenn sie ihre Runde durch die Decks machen. Hier und da liegt einer mit Fieber danieder. Seine Gliedmaßen schwellen an, die Kräfte verlassen ihn. Andere haben Magen- und Darmbluten, ihre Haut wird fahl, ihre Zähne lockern sich. Sie sind nur noch ein Schatten ihrer selbst. Wer das Fieber übersteht, kann sich kaum mehr auf den Beinen halten. Ärzte und Sanitäter haben alle Hände voll zu tun, vermögen aber nichts auszurichten. Die Krankheit umfaßt das ganze Geschwader, die Klagen kommen von allen Schiffen. Allein auf „Centurion" legen sich achtzig Mann hin.

„Es ist der Skorbut, Sir", stellen die Ärzte fest. „Es gibt reichlich zu essen, aber die Verpflegung ist alt. Das Fleisch trieft von Salzlauge, frisches Gemüse gibt es nicht. Das Wasser ist abgestanden und wimmelt von was weiß ich. In den übervölkerten Decks fehlt es an frischer Luft, Übelkeit braut sich zusammen."

Anson kennt das alles aus eigener Erfahrung, man braucht ihm das nicht erst zu erzählen. Es sind die scheinbar unvermeidlichen Begleiterscheinungen aller längeren Reisen, gepaart mit der geringen körperlichen Widerstandskraft vieler Seeleute der unteren Schichten. Die ärztliche Kunst seiner Zeit ist dagegen ratlos. Sie verabreicht „Doktor Ward's Pillen und Tabletten", eine Art von Abführmittel, das den Kranken noch hinfälliger macht. Man ahnt wohl etwas von den Schäden einer einseitigen Ernährung, denen die Offiziere dadurch aus dem Wege gehen, daß sie ihr eigenes Geflügel und Obst mit auf die Reise nehmen. Auch die „Centurion" ist nicht frei davon.

„Was die frische Luft angeht, so sollte sich einiges verbessern lassen", beschließt der Kommodore und steigt mit dem Arzt und dem Ersten Leutnant hinunter. Von Stufe zu Stufe wird es dunkler, während der Gestank zunimmt. Im Dämmerlicht unterscheiden sie bleiche Gesichter, die ihnen teilnahmslos aus Hängematten entgegenstarren. Hier unten kann ein Mensch unbemerkt verrecken, oben droht ihm der Hitzschlag. Anson hält sich ein Taschentuch vor die Nase. „Gentlemen, wenn wir schon nicht die Stückpforten aufmachen können, sollen die Zimmerleute auf allen Schiffen jeweils sechs Öffnungen über der Wasserlinie schaffen, damit der Wind durchzieht und die fauligen Dünste mitnimmt."

Das ist alles, was man in jenen Tagen tun kann, oder doch beinahe alles. Sie müssen sehen, so schnell wie möglich Brasilien zu erreichen, das feste Land, um Schiffe und Menschen zu retten. Doch bis Brasilien ist es noch weit, einen ganzen Monat weit. Und Tod und Teufel segeln mit. Der Tod ist sogar noch schneller und überholt sie. Der unerfahrene Seemann David Ross sieht sich um und versteht die Welt nicht mehr. Gott steh uns bei!

„Seemann Ross, komm mal her und leg mit Hand an", meldet sich der Segelmacher, „der Mann soll ein christliches Begräbnis haben." Sie packen den Toten und betten ihn in eine Hülle aus Segeltuch. Er wird mit festen Stichen vernäht, zu Füßen mit einer Kanonenkugel beschwert und zur Reling getragen. Die Besatzung ist angetreten. Ein Pfeifentriller: „Flagge auf Halbmast!"

Der Schiffspfarrer verliest ein letztes Wort, vielleicht aus dem Psalter Davids: „Erhöre uns nach der wunderbaren Gerechtigkeit, Gott, unser Heil, der Du bist Zuversicht aller auf Erden und fern am Meer —, der Du stillst das Brausen seiner Wellen und das Toben der Völker..."

Dumpf wirbeln die Trommeln. Der Tote gleitet ins Wasser und versinkt, die Flagge wird wieder vorgeheißt. „An die Arbeit!"

Schließlich werden es immer mehr Tote, so daß man sich überlegt, ob man Segeltuch und Kanonenkugeln nicht besser einsparen sollte. Und es kommt der Tag, an dem auch dem Pfarrer der Text ausgeht und es schlicht heißt: „So nimmt das Leben seinen Lauf — Bootsmann, mach die Klappe auf." Es gibt einen Plumps, und dann hört man weiter: „Da schwimmt er hin zur ew'gen Ruh — Bootsmann, mach die Klappe zu."

Man zeigt nur ungern seine Gefühle.

Die Zurückbleibenden stehen mit beiden Beinen im Leben. Damit sie nicht etwa trüben Gedanken nachhängen, heißt es gelegentlich „Geschützexerzieren". Der Kommodore ist sich dessen bewußt, daß der Erfolg seines Geschwaders nicht vom Schnellsegeln abhängt, obgleich es auch darauf ankommt, sondern eher von der Sprache der Kanonen. Es sind schließlich Kampfschiffe, die in einer Linie hintereinander wie eine schwimmende Batterie aufmarschieren und einer ebensolchen feindlichen Linie gegenüberstehen. Die Seeschlacht wird zu einem laufenden Gefecht, bei dem Freund und Feind nebeneinander hersegeln und aufeinander losballern, bis der Gegner vernichtet ist oder klein beigibt. Wer schneller schießt und besser trifft, hat buchstäblich mehr vom Leben. Da die Schiffe so tief eintauchen, daß nur die Oberbatterie zur Verfügung steht, wird diese Oberbatterie eben doppelt hergeben müssen. Also, ran an die Kanonen!

Die bulligen Rohre ruhen auf klobigen Lafetten und kleinen Rädern. Sie werden mit Flaschenzügen eingeholt, von vorne geladen und zum Schießen wieder ausgefahren. Wenn die tonnenschweren Ungetüme über die Planken rollen, poltert es durch das ganze hölzerne Schiff wie ein Gewitter. „Los die Laschings!"

Gejagt von kurzen Kommandos, springen die Männer hin und her. „Mündungspfropfen raus!" — „Laden mit Kartusche!" — „Kugel rein!" — „Stoß fest!" — „Pulver ins Zündloch!" — „Nach Höhe und Seite richten!" Und nun die glimmende Lunte heran und: Feuer!" Schon macht es wumm, und wieder wumm, und nochmal wumm, und der Knall läuft über das Meer. Dann werden die noch warmen Rohre mit einem Schwamm ausgewischt, und das Ganze wiederholt sich — wenn es hochkommt, alle neunzig Sekunden ein Schuß. Oder doch wenigstens alle zwei Minuten, das wäre auch schon ganz schön. Sie schießen natürlich nicht scharf, üben nur und heben ihr Pulver für den Ernstfall auf. Trotzdem spüren sie es in den Knochen und sind froh, die schweren Stücke wieder festlaschen zu können. Und sorgfältig bitte, damit diese beim Schlingern des Schiffes nicht in Bewegung geraten, sich losreißen und alles kurz und klein schlagen.

Bei aller Routine und angesichts des nun schon alltäglichen Sterbens, wird unablässig der Feind erwartet, der Spanier! Vergeblich schweifen die Augen über einen sommerlich klaren Horizont, den nichts unterbricht, weder Schiff noch Riff, geschweige denn die brasilianische Küste. Es ist ein leerer Gesichtskreis, in dessen Mitte das Geschwader segelt, mal auseinandergezogen, mal auf Rufweite genähert. Und dahinter ist wieder ein Kreis und wieder einer, und sonst nichts, eine leere Wasserwüste.

Bis eines Morgens ein Ruf den Bann zerreißt, der alles zu lähmen droht: „Segel in Sicht!"

Ein Segel? Wo? Dort, wahrhaftig, seht doch, seht! Unruhe und Gerenne, ein einsames Segel. Wie lautet unsere Order?

„... die spanischen Schiffe, die uns begegnen, wegzunehmen, zu verbrennen, zu versenken, zu vernichten." Drauf, drauf! Was meint der Kommodore? „Signal an ‚Gloucester' und ‚Tryal': Sofort Verfolgung aufnehmen! Offizier der Wache, alles Zeug setzen und hinterher, das kann nur ein spanisches Depeschenboot unterwegs nach Buenos Aires sein, sonst kreuzt hier kaum etwas herum."

Sie jagen es den ganzen Tag, ohne ihm näher zu kommen. Darüber wird es Nacht, und der Verband rückt wieder zusammen. Anderntags ist das Segel noch immer da, und die Jagd geht weiter. Von Einholen kann indessen keine Rede sein, und so brechen sie am zweiten Abend die Verfolgung verdrossen ab und gehen wieder auf Brasilienkurs. Später stellt sich heraus, daß alles umsonst gewesen ist und sie nur hinter einem Paketboot der Ostindischen Company auf dem Wege nach St. Helena her gewesen sind. Ein falscher Alarm also, aber er hat sie aufgerüttelt.

Mit Freuden erblicken sie schließlich im Westen bis Südwesten einen hohen, gebirgigen Streifen Land: die brasilianische Küste, Südamerika. Am 20. Dezember 1740 trifft das Geschwader vor der Insel Santa Catarina und der kleineren San Antonio ein. Hinter ihm liegt eine Überfahrt von 47 Tagen, die sie über den Wendekreis des Krebses südwärts brachten. Im Kielwasser der Dreimaster blieben 3 100 Seemeilen ...

Der Kommodore schickt ein Boot mit einem Verbindungsoffizier voraus, um den portugiesischen Gouverneur seiner friedlichen Absichten zu versichern und Landeerlaubnis zu erbitten. Ungeduldig sieht er dem Rückkehrer entgegen. „Na, was ist?"

Der Leutnant nimmt Haltung an und meldet: „Alles klar, Sir, der Gouverneur erwidert die Grüße auf das höflichste und stimmt zu, er hat auch gleich einen Lotsen mitgeschickt."

Anson nickt zufrieden. „Allright! Befehl an ‚Gloucester', ‚Severn', ‚Pearl', ‚Wager' und ‚Tryal': Sobald der Anker gefallen ist, hat jedes Schiff einen Arbeitstrupp an Land zu schicken und jeweils zwei Zelte aufzubauen. Das eine dient der Aufnahme der Kranken, das andere ist für den Arzt und seine Helfer bestimmt."

„Verstanden, Sir."

Auf der ersten Etappe bis Madeira hat das Geschwader nur zwei Tote gehabt. Auf der weiteren Reise hierher sind ihm neunzig Mann gestorben. Selbst Ansons Leibarzt, Mister Waller, hat es nicht verschont. Auch er mußte dran glauben.

Weitere dreihundert Mann liegen sterbenskrank in ihren Hängematten. Sie kommen unverzüglich an Land. Die von Ungeziefer wimmelnden Decks, in deren Holz sich der widerliche Gestank schon festgesetzt hat, werden in allen Winkeln ausgekratzt und ausgeräuchert. Am Ende waschen sie die Teufelslöcher noch mit scharfem Essig aus und hoffen, das Menschenmögliche getan zu haben, um einstweilen weitere Plagen zu verhüten.

Einen Monat später, fast auf den Tag genau, am 18. Januar 1741, setzen sie die Reise fort. Der Kommodore hat keine Gelegenheit versäumt, seine landhungrigen Leute anzuspornen. „Noch sind wir im Sommer, aber denkt daran, daß uns jeder vertrödelte Tag dem eisigen Winter bei Kap Hoorn näherbringt."

Von den christlichen Feiertagen ist kaum die Rede, abgesehen von der doppelten und dreifachen Rumration, und David Ross und seine Schiffskumpanen wissen nicht, ob sie darüber lachen oder weinen sollen. Trotz allem Drängen sind aber aus dem vorgesehenen kurzen Aufenthalt volle vier Wochen geworden.

Die Schäden an den Schiffen haben sich als größer herausgestellt, als es auf den ersten Blick den Anschein hatte. Es blieb nicht nur beim Säubern der Rümpfe und dem Dichten der Nähte, dem Überholen und Verstärken der Takelage für das kommende stürmische Wetter. Eines Tages war Kapitän Cheap von der „Tryal" mit einer unerwarteten Hiobspost gekommen: „Sir, muß leider melden, daß der Vormast meines Schiffes total verfault und nicht mehr zu gebrauchen ist. Auch der Großmast hat sein Teil weg, er ist oben gesprungen und muß geschient werden." Was half's? Die Reparaturen und vor allem das Suchen nach einem neuen Mast brauchten ihre Zeit und hielten die Zimmerleute bis zum letzten Augenblick in Trab.

Auch die erhoffte schnelle Genesung läßt immer noch auf sich warten. Die Kranken haben sich trotz des frischen Gemüses und der fast wild wuchernden Südfrüchte, auch bei frischem Fleisch, Fisch und Wasser nicht völlig erholt. Im Gegenteil, weitere 130 sind erkrankt, neue Todesfälle eingetreten. Auf der „Centurion" erhöht sich die Zahl der Kranken von 80 auf 96, und 28 Leute sterben. Zusammen ist fast ein Drittel aller Leute des Geschwaders betroffen. Möglicherweise ist auch das feuchtheiße Klima im Hafenkessel daran schuld. Die Berge ringsum, die dampfenden Wälder und die Morgennebel. Nicht zuletzt die kleinen Quälgeister. Dichte Schwärme von Moskitos und Sandfliegen, die noch schlimmer als die Wanzen beißen, verleiden den Seeleuten zeitweise den Aufenthalt auf Santa Catarina.

Die anfangs so zuvorkommende Haltung des portugiesischen Gouverneurs verwandelt sich in Gift und Galle, als es den Engländern einfällt, ein von draußen kommendes fremdes Schiff zu durchsuchen. Wie peinlich, daß es sich nicht um ein feindliches Fahrzeug handelt, wie irrtümlich angenommen, sondern um eine portugiesische Brigantine vom Rio Grande. Zwar benimmt sich Ansons Leutnant, der die Untersuchung leitet, äußerst korrekt. Aber der stolze Gouverneur Don José Sylva de Paz, zugleich Befehlshaber von Garnison und Batterie, ist außer sich. Er betrachtet den Zwischenfall als einen ernsten Bruch des Friedens zwischen der Krone von England und der von Portugal. Außerdem beschuldigt er den Offizier eines schlechten Betragens und wirft ihm vor, die Schiffspapiere durchgesehen und fremde Briefe geöffnet zu haben. Der

Kommodore weist die Beschwerde zurück, ist aber ebenfalls verstimmt.

„Hören Sie, Brett", spricht er später mit seinem Dritten Leutnant, der die Brigantine durchsucht hat, „was zum Teufel fällt dem Gouverneur eigentlich ein, so ein Theater zu machen, und was ist das mit den Briefen?"

„Sir", verteidigt sich der Beschuldigte, „nachdem uns der Vertreter der Krone alle Lebensmittel zu Wucherpreisen verkauft hat, sucht er nun einen Grund, uns loszuwerden, ehe wir ihm auf die Schliche kommen. Jedes Kind weiß, daß der hiesige Gouverneur mit seinem spanischen Kollegen in Buenos Aires unter einer Decke steckt und einen schwungvollen Schmuggel von Gold und Silber betreibt. Die beiden arbeiten seit Jahr und Tag Hand in Hand."

Anson nickt. Was Brett sagt, hat viel für sich.

Der fährt fort: „Und dann liegt in Buenos Aires höchstwahrscheinlich auch das spanische Geschwader von Admiral Pizarro, das nehmen auch Sie an, Sir. Ich möchte wetten, daß der Gouverneur längst dorthin geschrieben hat und daß die alles über uns wissen. Daher auch seine Sorge und Angst vor dem Öffnen der Briefe. So einer ist das."

„Da haben Sie verdammt recht", flucht Anson.

Der portugiesische Befehlshaber ist froh, sie loszuwerden. Die Engländer wiederum brechen ihre Zelte ab und verlassen die mit dichtem Grün bewachsene Insel, in der die Plantagen vor Fruchtbarkeit fast ertrinken, ohne Bedauern.

Santa Catarina liegt auf 28 Grad südlicher Breite. Das nächste Ziel des Anson-Geschwaders ist San Julian, 1200 Seemeilen entfernt. Eine einsame, düstere Bucht in Patagonien auf dem 49. Breitengrad. Dort soll sich das Geschwader noch einmal versammeln, bevor es in das wilde Kap-Hoorn-Gebiet eintritt und in den Stillen Ozean und in die Südsee durchzubrechen versucht. Mit Santa Catarina bleibt auch schon alles Angenehme zurück. Es war das letzte freundliche Stück Erde für lange, lange Zeit.

Der Feind erscheint

Das Brausen in der Takelage steigert sich zum Pfeifen und Jaulen. In der nächtlichen Finsternis rackern sich David Ross und seine Wache mit dem Reffen des Marssegels ab. Weit über die hölzerne Rah gebeugt, mit den Füßen nur auf einem dünnen Seil stehend, boxen und schlagen sie mit beiden Fäusten in das flatternde Tuch. Sie suchen ein Reffbändsel zu erhaschen und das Segel zu bändigen, damit es sich nicht wieder aufbäumt und sie hintenüber wirft. Entweder in die kochende See oder auf das schwankende Deck der „Centurion", tief unter ihnen. Beides wäre gleichermaßen — das Ende vom Lied.

Der Sturm schlägt ihnen wie ein feuchter Scheuerlappen um die Ohren, seit gestern Abend rast er. Die Lichter der Schiffe verschwinden im Wasserstaub und kommen nur in den Atempausen der Böen wieder zum Vorschein. Aber die oben in den Masten haben keine Zeit, sich lange umzuschauen, sie haben alle Hände voll zu tun. Das Tauwerk ist so verquollen und das Tuch so hart, daß ihnen die Fingernägel abbrechen. Nach Stunden erst haben sie alles geschafft und entern erschöpft und klamm nieder. Ein Ruf von achtern: Splice the main brace! Verkapptes Signal für einen Extraschluck Rum zum Aufwärmen. Der Reihe nach treten sie beim Offizier der Wache an und kippen ihn hinter die Binde.

Bei Tagesanbruch wird die Sicht schlechter. Der Wind hat nachgelassen, und bald ist die Luft so schmierig, daß man nur noch zwei Schiffslängen weit sehen kann. Die Schiffe werden zu Schatten, allmählich scheint das ganze Geschwader im Waschküchendunst zu zerfließen. Denen in der Unterbatterie ist das gleichgültig. Sollen doch der Kommodore und sein Stab sehen, wo die Archen abbleiben.

„Wir wollen beidrehen, damit wir uns nicht zerstreuen", entscheidet Anson. „Kanonenschläge raus!" Und dann wird das Wimmern in den Lüften vom Krachen der Böller übertönt, das allen Einheiten befiehlt, auf der Stelle zu treten. Mit kleinen Segeln liegen sie wie in einer Wiege, die umkippen will, und harren gelassen der Dinge. Gegen Mittag erscheint die Sonne als bleiche Scheibe, und es klart mäßig auf.

„Segel voraus!" schreit der Ausguck und bald darauf „Segel an Backbord!" und einmal mehr „Segel an Steuerbord!" und so weiter.

Da sind sie wieder. Bloße Schemen zuerst, die nach und nach Gestalt gewinnen, als der Nebel gänzlich verfliegt. Die „Gloucester", die „Severn", die „Wager", sie stampfen, sie schlingern, sie torkeln. Und da, ganz abseits, wer treibt denn dort mit nur einem Mast? Das gibt's doch überhaupt nicht, im ganzen Geschwader hat kein Schiff nur einen Mast. Aber nun gibt es das offenbar doch — es ist die kleine „Tryal", die einen Mast eingebüßt hat, was sich nicht leugnen läßt. Die Dünung stößt sie abwechselnd hoch und läßt sie wieder fallen.

„Auch das noch", knurrt Anson, „bin neugierig, was Cheap uns zu sagen hat, nachdem wir seine Masten just repariert haben."

Doch da ist nicht mehr viel zu sagen, als sie sich durch die Megaphone anschreien und ihnen der Wind die Wortfetzen vom Munde reißt. Die Dinge sprechen eine zu deutliche Sprache. „Die Sturmböen, Sir — ganze Arbeit geleistet — Mast gebrochen — trieb im Wasser —schwimmen lassen — stößt uns sonst ein Leck."

Nun ist guter Rat teuer. Selbst wenn es Kapitän Cheap gelänge, eine Notbesegelung aufzutakeln, würde „Tryal" hinterherhumpeln. In einem Verband bestimmt immer der Langsamste das Tempo. Also, was nun? Der Kommodore entscheidet wieder schnell und energisch. „Alle Schiffe der ‚Tryal' zur Hilfe, und ‚Gloucester' soll die Sloop in Schlepp nehmen."

Es wird wieder eine höllische Arbeit für die Bootsmannschaft. Sie rudern sich die Arme aus dem Leibe, sie placken sich in der noch immer bewegten See wie die Galeerensträflinge, um ein schweres Schlepptau von einem Schiff zum andern zu bringen. Und ist die Verbindung endlich hergestellt, muß man bangen, ob die wilden Stöße sie nicht wieder zerreißen und alle Mühe von neuem beginnt.

Auf dem Flaggschiff beobachtet man das Schleppmanöver so aufmerksam, daß keinem die wachsende Unruhe des Wachoffiziers auffällt. Schließlich wird Anson stutzig. „Was gibt es denn nun schon wieder?"

„Da fehlt doch noch einer, Sir", meldet der Leutnant mit sorgenvoller Stimme. „Wir sind nur fünf, mit ‚Anna' zusammen sechs. Die ‚Pearl' ist verschwunden."

Die „Pearl" ist weg? Tatsächlich, sie ist nicht zu sehen und bleibt auch verschwunden. Ei verdammt und zugenäht, was meinen die Herren, was denken Saunders und Saumarez, was hält der Kommodore davon? Doch der winkt ab. „Wir wollen uns jetzt nicht noch mit der ‚Pearl' aufhalten. Bemühen wir uns, weiter zu kommen. Kapitän Kidd kennt meine Order, falls wir versprengt werden, treffen wir uns alle in San Julian wieder. Ab dafür!"

Sie segeln weiter und wissen noch nicht, daß ein ganzer Monat vergehen soll, ehe sie die „Pearl" wieder zu Gesicht bekommen werden. Und Captain Daniel Kidd, den sie „Dandy" Kidd nennen, sehen sie überhaupt nicht mehr wieder. Weil der nämlich dann schon tot ist ...

So fängt also die Weiterreise von Santa Catarina unter unerfreulichen Umständen an, kaum daß sie die Nase wieder in See stecken. Es ist ein Wechsel aus sonnigen Breiten in kühle und feuchte Temperaturen mit den umgekehrten Jahreszeiten der südlichen Halbkugel. Aus einem hochsommerlichen Januar segeln sie in den herbstlichen März, und der Winter guckt schon um die Ecke, dort, wo Südamerika zu Ende geht. Aus den Berichten früherer Reisender weiß man, daß unterhalb der La-Plata-Mündung das Festland seine tropische Fruchtbarkeit verliert. Es verwandelt sich in Ebenen, auf denen nur noch Gras und Gebüsch gedeihen, die Schafen und Rindern als Nahrung dienen. Dort haben auch die spanischen Kolonialherren nicht mehr viel zu bestellen, die sich vergeblich an der Magellan-Straße festzusetzen versuchten und jetzt das Land den Indianern überlassen.

An dieser Küste tasten sich Ansons einsame Segelschiffe entlang, mit einem Auge nach dem Feind ausspähend, das andere auf die Küste und die vorgelagerten Untiefen gerichtet. Es wird fleißig gelotet. Ganz vorne steht auf einem Podest ein Matrose, der die Leine mit dem Senkblei wie ein Lasso schwingt. Beim Kommando „Fallen Lot" wirft er das Gewicht weit voraus. Die Leine läuft aus und steht schließlich senkrecht neben der Bordwand des fahrenden Schiffes. Es ist noch tief genug, viel zu tief. Die bunten Tuchfetzen und Knoten an der Leine zeigen achtzig bis sechzig Faden, zuweilen auch achtundvierzig und weniger, aber nie unter zwölf Faden Wassertiefe. Mehrmals erscheint wieder die Küste am westlichen Horizont mit ihren Landmarken. Der Wind läßt das Geschwader nicht im Stich, und selbst die Meeresströmung trägt sie südwärts.

Wer nicht krank ist — und krank sind eine ganze Menge —, geht vier um vier Stunden Wache, oder zwei um zwei zur Abendzeit. Die Funktionäre werkeln tagsüber, schlafen nachts ungestört und eilen nur zu den Alle-Mann-Manövern herbei. So die Verwalter und Köche, die mehr schlecht als recht für das leibliche Wohl sorgen; die immerfort flickenden und schneidernden Segelmacher, der Waffenmeister mit seiner ständigen Sorge um die Flinten und die Feuerwerker, die tief unten ihre Pulverbeutel abwiegen und stapeln (für „den" Tag), die eingebildeten Bediensteten der feinen Herren, die vorwurfsvoll dreinschauenden Invaliden, deren Zahl ständig abnimmt. Weiter noch die Zimmerleute, die sich um die Pumpen kümmern und täglich peilen, wieviel Wasser durch die Nähte des hölzernen Schiffes eingesickert ist; die gelangweilten Soldaten und die Sanitäter, die weiß Gott nicht über Langeweile klagen können. Sie alle sind jetzt froh, daß sie an Deck wenig zu suchen haben, wenn sie nicht gerade aufs luftige Klo müssen. Unten riecht es zwar nicht gut, doch oben ist es kalt und naß. Da ziehen sie den Mief schon vor. Ansprüche können sie sowieso nicht stellen, du meine Güte. Ein bißchen Rum nach Feierabend, eine Pfeife Tabak, ein Klöhnschnack unter Schiffsgenossen, und wenn's hochkommt ein Lied: What shall we do with the drunken sailor.

Zu mehr reicht es auch achtern in der Offiziersmesse kaum, wo die Leutnante, der Arzt und der Zahlmeister die Freizeit totzuschlagen versuchen. Gelegentlich greifen sie zu den Karten und spielen eine Partie Whist. Der Kommodore läßt sich in ihrer Gesellschaft nur selten sehen. Der Geschwaderchef, der zudem noch Kommandant der „Centurion" zu sein hat, brütet in seinen weitläufigen Räumen über einsamen Entschlüssen. Geselligkeit war nie seine starke Seite, das erlaubt die Tradition der Königlichen Marine auch nicht.

Die „Pearl" fand sich nach dem Sturm, von Gott und allen guten Geistern verlassen, allein auf weiter Flur. Was blieb ihrem Kommandanten anderes übrig, als die Reise nach San Julian auf eigene Faust fortzusetzen und zu sehen, wie weit er mit 594 Tonnen, den 42 Kanonen und 299 Mann im Alleingang kam. Und das ging auch ganz gut. Jedenfalls bis zum 31. Januar, als sich Captain Dandy Kidd hinlegt und stirbt —

und niemand kann sagen, wie es geschah. Das Kommando an Bord übernimmt der dienstälteste Leutnant Salt, und für die Besatzung ändert sich äußerlich nichts. Siebzehn Mann auf des Toten Mannes Riff — johoho und 'ne Buddel voll Rum — siebzehn Mann, und der Teufel hol das Schiff — johoho und 'ne Buddel voll Rum! Sie sind jetzt fünf Monate und länger unterwegs, und wer weiß, ob sie jemals Old England wieder in Sicht bekommen.

Der neue Kommandant, Leutnant Salt, tut sein Bestes. Als Führer eines auf sich selbst gestellten Kriegsschiffes, dazu noch in fremden Gewässern, ist ihm unerwartet eine schwierige Aufgabe erwachsen. Er gönnt sich kaum Schlaf und ist wie elektrisiert, als am zehnten Tage seiner Verantwortung der Ausguck mehrere Schiffe meldet.

Salt stürmt an Deck, greift zum Teleskop, schaut sich um. Zwei, drei, vier, fünf, wahrhaftig fünf! Fünf Kriegsschiffe — es müssen Ansons einsame Segler sein. Nun, meine Herren, sind wir fein raus, und ihr, Sailors, reißt euch am Riemen, das Geschwader hat uns gleich wieder. Wie ein Lauffeuer verbreitet sich die gute Nachricht in allen Quartieren, sie jubeln erleichtert. Die Freunde sind da, die Kameraden, hipp, hipp, hurra!

Die Entfernung verringert sich, und mit dem Näherkommen lassen sich Einzelheiten erkennen. Das Geschwader wiegt sich im Rhythmus des Südatlantiks, eindrucksvoll und aus ihrer Lage doppelt schön anzusehen. Vorneweg segelt die „Centurion", dahinter gestaffelt die anderen. Lustig flattert im Großtopp des Flaggschiffes der breite rote Befehlsstander des Kommodore. Jedesmal wenn das Linienschiff im Seegang stampft, was wie eine Verbeugung aussieht, spritzt die Bugwelle bis zur Gallionsfigur empor. „Signalmeister", schreit Salt, „einen Willkommensgruß, und melden Sie uns dem Kom..."

Doch was ist das? Das Wort bleibt dem Leutnant in der Kehle stecken. Da stimmt doch was nicht. Da soll doch ... Der Signalmeister guckt ungläubig, als traue er seinen Augen nicht, die anderen halten den Atem an, und für einen Moment ist es so still, daß man das Klatschen des Wassers hört und den Wind. Das ist ja überhaupt nicht die Galionsfigur der „Centurion". Das ist schon gar nicht ihr Flaggschiff, das sind nicht Ansons einsame Segel. Das sind, heiliger Himmel, die Spanier!!

Irgendwer hat es gerufen, und der eisige Schreck fährt ihnen in die Glieder. Es ist das spanische Geschwader des Admirals Don Pizarro, das sind die fünf großen Kriegsschiffe mit allen Lappen drauf gegen den Einzelgänger „Pearl". Wir sind geliefert, 284 spanische Kanonen gegen 42 englische. Ausgerechnet jetzt muß man sich in die Quere kommen. Viele Hunde sind des Hasen Tod.

Verdammt! Da gibt es nur eins — abhauen! Salt faßt sich im Nu und wirft nur einen Blick auf den Kompaß. „Herum mit dem Ruder", brüllt er die Leute am Steuerrad an, „alle Mann auf Gefechtsstation! Segel hart angebraßt und hoch an den Wind — jetzt geht's ums Leben, Jungs!" Wie Pfeile sausen seine Befehle unter die Männer und lassen sie nicht zum Nachdenken kommen.

Denn er bemerkt, und jeder andere merkt es auch, daß sie schon in Reichweite der spanischen Kanonenkugeln liegen. Glücklicherweise im toten Winkel; denn der Feind kann schlecht in Längsrichtung schießen, seine Waffen bleiben stumm. Die Engländer flitzen, im Handumdrehen dreht „Pearl" auf Fluchtkurs. Sie bietet den Verfolgern ihre Schmalseite dar, und das letzte Stückchen Leinwand zieht sie vom Feinde fort. „Pearl" ist ein guter Segler, darum hat Anson das Schiff als Aufklärer verwendet, und nun wird die Distanz zwischen ihm und den Spaniern allmählich wieder größer. Mit ihren Kanonen können sie schon nicht mehr herlangen.

Aber sie bleiben der „Pearl" auf der Fährte wie eine Treibjagd. Sie verfolgen sie den ganzen Tag — caramba, eine Beute, die ihnen sicher scheint. Salt, der in seiner Not einen verwegenen Ausweg sucht, entdeckt am Kräuseln des Wassers eine flache Stelle und zieht darüberweg. Die Spanier mit ihren tiefergehenden Schiffen zögern und bleiben zurück. In der Nacht lassen sie von ihm ab, verlieren ihn aus den Augen und segeln nach Süden davon. Ihre Lichter verlieren sich im Dunkeln. Leutnant Salt pustet. „Um Haaresbreite", murmelt er.

Als er zwei Wochen später vor San Julian wirklich auf Ansons Geschwader stößt, hält er sie im ersten Schreck wieder für die Spanier und versucht, der „Gloucester" auszuweichen.

„Es war tatsächlich das spanische Geschwader, dem wir uns plötzlich gegenübersahen", berichtet er dem Kommodore, „zwei Schiffe mit jeweils siebzig Kanonen, zwei mit fünfzig und eins mit vierzig. Die Streitmacht von Don José Pizarro, der sicher nur darauf brennt, es seinem berühmten Vorfahren nachzutun."

Der Kommodore will keine geschichtlichen Betrachtungen anstellen, sondern etwas anderes wissen. „Wie konnten Sie die nur so nahe an sich herankommen lassen, ohne Verdacht zu schöpfen?" fragt er mit leichtem Vorwurf in der Stimme.

Aber Salt hat auch darauf eine Antwort bereit. „Nun, Sir, Sie wissen selbst, daß Kriegsschiffe heutzutage einander zum Verwechseln ähnlich sehen und daß man schon dicht dran sein muß, um die feinen Unterschiede wahrzunehmen. Die Spanier gleichen uns bis in die Kleinigkeiten, und obendrein hatte das Flaggschiff Ihren breiten roten Kommodorestander, Sir — es segelte also halb und halb unter falscher Flagge."

„Das bedeutet, daß Sie in der Tat alles über uns wissen", sagt Anson nachdenklich. „Und wie nahe waren sie Ihnen schätzungsweise auf den Leib gerückt?"

„Auf jeden Fall hätten sie uns wirkungsvoll beschießen können."

Anson reibt sich das Kinn. „Das werden wir uns merken müssen. Wenn ich Sie recht verstanden habe, sind die Spanier in Richtung Kap Hoorn weitergesegelt."

„Genau, Sir."

„Also wollen sie noch vor uns dort sein. Vielleicht gehen sie sogar noch weiter und erwarten uns vor ihren Küsten, wo sie überall Stützpunkte finden, während wir von der langen Reise abgekämpft dort aufkreuzen.

Ich danke Ihnen", fügt Anson hinzu, „Sie haben sich gut aus der Affäre gezogen. Nur kann ich Sie nicht als Nachfolger für Kapitän Kidd einsetzen. Es sind noch Rangältere da, die ein eigenes Kommando beanspruchen, aber immerhin —."

Er schüttelt Leutnant Salt die Hand. Dann setzt er sich hin und trifft seine Verfügungen.

Bei dieser Unterredung ankert das Geschwader schon in San Julian. Die Engländer haben den schmalen Einschnitt, dessen vorgelagerte Barre sich im Zuge der Strömung öfters ändert, erst suchen müssen und nicht ganz mühelos gefunden. Am 18. Februar 1741 sind sie glücklich im Schutz der Bucht. Das kommt vor allem der kleinen „Tryal" zugute. Knapp 200 Tonnen groß und eher ein Schönwetterschiff, war sie mit ihrem hohen Großmast einfach übertakelt. Das hatte sich deutlich erwiesen. Nun machen sich Zimmerleute und Takler über ihre zerbrochenen Hölzer her und stutzen sie vernünftig zurecht.

In San Julian liegt das Geschwader sicher wie in Abrahams Schoß. Es ist ein düsteres, ödes Niemandsland, dessen Strand über weite Strecken trockenfällt, weil Ebbe und Flut Unterschiede von acht Meter Höhe aufweisen.

In dieser Bucht hat schon Magellan auf seiner berühmten Weltumsegelung einen Galgen errichten und Meuterer aufknüpfen lassen. Und hier machte 1577 Francis Drake den ungetreuen Thomas Doughty einen Kopf kürzer. San Julian — ein Name voll düsterer Vorbedeutung? Für den Kommodore ist es die letzte Gelegenheit, seine Expedition noch einmal zu überdenken: die Beschaffenheit seiner Schiffe, den Gesundheitszustand der Besatzungen, die Feindlage und seinen Auftrag. Er spielt auch mit dem Gedanken, den Transporter einzusparen und ihn zurück nach England zu entsenden. Die

Kriegsschiffe müßten wieder die Restladung der „Anna" übernehmen.

Aber die Kommandanten warnen. „Das ist noch nicht möglich. Da wir in letzter Zeit viel Frischproviant von Land bekommen haben, schleppen wir noch immer so viel eigene Vorräte mit uns herum, daß die Kanonen teilweise blockiert sind."

Anson überlegt. „Machen wir es also umgekehrt", ordnet er schließlich an. „Damit die Kanonen endlich die nötige Bewegungsfreiheit haben und nicht durch Kisten und Kasten behindert werden, gebt alles, was im Wege steht, rüber auf die ‚Anna'. Der Versorger kommt dann eben noch weiter mit, in Gottes Namen. Hauptsache, wir haben die Hände frei, wer weiß, was uns noch an Überraschungen erwartet. Denken Sie an die ‚Pearl', Gentlemen."

„Sie können sich auf uns verlassen, Kommodore", versichern ihm seine Kapitäne. Er hat sie wieder umbesetzt, wie es die Lage erforderte. Nachfolger des verstorbenen Captain Kidd wurde der Ehrenwerte John Murray von der „Wager". Für ihn kam David Cheap von der havarierten „Tryal" auf die größere „Wager", gleichzeitig wurde er zum Kapitän befördert. Wer unter Anson dient und sich bewährt, kann damit rechnen, aufzurücken. Dies gilt erst recht für seine unmittelbaren Leutnante. Charles Saunders, bisher Erster Leutnant der „Centurion", bekommt das Kommando der „Tryal", und Philip Saumarez wird zum Ersten Leutnant des Flaggschiffes befördert.

Philip Saumarez ist ein Mann nach Ansons Herzen, und er wird sehen, daß er ihn behält. Der nicht mehr ganz junge Offizier von den Kanalinseln, der durch die Umstände immer ein wenig im Schatten stand und auf der „Centurion" noch als Dritter Leutnant anfangen mußte, ist nun Ansons rechte Hand. Im Laufe der Zeit wird er sein Vertrauter und sein Stellvertreter. Der ehrgeizige und umsichtige Saumarez, der unter anderem auch das vollständige Logbuch der Expedition führte, wäre nur zu gerne selber Kapitän geworden, um seine verzögerte Laufbahn nachzuholen. Doch Anson ist gerecht genug, nie Ausnahmen zu machen — fast nie.

Da ergibt sich eine vorübergehende Lösung. Der auf „Tryal" kommandierte Charles Saunders liegt schwerkrank an Fieber im Hospital. „Ihn jetzt auf ein anderes Schiff zu schicken wäre lebensgefährlich", meinen die Ärzte. So überträgt der Kommodore für die Dauer der Krankheit das Kommando der „Tryal" seinem Ersten Leutnant — Philip Saumarez.

Saumarez wiederum, der schon Jüngere aufrücken sah und sich benachteiligt wähnt, kommt wieder einmal zu der Überzeugung: „Ich bin unter einem unglücklichen Stern geboren." Er frißt alles in sich hinein und muß damit gerade während des schlimmsten Teils der Reise fertig werden. Nämlich als die kleine „Tryal" unter seinem Kommando bei der Kap-Hoorn-Umsegelung dem Geschwader als Aufklärer und Pfadfinder vorausläuft. Saumarez ist, so scheint's, der Zuverlässigste von allen nachgeordneten Offizieren. Anson kann ihm in allen Situationen vorbehaltlos vertrauen.

Die traurige kleine Bucht von San Julian hat bisher nur sehr wenige Schiffe in ihren Armen gehalten. Selten hat es einen Segler hierher verschlagen. Das umliegende Land ist so karg, daß sich nicht einmal mehr das Salz finden läßt, mit dem sich frühere Schiffe hier eingedeckt haben wollen. Es ist einfach verregnet. Das Geschwader zerrt an seinen Ankertrossen und dreht sich im Strom und im Wind, mit dem Bug mal hierhin, mal dorthin. Die einzigen Laute, die der Wind ihm zuträgt, sind das Bellen der Seelöwen und das Blöken eines Schafes. Aber im Gedächtnis der Verantwortlichen wird sich das melancholische Bild einprägen als die letzte Gelegenheit, die alle Kommandanten noch einmal in der Kajüte des Kommodore zum großen Kriegsrat zusammenführte, ehe die Umstände sie zerstreuten.

Ihre von der Luft feuchten Umhänge haben sie im Vorraum abgelegt, die Schärpen und Degen weggelassen. Sie strecken ihre Beine, die jetzt in Stulpenstiefeln stecken und nicht mehr in Seidenstrümpfen und modischen Kniehosen, unter den Mahagonitisch des Kommodore. Während ein Steward die Portweingläser füllt, räkeln sie sich in den Drehstühlen. Durch die großen Heckfenster sieht man die gedrechselte Balustrade und dahinter den grauen Himmel mit einer niedrigen Wolkendecke. Nach einem Rundblick wenden sie ihre geröteten Seemannsgesichter wieder Anson zu, der weiß, daß er mit ihnen durch dick und dünn zu gehen hat. Erwartungsvoll sitzt man einander gegenüber, die Ehrenwerten Legg und Murray, Mitchel, Cheap, Saumarez und Oberstleutnant Cracherode, der Kommandeur der Landtruppen. Den Schiffsführer der „Anna" einzuladen hat man nicht für der Mühe wert erachtet, obwohl das, was jetzt zur Sprache kommt, ihn nicht weniger angeht.

Anson räuspert sich. „Gentlemen, ich fasse noch einmal zusammen. Nachdem wir schon lange, vielleicht schon zu lange unterwegs sind, kommen wir allmählich zum eigentlichen Operationsgebiet, den spanischen Kolonien in Südamerika. Befehlsgemäß haben wir sie anzugreifen und dem Feind jeden nur möglichen Schaden zuzufügen." Unter beifälligem Kopfnicken fährt er fort: „Aber nicht nur das, wir werden auch verstehen, die von den Spaniern unterdrückten Einwohner zu befreien, ihre Rachegelüste für uns auszunutzen und sie als Verbündete zu gewinnen."

Jeder in der Runde weiß, daß das schon andere vor ihnen wollten, und es gelang ihnen nicht. Das waren die holländischen Admirale Hermite und Schapenham, die mit elf Schiffen und dreihundert Kanonen das spanische Peru erobern wollten. Sie umschifften 1623 Kap Hoorn und griffen die Häfen Arica, Callao und andere an. Doch die Erwartungen der Holländer erfüllten sich nicht, die Unterstützung der Peruaner blieb aus, und Admiral Hermite starb darüber hinweg.

„Mit Fehlschlägen muß man immer rechnen", meint der Oberstleutnant, der das mit der Landbevölkerung auszufechten haben wird.

„Ja, das muß man wohl", gibt Anson zu, „aber allenfalls bleibt uns noch der Kaperkrieg in der Südsee, wie ihn unser Landsmann Woodes Roger 1708 als Freibeuter führte, der die berühmte Manila-Galeone kaperte. So beiläufig überfiel er mit seinen zwei Schiffen noch die Stadt Guayaquil und kehrte mit großer Beute zurück."

„Vor allem müssen wir erst einmal Kap Hoorn hinter uns gebracht haben", wirft Saumarez in die Debatte.

Kap Hoorn — das ist ein Stichwort, das ihr besonderes Interesse hervorruft, und für einen Augenblick kommt es zu einer lebhaften Diskussion.

Ja, was wissen sie eigentlich über diese Kap-Hoorn-Reisen? Genaugenommen nicht sehr viel. Die paar Navigatoren, die um das Kap den Weg in die Südsee nahmen, berichten übereinstimmend von furchtbaren Unwettern, haarsträubenden Stürmen und unvorstellbar hohem Seegang. Nach ihren Erfahrungen wäre die beste Jahreszeit für eine Kap-Hoorn-Umrundung der Hochsommer zwischen Januar und März. Was sie selbst betrifft, so schreiben sie bereits Ende Februar, haben noch einige Hundert Seemeilen bis zur Hoorn und werden dort wohl erst Ende März eintreffen.

„Während der Tagundnachtgleiche also", stellt Kapitän Murray besorgt fest.

„Ganz recht", sagt Anson, „und wie wir alle wissen, pflegen ausgerechnet in dieser Zeit die Stürme am heftigsten zu toben. Schlimmer kann es kaum kommen."

„Nun, Sir, wir werden auch damit fertig werden, wenn ich mal so sagen darf", bemerkt der junge Kapitän Cheap forsch. Anson blickt ihn kühl an. „Das möchte ich mir auch ausgebeten haben. Bedenklich ist nur der ständige Westwind, gegen den wir ankreuzen müssen, was uns sehr aufhalten würde."

„Erwarten Sie dort unten die Spanier zu treffen, Sir?"

„Nicht ohne weiteres, Gentlemen, aber wir sind gezwungen, uns auch unter schlechtesten Wetterbedingungen auf ein Treffen mit dem Feind einzustellen. Ihre Kanonen sind nun klar, wie ich annehme."

„Sind klar, Sir", antworten sie alle. „Wir haben das, was im Wege stand, befehlsgemäß auf die ‚Anna' abgegeben."

Anson scheint zufrieden. „Ich danke Ihnen! Und jetzt zu den Einzelheiten. Sollte jemand das Unglück haben, mit seinem Schiff in Feindeshand zu fallen, so sind vorher alle schriftlichen Befehle und sonstigen Geheimpapiere zu zerstören. Das gilt übrigens auch für den Schiffsführer der ‚Anna'", setzt er rasch hinzu.

„Damit das Geschwader möglichst zusammenbleibt, ist jeder Wachoffizier anzuweisen, sein Schiff nicht weiter als zwei Seemeilen vom Flaggschiff zu entfernen. Sollte das dennoch vorkommen, wird jeder Kommandant hiermit aufgefordert, mir den Namen des Offiziers anzuzeigen, der seine Pflicht so gröblich verletzt hat, da er eine Gefahr für uns alle bedeutet."

Zustimmende Äußerungen werden laut. Der Steward muß die Gläser aufs neue füllen. Sie kosten den Wein, und der Kommodore setzt seine Instruktionen fort:

„Sollten wir wider Erwarten doch getrennt werden, so muß jedes Schiff für sich allein versuchen, die Insel Nuestra Señora de Socorro zu erreichen, und dort auf die andern warten. Prägen Sie sich das bitte ein, selbst wenn ich es Ihnen noch schriftlich gebe."

„Socorro", wiederholen die Kommandanten.

„Kreuzen Sie vor Socorro zehn Tage, nicht mehr und nicht weniger, und setzen Sie dann die Reise nach Valdivia fort."

„Valdivia..."

„Bleiben Sie südlich des Hafens, da der Strom nach Norden läuft, und treten Sie auf der Stelle. Wenn der Rest des Geschwaders nach weiteren vierzehn Tagen — ich betone vierzehn — nicht eingetroffen ist, segeln Sie unverzüglich zur Insel Juan Ferandez."

„Juan Fernandez..."

„Ergänzen Sie dort Ihre Vorräte an Holz und Wasser, halten sich aber nicht weiter auf, sondern kreuzen vor der Insel sechsundfünfzig Tage lang." Allgemeines Erstaunen. „Sie haben richtig gehört, sechsundfünfzig Tage, das sind volle acht Wochen. Bis dahin sollten alle Schiffe eingetroffen sein. Juan Fernandez bleibt endgültiger Treffpunkt für uns alle."

„Wir werden das bestens besorgen, Sir", versprechen die Kapitäne dem Kommodore.

Der räuspert sich nochmals, trinkt und schweigt. Ein Gedanke scheint ihn zu beschäftigen, und es dauert eine Weile, bis er das Wort aufs neue ergreift, so daß die Kapitäne ihn gespannt ansehen.

„Eine andere Möglichkeit, die wir einbeziehen müssen, Gentlemen, wäre die, daß mir selbst und meinem Flaggschiff etwas zustößt. Sollte ich nach der letzten, langen Frist nicht aufgetaucht sein und keine Kunde hinterlassen haben, muß ich als vermißt und verloren gelten."

Der unwillkürlich ernste Unterton verfehlt nicht seine Wirkung. „Die Befehlsgewalt, Sir...?" deutet einer der Kapitäne an.

„Die Befehlsgewalt geht dann selbstverständlich auf den dienstältesten Kapitän über. Er muß die Stelle des Kommodores einnehmen und die Expedition im ursprünglichen Sinne weiterführen; denn es ist noch eine Menge zu tun."

„Wird gemacht."

„Gentlemen, vergessen Sie nie, dem Feinde zu Wasser und zu Lande den größten Schaden zuzufügen. Operieren Sie so lange in diesen Gewässern, wie es Ihre eigenen Vorräte und die Beute zulassen. Sehen Sie zu, die berühmte Manila-Galeone abzufangen, wir reden noch davon. Behalten Sie stets einen eisernen Bestand an Bord, der es Ihnen ermöglicht, China zu erreichen. Dort sollen Sie befehlsgemäß ausrüsten und die Heimreise nach England antreten. Dabei geht es nicht um Kap Hoorn zurück, vielmehr um das Kap der Guten Hoffnung, also westwärts. Sie machen eine Weltumsegelung. Erst dann ist Ihre Mission beendet."

„Unsere", verbessert Saumarez, „Sie sind noch nicht tot."

Anson lächelt flüchtig. Die anderen schreiben, denken nach, machen halblaute Bemerkungen. Ansons Stimme füllt den Raum.

„Wer und ob überhaupt einer von uns noch am Leben sein wird, diese Mission durchzuführen, mag der Himmel wissen. Schon jetzt ist fast ein Drittel aller Leute krank oder tot, und es ist noch kein Schuß gefallen. Hoffen wir, daß wir uns wenigstens in Juan Fernandez wiederfinden werden."

Juan Fernandez — den Namen haben sie doch schon einmal gehört ... Aber natürlich! Auf dieser Insel war vier Jahre lang der schottische Seemann Alexander Selkirk als Einsiedler ausgesetzt, weil er an Bord Streit angefangen hatte. Und der schon erwähnte Woodes Rogers, der mit seinen Schiffen zufällig die Insel anlief, brachte ihn nach Hause zurück. In der Heimat wurde Selkirk das Vorbild zu dem Roman „Robinson Crusoe", den Daniel Defoe 1719 veröffentlichte und den alle Welt kennt ...

„Aber dann wäre doch Juan Fernandez ..."

„... die Robinson-Insel!" schließt der Kommodore.

„Also — auf zur Robinson-Insel!" Lärmend greifen sie zu ihren Gläsern, lachen und scherzen, bis Anson Schweigen gebietet. Der im allgemeinen so zurückhaltende Mann steht auf und bringt, nicht ohne Förmlichkeit, einen Abschiedstoast aus.

„Und nun, Gentlemen, jedermann für sich selbst ..."

„... und Gott für uns alle!" kommt es wie aus einem Munde.

Everybody for himself and God for us all.

In der Hölle von Kap Hoorn

Die Aussicht auf Chilegold und Perusilber läßt alle Herzen höher schlagen und lockt die Gesunden und die Kranken. Jene legendären Küsten, von denen man sich Wunderdinge erzählt und die man bald zu brandschatzen hofft, liegen — so wähnen sie — in greifbarer Nähe. Beute und Prisen sind nah. Spanische Kathedralen voll Schmuck und Edelstein, reiche Kosterschätze und wohlhabende Niederlassungen winken dem, der nur die Hand danach auszustrecken braucht. Und davor wie ein seidener Teppich der große Stille Ozean, die schier paradiesische Südsee, unter einem blauen Himmel, den selten eine Wolke trübt.

Dieses Bild, eitel Wonne und Sonnenschein, beschwingt sie alle, den Offizier wie den gemeinen Mann. Es läßt den Invaliden aufrechter gehen (wieviel sind es eigentlich noch?) und den Kranken in der Hängematte sein Elend vergessen. Es führt zu Wortgefechten zwischen alten Teerjacken wie Tiger-Brown und Schiffbruch-Charlie, Whisky-Jonny und Dreifinger-Ben, die einander mit glühenden Schilderungen zu übertreffen suchen. Und es erhitzt erst recht die Phantasie solcher Neulinge wie David Ross, der die Tage zählt — weil es sich doch nur noch um Tage handeln soll.

Denn das verheißene Land liegt gleich um die Ecke, eben hinter Kap Hoorn. Das kann schließlich nicht mehr so schlimm sein, denken sie, weil keiner von ihnen je dort gewesen ist und weil sie im stillen die Berichte früherer Seefahrer für übertrieben halten, eben für Seemannsgarn. Das verflossene halbe Jahr hat sie doch auch einiges gelehrt, so glauben sie. Doch es kommt anders...

Wenig später ist wirklich alles anders dort unten bei Kap Hoorn, wo zwei Weltmeere aufeinandertreffen. Ein Sturm jagt den andern. Der ständige Westwind, gegen den sie ankreuzen, bringt Hagel, Schnee und Regen. Die See geht bergehoch. Sie kommen überhaupt nicht mehr zur Besinnung, und ihre falschen Vorstellungen sind weggewischt, als Brecher die Heckgalerie der „Centurion" einschlagen und das Wasser wie ein Sturzbach durchs Schiff schießt. Das Geschwader liegt beigedreht vor Topp und Takel, seine neuen Sturmsegel sind davongefetzt.

Gleich nachdem sie am 7. März die Lemaire-Straße durchsegelten, wo Feuerland und die Staaten-Insel einander gegenüberliegen, war es aus heiterem Himmel über sie gekommen. Und als sie meinen, mit der von steilen Felsen begrenzten Meerenge wäre das letzte Hindernis auf dem Wege in neue Gefilde genommen und alle Not vorbei, da fängt es erst richtig an. Aus den angeblich wenigen Tagen, die sie vom Stillen Ozean trennen, werden lange stürmische Wochen, in denen Gegenwind und Gegenströmung sie immer wieder zurückdrängen. Die Schiffsrümpfe ächzen und stöhnen wie lebende Wesen. Unter dem Gewicht ihrer schweren Kanonen werfen sich die hölzernen Segler so heftig von einer Seite auf die andere, daß die Masten locker werden und die Planken sich verziehen. Die See wäscht Pech und Werg aus den Nähten, jede undichte Fuge läßt das Wasser einsickern. Das Geschlürfe der Pumpen, an denen sich die Mannschaften ums liebe Leben abquälen, hört nicht mehr auf. An Bord der „Centurion" gibt es bald keinen trockenen Faden mehr. Kaum eine Nacht vergeht, ohne daß unverhoffte Güsse selbst die hochgelegenen Kojen der Offiziere überschwemmen und die Diener Seiner Majestät ganz unfein im Hemd das Weite suchen.

Und doch haben sie noch Glück insofern, als die himmelhohen, wie Berg und Tal daherkommenden Roller nicht über ihnen zusammenschlagen, sondern die Schiffe wie Korken immer wieder hochwerfen. Wer aber schätzt schon dieses Glück, wenn er fluchend und betend einen Halt sucht und das Herz ihm bis zum Halse klopft. Menschen werden über Deck geschleudert und verletzen sich, die Sanitäter bekommen wieder übergenug zu tun. Wenn die Stöße der See zuweilen sogar die Klöppel der Glocken schwingen lassen und es wie von Geisterhand zu glasen anhebt, meinen die unerfahrenen Schuster und Schneider unter den „Gepreßten", ihr letztes Stündlein hätte geschlagen. Selbst die tüchtigsten Fahrensleute unter der seemännischen Besatzung, englische Seefischer, packt die Sorge um ihr Leben. „Alles, was wir bisher Sturm genannt haben, waren bloße Puster, verglichen mit diesen Orkanen und den aufgewühlten Wogen."

„Am Ende kommen wir alle um oder werden zu Krüppeln", schreit David Ross einem Wachkameraden ins Ohr.

Der hört gar nicht hin. „Achtung, Boys, haltet euch fest, da kommt wieder so ein gewaltiger Roller!" brüllt er mit aufgerissenen Augen. „Wenn der uns . . ."

Das Wort bleibt ihm im Halse stecken; denn wieder macht die „Centurion" einen Satz, als wollte sie alles abschütteln. Wieder sind einige von den Füßen.

Habt ihr gehört, Sullivan hat sich das Genick verstaucht — Thompson liegt mit gebrochener Hüfte im Hospital. Er ist in die Großluke gefallen, es steht schlecht um ihn — Ein Bootsmannsmaat hat sich das Schlüsselbein gleich zweimal gebrochen — Die Leichtverletzten sind gar nicht zu zählen   Die sind noch gut dran. Einige hat es so hart zusammengeschlagen, daß sie nicht wieder hochkommen konnten — Drüben ist einer aus dem Mast gefallen, hab's deutlich gesehen. Er war gleich weg — Vielleicht haben die Toten nicht das schlechteste Los. Seht euch an, wie sie im Batteriedeck dahinsiechen — —

Und daran ist etwas Wahres; denn das Sterben will kein Ende nehmen, trotz Doktor Ward's Tropfen und Pillen, und die Toten werden bei diesem höllischen Wetter ohne viel Federlesen in die See gekippt.

Die Schiffe pendeln weiter wie Stehaufmännchen und schlingern sich die Seele aus dem Leibe. Unablässig beschreiben die Masten Kreise gegen die tiefe Wolkendecke. Hier geiht he hen, dor geiht he hen, bis es mit einem Peitschenknall bricht. Die Versteifungen der vereisten Takelage reißen wie Geigensaiten. Im Großmast des Flaggschiffes zerbricht eine Rah wie ein Fiedelbogen. Weiter fiedelt der Weststurm, vom Baß bis zum schrillen Diskant. Auf das Kommando „Alle Mann" hin bemühen sich beide Wachen, mit halberfrorenen Fingern zu reffen und festzumachen, was noch zu retten ist. Unwillkürlich rinnen ihnen Tränen aus den Augen. In den Atempausen zwischen dem teuflischen Wüten versuchen Zimmerleute, Schmiede, Segelmacher und Matrosen fieberhaft, die gröbsten Schäden zu beheben. So sehr der Kommodore persönlich sie auch anfeuert, ihnen zuspricht und sie ermutigt, es ist oftmals vergebens. Der Sturm ist schneller als die Erschöpften.

Eines Nachmittags läßt ein Schreckensruf sie zusammenfahren.

„Mann über Bord!"

Wo, wo? — Hier, ganz dicht beim Schiff!

Da schwimmt er, einer von Ansons tüchtigsten Seeleuten. Den Kopf hochgereckt, hält er mit langen, weit ausholenden Stößen auf das Flaggschiff zu. Vergeblich, die „Centurion" treibt schneller ab, als er zu folgen vermag. Ein Rettungsboot? Der Wachoffizier verneint. „In dieser schweren See ein Boot auszusetzen wäre der Tod der Ruderer." Er bindet seinen Hut ab. „O Herr, sei seiner Seele gnädig."

Noch lange und mit Grauen sehen sie den nassen Schopf des Schwimmers ein- und austauchen und werden Zeugen seines Todeskampfes, der nicht enden will. Schließlich verschwindet der Unglückliche in der Dunkelheit, die das schäumende Meer wie ein Tuch überzieht, seine Schreie gehen im Tosen der Böen unter.

„Da ist es schon besser, wenn du überhaupt nicht schwimmen kannst, dann brauchst du dich nicht lange zu quälen", bemerken sie nachdenklich im Mannschaftsdeck zwischen den kalten und feuchten Kanonen, die jetzt nicht mehr gefragt sind. Bei diesem Höllenwetter kommen ihnen keine Spanier auf den Hals, da hat jeder genug mit sich selbst zu tun.

Das einzige, was knallt, sind wieder mal Böllerschüsse. Kommt uns etwa Treibeis in die Quere? Trotz des stürmischen Windes brodelt es neblig über dem Ozean, und nur das Krachen, bald näher, bald ferner, kündet von Schiffen an diesem Ende der Welt und verrät ihre Standorte. Das Unglück schläft wieder mal nicht. Als es aufklart, geben „Gloucester" und „Tryal" Notsignale. Die Große hat Schäden in den Masten, die Kleine ist so undicht geworden, daß sie abzusaufen droht. In einer Sturmpause werden unter Lebensgefahr Zimmerleute zum Linienschiff gerudert, und die „Centurion" gibt der lecken „Tryal" eine Pumpe ab, damit sie sich über Wasser halten kann. Saumarez hat seine liebe Not. Mein Gott, was ist das für ein Leben!

Der Kalender zeigt den 1. April. Als wollte er die müden, geschlagenen Menschen nun gänzlich fertigmachen, setzt ein Orkan ein, der alles Vorangegangene an Heftigkeit übertrifft. Das Geschwader dreht wieder bei und läßt sich treiben, weil es nur so die unbeschreibliche Gewalt der Elemente überstehen kann. Und das auch nur so gerade und eben. In diesen Tagen werden das Troßschiff „Anna" und die „Wager" teilweise entmastet. Man sieht sie weit abseits torkeln, und um ihre Stümpfe flattern Fetzen, die einmal beste Leinwand waren. Müssen diese Segelschiffe und ihre Besatzungen, die im

Zickzack am Westwind kreuzen, im Kampf um Kap Hoorn den Krug bis zur Neige leeren? Sind Geduld und Widerstandskraft nicht schon erschöpft? Ist das Maß des Leidens und der Enttäuschungen noch nicht bald voll? Nein, noch lange nicht. Es wird noch schlimmer, viel schlimmer kommen.

Wieder einmal fauchen Hagelböen über das aufgewühlte Meer. Sie prasseln auf das vor Nässe spiegelblanke Deck und peitschen den Seeleuten ins Gesicht, die sich mit dem Ärmel über die Brauen fahren. Kaum ist die eine Bö verrauscht, folgt schon die nächste, das richtige Kap-Hoorn-Wetter. Erst nach geraumer Zeit läßt die Wut des Windes nach, die Pausen zwischen den Böen werden länger, die grauen Schleier lichten sich und geben den Blick in die Ferne frei.

Doch was ist das, warum ist der Horizont so leer? Sie glauben ihren Augen nicht zu trauen, halten sich für das Opfer einer Sinnestäuschung. Von den sieben Einheiten des Geschwaders erblickt man nur noch fünf. „Severn" und „Pearl" sind verschwunden...

Verschwunden —? Das kann doch nicht sein. Zwei Linienschiffe, mit 384 und 299 Leuten bemannt und mit 48 und 42 Kanonen bestückt, von den Ehrenwerten Edward Legg und John Murray kommandiert, können sich doch nicht einfach in nichts auflösen! Es ist aber so, ohne ein Notsignal, ohne einen Hilferuf haben sie sich verflüchtigt, und keine Wrackteile deuten an, wo sie geblieben sind. Obwohl der Kommodore das restliche Geschwader ausschwärmen und suchen läßt, findet sich von den beiden keine Spur. Sind sie etwa gekentert und mit Mann und Maus untergegangen?

Zwar könnten sich die Vermißten an einem der verabredeten Treffpunkte wieder einfinden, aber George Anson ist Realist und macht sich keine großen Hoffnungen. Nüchtern gesteht er sich ein, daß ihm außer seinem Flaggschiff höchstwahrscheinlich nur noch zwei vollwertige Kriegsschiffe, „Gloucester" und „Wager", ansonsten die kleine „Tryal" und der Transporter „Anna" geblieben sind. Und damit behält er recht.

„Severn" und „Pearl" wird er nie wiedersehen, und ihr Verschwinden bleibt lange ein Rätsel.

„Es sind die Äquinoktien, die uns noch immer zusetzen, Sir." Der junge Mister Dennis sagt es, als wollte er sich persönlich entschuldigen.

„Mir ist es verdammt gleichgültig, wie Sie es nennen", erwidert Anson seinem Dritten Leutnant unwillig. „Sind es wirklich nur die Tagundnachtgleichen, so sollten sie sich allmählich ausgetobt haben. Schließlich schreiben wir mittlerweile Mitte April und nicht mehr Ende März. Seit San Julian sind gute sechs Wochen verstrichen. Hier, sehen Sie sich doch die Seekarte an."

Sie befinden sich zu mehreren, darunter auch der Geistliche, unter Deck im Navigationsraum. Hier ist es verhältnismäßig still, man spürt die See nur indirekt. An der in Ketten pendelnden Lampe, am meterhohen Quecksilberbarometer, das in kardanischen Ringen immer senkrecht hängt, während sich die

Wände bewegen. An der Tageshelle, die durch ein Oberlicht hereinfällt und Licht und Schatten durch den Raum huschen läßt. Am Boden, der sich unter ihren Füßen hebt und senkt. In einer Ecke tickt eine Schiffsuhr, daneben befindet sich ein Spind voll Galaflaggen und Handbücher. Schubladen enthalten Seekarten, sie haben alle eine blaue Rückseite und sind aufgerollt. Vor einem Schreibpult, kunstvoll mit „H. M. S. Centurion" signiert, steht ein Fähnrich und fertigt die Reinschrift eines Logbuches an. Im Rhythmus der See wechselt er von einem Bein aufs andere. Gelegentlich stützt er sich am unvermeidlichen Kanonenrohr.

Die Seekarte, die Anson meint, liegt auf einem großen Tisch ausgebreitet und ist an den vier Ecken mit Bleigewichten beschwert. Der von Fingerabdrücken und Wassertropfen fleckig und speckig gewordene Stich ist mit englischen und französischen Texten versehen. Nach lückenhaften Beobachtungen früherer Entdecker entworfen, zeigt die Seekarte doch schon alle wesentlichen Einzelheiten und Umrisse des unteren Endes von Südamerika. Feuerland — ein auf der Spitze stehendes Dreieck mit Kap Hoorn als Tiefpunkt.

„Hier, sehen Sie sich das doch an. Sechs Wochen —", wiederholt Anson mehr zu sich selbst und fährt mit dem Zirkel einer Linie nach, die sich mit viel Zickzack um Feuerland herumzieht. Sie kommt von der Ostseite her und geht an der Magellan-Straße vorbei. (Warum segeln wir eigentlich nicht durch die Straße, anstatt mühselig um Kap Hoorn? hat man Anson gefragt. Das fehlte noch, hat er ironisch entgegnet, das ist noch schlimmer als die offene See, weil man da keinen Platz hat und zum Spielball der Strömungen wird. Außerdem weiß man nicht, ob dort nicht die Spanier sitzen und man ihnen direkt in die Falle geht.)

Weiter verläuft die Linie an der Küste von Feuerland hinunter südwärts und schließlich in den offenen Ozean hinaus. Fast bis zum sechzigsten Breitengrad, vom gefürchteten Kap Hoorn gehörigen Abstand haltend. Dann biegt sie nach Westen, um endlich wieder nördlich zu schwenken. Es ist die Kurslinie der „Centurion" und ihres Gefolges. Man ist jetzt auf der anderen Seite, im Südpazifik.

Da haben sie nun mit Mühe und Not in sechs Wochen ganze tausend Seemeilen Luftlinie hinter sich gebracht. Das sind täglich vierundzwanzig oder in der Stunde eine geschlagene Seemeile. „Bedenken Sie doch, eine lausige Meile!" Ansons Stimme drückt Widerwillen und Verachtung aus. Der Geistliche bleibt stumm, der schreibende Fähnrich blickt verstohlen hoch.

Gewiß, sie haben gesegelt, was das Zeug hielt, und die wahre Distanz durchs Wasser ist um ein mehrfaches länger, sie beträgt vielleicht das Dreifache. Nur haben die Westwinde und die Gegenströmung die Schiffe eben immer wieder zurückversetzt. Eins ist ihnen immerhin gelungen, nämlich von den gefährlichen Küsten fernzubleiben. Sie haben Kap Hoorn nicht einmal von weitem gesehen und stehen heute ...

Ja, wo stehen sie eigentlich heute?

Leutnant Dennis wendet sich an den Obersteuermann, der mit einem Oktanten in der Hand eintritt: „Haben Sie die Sonnenhöhe messen können?"

Der macht eine betrübte Miene. „Nein, Sir, die Sonne ist seit Tagen nicht mehr durchgekommen." Recht hat er, es herrscht unverändert trübes Wetter, bewölkt, dunstig, fast neblig. „Nach unseren Koppelkursen stehen wir etwa zweihundert Seemeilen westlich der Küste." Er markiert einen Punkt in der Seekarte.

„Gut frei von Land also?" fragt der Kommodore.

„Mehr als gut, wir laufen mit diesem Kurs geradewegs in den Stillen Ozean und sein schönes Wetter hinein. Und jetzt, wo wir abhalten, fällt der Wind günstiger ein, es geht schneller."

Freude malt sich auf dem Gesicht des Geistlichen. „Wie weit ist es denn noch bis zu unserm ersten Treffpunkt Socorro?" fragt er.

Der Kommodore greift wieder zum Zirkel und steckt die Entfernung ab. „Über den Daumen gepeilt müßten wir in vier, fünf Tagen dort sein, wenn der Wind hält, was er verspricht."

Gott sei gelobt! denkt der Geistliche, dann hat auch die Not der Mannschaft ein Ende. Ihr Gesundheitszustand ist katastrophal, jeder Tag bringt neue Krankmeldungen. Nur noch eine kurze Zeit, dann hat alle Not ein Ende.

„Hoffentlich!" murmelt Leutnant Dennis.

In der Nacht wird die Sicht besser. Auf den Schiffen des Geschwaders, das nun stetig nach Norden segelt, beobachten sie erfreut, wie sich die trübe Luft zerteilt. Über der dunkel wallenden Meeresfläche funkeln in Wolkenlücken die ersten Sterne, ringsum flimmern Hecklaternen. Die große Schiffsglocke der „Centurion" schlägt mit vollem Klang dreimal: ein Uhr dreißig in der Frühe. Von den anderen Schiffen kommt es wie eine Antwort, nur einen Ton heller, ihre Glocken sind kleiner. Ganz hell kommt es von vorn, wo der Schoner „Anna" und die „Tryal" segeln.

In dieser besinnlichen Stunde eilen die Gedanken weit voraus und dem Land entgegen. Dem erstbesten Land, mag es nun eine Insel sein und heißen wie es will, mit frischem Trinkwasser, mit Gemüse, mit neuem Fleisch anstelle des ewigen „Salzpferdes". Mit Obst und allen unbeschreiblichen Genüssen, die einem Festlandbewohner so selbstverständlich dünken, daß er darüber kein Wort verliert, die aber dem Seemann als Fata Morgana vorschweben, die sich mit der Länge der Reise verdichtet und schließlich zur fixen Idee wird.

Der Klang der Glocken ist kaum verhallt, als Kanonendonner sie jäh aus ihren Wachträumen reißt. Herr im Himmel, was war das, was tut sich da vorn? Haben „Anna" oder „Tryal" an der Spitze etwas Verdächtiges bemerkt und einen Warnschuß abgegeben? In diesem Augenblick geht glücklicherweise der Mond auf und beleuchtet die Szene. Und da dauert es nur noch einen Moment, bis es ihnen wie Schuppen von den Augen fällt und sie es alle wahrnehmen: eine hohe Küstenlinie, finster und unheilvoll, die wie ein Riegel vor den Schiffen liegt und ihnen den Weg versperrt. Sie sind ihr schon bis auf zwei Seemeilen nahegekommen, und das Getöse der Brandung, die an die Felsen prallt, ist bis hierher zu hören.

Es verschlägt ihnen den Atem, das Herz klopft laut und heftig. Das kann doch wohl nicht wahr sein! Wo kommt denn jetzt das Land her, wo weit und breit nichts als Wasser sein dürfte? Diese wilden Klippen sind doch noch nicht die sehnsüchtig erwarteten lieblichen Küsten? Hat sich denn alles gegen sie verschworen, sind alle ihre Träume geplatzt, ihre Hoffnungen wieder zunichte? Nichts von alledem wird Wirklichkeit angesichts dieser Felsen. Und wäre es nicht klarsichtig geworden und zufällig auch der Mond noch aufgegangen, so säßen sie jetzt alle miteinander hoch und trocken auf den Steinen, und die Wucht des zerstiebenden Ozeans würde sie kurz und klein schlagen. So heißt es denn nun: „Klar zum Wenden — und beeilt euch, wenn ihr mit heiler Haut ...!"

Später, als sich das aufregende Geschehen dieser Nacht wieder gelegt hat — der wüste Alarm, das Trillern der Pfeifen, die Befehle der Offiziere, das Gebrüll der Schlaftrunkenen, das Trampeln bloßer Füße auf nassem Deck, das Umhertasten, ehe sich die Augen an die Dunkelheit gewöhnt haben, das Flattern der herumgeworfenen Segel —, später also, als alle Schiffe widerstrebend durch den Wind drehten, sich benahmen, als wollten sie umfallen, sich allmählich wieder fingen und nun einen Gegenkurs nach Südwesten verfolgen, ergibt sich die Frage: Wo sind wir überhaupt, wer hat hier versagt?

„Niemand hat hier versagt", entscheidet der in schwierigen Situationen immer kaltblütige Kommodore. „Wir haben alle Vorsicht walten lassen. Master Nutt, der Chefnavigator, hat sein Bestes getan und den Kurs weitab von der Küste genommen. Wir haben die wenigen Erfahrungen früherer Seefahrer berücksichtigt und sind sehr weit nach Westen ausgebogen. Aber alle unsere Schiffe haben auch, unabhängig voneinander, die starke Strömung unterschätzt, die uns zurückgedrängt hat. So fanden wir uns denn, anstatt im freien Pazifik zu segeln, an der Westküste von Feuerland wieder."

Der Obersteuermann fügt hinzu: „Genaugenommen bei Point Noire, am Westausgang der Magellan-Straße, wo sich schon Sir Fracis Drake und sein Gefolge herumgeschlagen haben."

„Meinen Sie nicht, Sir, daß sich unsere Begleiter zu sehr auf das Flaggschiff verließen?" Der Zweite Leutnant sieht den Kommodore fragend an.

„Nein, Brett, das ist es nicht", erwidert dieser, „jeder navigiert unabhängig für sich. Wenn auch nur der geringste Zweifel bestanden hätte..." Er läßt den Satz unvollendet.

Aber es bestand kein Zweifel, sie waren alle guten Glaubens, viel weiter westlich zu stehen, und haben sich samt und sonders geirrt. Hinzu kommt, daß es damals noch nicht möglich ist, die genaue geographische Länge zu bestimmen. Sie errechnen wohl die genaue Breite, aber wie weit sie links oder rechts abweichen, können sie nur schätzen. „Was soll's", Anson schlägt einen leichten Ton an, „schließlich sind wir ja heil davongekommen."

Der Kommodore liebt es nicht, sich über Gebühr aufzuregen. Er ist eine gelassene Natur. Wenn eine Gefahr einmal vorüber ist, beschwert sie ihn nicht weiter.

David Ross und seine Kameraden kommen von Wache. Immer wenn man aus der kalten, klaren Außenluft in das Batteriedeck hinuntersteigt, schlägt einem der Gestank wie eine Woge entgegen. Nicht daß es unten etwa warm wäre, auch dort steht der Atemhauch wie Nebel in der Luft. Obendrein ist es feucht, und im trüben Lampenlicht glitzern die eisernen Kanonenrohre vor Nässe. Nie fällt ein Sonnenstrahl hier herein. Alles ist feucht, fast modrig, und das Wasser, das von den schwitzenden roten Wänden herunterfließt oder nach dem Deckwaschen in die Planken einsickert, ist einfach nicht zu beseitigen.

Sie entledigen sich unter allerlei Verrenkungen ihrer vom Salz des Meeres getränkten Oberkleider und hängen sie auf die Leine, wo sie nie trocknen. Mit ihren schmerzenden, vom Rheuma steifen Fingern greifen sie in den Zeugsack auf der Suche nach warmen Sachen. Seht euch das an! Die Kleidungsstücke in den Säcken stocken. Lederschuhe schimmeln, Messingschnallen verlieren ihren Glanz und laufen grün an. Auch die Hängematten sind klamm und speichern nicht einmal die Wärme des Schläfers. In dem weiten, hallenartigen Deck gibt es keinen anderen Ofen als den gemauerten Gemüseherd weiter vorn. Und der strahlt bis hierher keine Wärme mehr aus, nur allerlei Gerüche, die sich mit dem Gestank vermischen.

Diesem Gestank, der sich in langen Wochen unter Deck staut und bei geschlossenen Luken nicht entweichen kann. Ein Gemisch aus dem scharfen Schweiß ungewaschener Körper, aus Pfeifenrauch, dem Geblake der Lampen, dem Geruch von Tauwerk und Teer, von schmutzigen Strümpfen und Kochtopfdünsten. Selbst das Trinkwasser hat den fauligen Geruch von Bilgewasser angenommen — nicht zuletzt deshalb werden soviel Bier und scharfe Getränke mitgeführt, die wenigstens genießbar bleiben.

Mißmutig und einsilbig stochern David und seine Backsgenossen in der Mahlzeit herum. Nicht einmal das sonst so beliebte Cracker Hash macht ihnen Freude, eine Mischung aus zerklopftem Hartbrot, feinen Fleischresten und Marmelade, alles zusammen im Herd gebacken. Das Fleisch ist für sie schon Junk, dem Tauwerkabfall ähnlich, und auch das nicht zu verachtende Burgoo, Haferflocken mit Sirup, ist ihnen auf die Dauer zuwider.

„Der verfluchte Zahlmeister holt sich an uns eine goldene Nase", schimpft einer.

„Der Kommodore wird ihm schon die Flötentöne beibringen", sucht ein anderer den Zornigen zu dämpfen.

„Der Kommodore sorgt sich gewiß um andere Dinge", höhnt der weiter, „der hält sich ja auch einen eigenen Koch, Monsieur Louis Léger."

„Na und —? Er bezahlt ihn ja auch selbst."

„Woher willst du das wissen", geht das Geschimpfe weiter, „das ist mir auch egal, meinetwegen kann der Koch krepieren, genau wie sein Leibarzt, an den kein Mensch mehr denkt."

„Es ist das ständige Einerlei, was einem hochkommt", faßt ein vierzigjähriger Graukopf, der wie sechzig aussieht, ihrer aller Meinung zusammen. „Auf der ‚Demeter' bei Tomlinson bekamen wir immer Zwiebeln zu essen, als Ersatz für Gemüse, ich sage euch, das war ein Fraß."

„Zwiebeln? Du meine Güte, muß das gestunken haben!"

Alle lachen, wenn auch gequält.

„Auf der ‚Terpsichore' wollte man Zitronensaft einführen", erzählt der Graukopf weiter. „Mit Rum vermischt schmeckte er ganz gut, nur hatten wir nicht genug davon."

„War der Admiralität wohl zu teuer, soviel Zitronensaft. Doch warum das ganze überhaupt, das mit den Zwiebeln und mit dem Zitronensaft?"

„Mann, das soll gut gegen den Skorbut sein."

„Gegen Skorbut?" seufzt sein Gegenüber ergeben. „Dagegen ist kein Kraut gewachsen."

David Ross bemerkt, wie sie im Halbdunkel des Batteriedecks wieder einen Toten wegbringen. Man näht den Leichnam nicht mehr ein, sondern rollt ihn einfach in die Hängematte. David verspürt plötzlich einen süßlichen Geschmack auf der Zunge, springt auf und rennt an seinen verdutzten Kameraden vorbei an Deck. Ihm ist übel.

Wenn sich die Augen des Eintretenden dem ständigen Dämmerlicht im Deck angepaßt haben, erkennen sie, daß die Reihen der Hängematten erschreckend leer geworden sind. Es ist beinahe geräumig. Jeden Tag sterben Menschen, die einen still und in sich gekehrt, die anderen nach einem letzten Aufbäumen mit Flüchen auf den Lippen oder Grüßen an ihre Angehörigen im fernen England. Schnell sind die Sanitäter zur Stelle und wickeln den Gestorbenen in seine eigene Hängematte, die nun niemand mehr braucht. Die Zurückbleibenden liegen zitternd in ihrem Schmutz, fallen bei jedem ungewohnten Geräusch in Ohnmacht, halb wahnsinnig vor Angst, daß sie selbst demnächst an der Reihe sind. Sie röcheln, gurgeln, rufen nach einem Schluck Wasser, das schon nicht mehr Wasser zu nennen ist und in dem hin und wieder eine tote Ratte schwimmt.

Viele sind moralisch am Ende. Weder weltliche Befehle noch geistlicher Zuspruch vermögen sie aufzurichten. Die furchtbaren Stürme der Kap-Hoorn-Region, das Verschwinden von zwei Schiffen lassen ihre Widerstandskraft erlahmen und ihren Lebenswillen sinken. Die Enttäuschung all ihrer Hoffnungen und Sehnsüchte, die schlimme Gewißheit, daß sie, anstatt den Weg nach Norden in wärmere Breiten fortsetzen zu können, noch einmal nach Südwesten hinunter müssen in Nässe, Kälte und Qual, gibt ihnen den Rest. Die Zahl der Kranken steigt sprunghaft an. Sie lassen allen Glauben fahren, sie wollen einfach nicht mehr, die Ärzte sind machtlos. Auch als das Geschwader schon wieder umgedreht ist und nordwärts segelt, diesmal richtig, geht das so.

Was David Ross zu sehen bekommt, dreht ihm jedesmal den Magen um. Er ist diese Dinge noch nicht so gewohnt wie seine langgedienten Kameraden an der Back, die kaum noch aufblicken, wenn wieder einer auf die letzte Reise geht, und die sich scheu an den Kranken vorbeischleichen — mit einem tüchtigen Schluck aus der Rumbuddel als Heilmittel.

Die Krankheit ist entsetzlich. Eine Mangelerscheinung, ein Fieber oder was man darunter auch verstehen mag: der Skorbut. Fast jeder an Bord ist davon befallen, wenn auch in unterschiedlichen Formen. Er ist unberechenbar. Scheinbar Gesunde werden auf einmal von großen farblosen Flecken am ganzen Körper befallen. Dann schwellen ihnen die Beine an, Gaumen und Zahnfleisch beginnen zu faulen, und es befällt sie schon bei kleinsten Anstrengungen eine Müdigkeit, die sich bis zur Ohnmacht steigert.

Daneben gibt es Schüttelfrost, Fieber, Gelenkrheumatismus, im schlechten Blut entstehen Furunkel, alte Wunden brechen auf. Den Ärzten wächst das alles über den Kopf. David muß zuweilen im Hospital mit aushelfen und sieht, was los ist.

„Du kennst doch den alten Sergeanten, der damals die Invaliden anführte?" Der Sanitäter will dem jungen Seemann etwas anvertrauen.

„Du meinst den Veteranen, der schon vor fünfzig Jahren die Schlacht am Boyn mitgemacht hat?"

„Eben den."

„Na und, was ist mit dem?"

„Stell dir vor", flüstert der Sani, „seine alten Narben sind wieder aufgebrochen, als wären sie nie verheilt gewesen. Wie frische Wunden sehen sie aus — nach fünfzig Jahren."

„Das gibt es doch gar nicht!"

„Doch, doch, und bei anderen gehen alte Knochenbrüche wieder kaputt. Die Stelle wird mürbe und löst sich auf, als wäre sie nie zusammengewachsen. Das machen die schlechten Körpersäfte."

„Na so was", wundert sich David. „Wo ist denn der alte Invalide, um darauf zurückzukommen, ich kann ihn nirgendwo entdecken?"

Der Sanitätsgehilfe wirft ihm einen merkwürdigen Blick zu. „Mann, bist du aber begriffsstutzig, der ist doch auch schon tot."

So ist das. Sie legen sich hin, werden müde. Reden anfangs noch laut, dann immer leiser. Plötzlich sind sie tot, mitten im Satz. Sie verlöschen wie eine heruntergebrannte Kerze, die sich selbst verzehrt. Andere fallen um, verdrehen die Augen, weg sind sie. Ein schneller Tod ist fast ein Glück. Die in der Hängematte dahinsiechen, können sich nicht helfen und verkommen im eigenen Schmutz. So wie sie sind, werden sie eingerollt, mitsamt ihren Läusen.

Im April 1741 sterben auf der „Centurion" 43 Mann.

Der Verfall des einstmals kampfkräftigen Geschwaders von fünf Kriegsschiffen in ein paar angeschlagene und unterbemannte Seelenverkäufer ist nicht aufzuhalten. Das Unvermeidliche geschieht. In der Nacht vom 24. auf den 25. April zerstreuen Sturm und Nebel die restlichen Schiffe in alle Winde. Nach Mitternacht verlieren sie sich aus den Augen. Das einzig Erstaunliche daran ist nur, daß dies nicht schon viel früher passierte.

Die „Centurion" geht aus dem verhängnisvollen Unwetter ziemlich gerupft hervor, mit Schäden in allen Teilen. Die letzten Segel fliegen aus den Nähten oder müssen losgeschnitten werden, bevor in der Takelage alles zerbricht.

„Was immer auch geschehen ist, wir halten uns jetzt nicht mehr mit der Suche nach den anderen auf", entscheidet der Kommodore, „sondern machen, daß wir so schnell wie möglich allein weiterkommen. Jedes Schiff hat seine Instruktionen und weiß, was es in einem solchen Fall zu tun hat."

„Leider sind wir damit auch auf uns selbst gestellt und bei einer Havarie praktisch ohne fremde Hilfe", gibt sein Stab zu bedenken.

„Darauf müssen wir es eben ankommen lassen", lehnt er ihren Einwand ab, „bloß schnell weg von hier."

Das Flaggschiff ist endlich allein und braucht sich um keinen anderen mehr zu kümmern. Zum erstenmal seit England segelt es unbeschwert. Auf die Zuversicht der Besatzung legt sich das Alleinsein indessen wie ein Stein.

Der Alptraum des verlorenen Haufens will nicht weichen, obwohl die „Centurion" nun stetig ihren Weg machen kann. Selbst die Insel Socorro, die sie am 8. Mai erreichen, ist ein Stein gewordener Spuk. Die Offiziere schütteln die Köpfe, und die Mannschaft will verzweifeln.

Ist dies nun ihre erste Etappe, dieses zackige Hochland? Da wächst weder Baum noch Strauch! Nicht mal eine Bucht ist vorhanden, in deren Schutz man ankern könnte. Nichts als Abgründe, Klippen und Brandung an einer unzugänglichen Küste.

Und dort, die hohen, schneebedeckten Gipfel in der Ferne, das ist doch schon das Hochgebirge auf dem Festland. Das sind doch die Anden, die man bis hierher sieht. Dagegen ist die Insel doch nur ein vorgelagerter Brocken ...

Na, Herr Kommodore, bei allem Respekt, Euer Gnaden hätten sich kaum einen ungeeigneteren Treffpunkt aussuchen können!

Treffpunkt — es ist zum Lachen, wenn es nicht zum Weinen wäre. Keines der anderen Schiffe läßt sich sehen! Die Tage verrinnen mit einem ständigen Auf und Ab unter gefährlicher Küste und dem Risiko, von Wind und Strom daraufgesetzt zu werden. Es bläst aus allen Knopflöchern, wie die Seeleute sagen, der Seegang türmt sich wieder auf. Ein gewaltiger Brecher überrollt die „Centurion", daß Ballast, Kisten und Kasten verrutschen, das Schiff mit Schlagseite schräg liegenbleibt und zu stranden droht.

Alles hat sich gegen Anson verschworen. Die Sorge um das Schicksal der anderen steigert die Qual von Tag zu Tag, bis es ihnen nach der verabredeten Wartezeit von zwei Wochen schier unerträglich wird. Als darum der Sturm abflaut und günstiger Südwind einsetzt, lassen sie Socorro hinter sich. Jeder Mann, der noch Hand anlegen kann, stürzt an die Segel, der Navigator und der Schiffsgeistliche ergreifen selbst das Steuerruder; denn täglich sterben vier, fünf, ja sechs Mann, und die Zahl der arbeitsfähigen Leute schrumpft rapide zusammen.

„Wir steuern jetzt direkt auf Juan Fernandez zu", beschließt Anson, „und retten, was noch zu retten ist, ehe alle das Zeitliche segnen oder das Schiff unter unsern Füßen auseinanderbricht."

„Und wie steht es mit dem Warten vor Valdivia?" fragen die Offiziere vorsichtig. „Und mit einem Angriff auf die feindlichen Küsten?"

Die Antwort des Befehlshabers kommt beinahe beschwörend: „Vergeuden wir keine Zeit, Gentlemen, an einen Angriff ist vorläufig überhaupt nicht zu denken. Seien wir froh, daß uns bisher niemand behelligt hat, weit und breit sind keine Spanier zu sehen.

Nein, unsere Rettung heißt Juan Fernandez", fährt er fort. „Bei diesem Wind können wir in einer knappen Woche dort sein. Das ist der einzige Stützpunkt, der für unsere Aufgabe in Frage kommt. Dort erwartet uns eine geschützte Bucht mit gutem Ankergrund, dort finden wir gutes Wasser, frisches Obst und Gemüse, gute Luft für die Kranken, Ziegenmilch und frische Fische, wie es Robinson beschrieben hat — alles, was das Herz begehrt, sogar Hummer. Und dort treffen wir auch wieder mit den Schiffen unseres Geschwaders zusammen. Sie sollen sehen, Gentlemen, sind wir erst einmal dort, wird alles wieder gut."

Seine Zuversicht steckt an, und als nun auch die Stürme nachlassen und es sommerlich warm wird, atmet alles auf. „Wir haben nur eine Chance", so reden sie, „entweder schnell Juan Fernandez zu erreichen oder auf See umzukommen."

Denn es werden wieder mehr Tote. Sind es im April 43 Mann gewesen, sterben im Monat Mai zwischen siebzig und achtzig. Mit nur noch zehn Mann auf Wache, einige darunter so lahm und schwach, daß sie nicht mehr in die Masten klettern können, wird es allerdings höchste Zeit, einen Stützpunkt zu finden.

Das denkt auch Philip Saumarez, der das Kommando der „Tryal" an den inzwischen genesenen Charles Saunders abgegeben hat und wieder auf der „Centurion" Dienst tut. Der Erste Leutnant ist tief betroffen darüber, wie sehr sich die Gesundheit der Flaggschiffsbesatzung während seiner Abwesenheit verschlechtert hat, fast jeder ist krank und demoralisiert. Dabei ist er von der kleinen „Tryal" Schlimmes gewohnt. Dort hatten sich mit ihm zuletzt ein Leutnant, der Zahlmeister, der Sanitäter und zwei Jungen die Wachen geteilt und sich in der Hauptsache von Brot ernährt, das sie über brennendem Schnaps rösteten und desinfizierten ...

So segelt die „Centurion" buchstäblich mit letzter Kraft der verheißenden Insel Juan Fernandez entgegen. Freibeuter und Schiffbrüchige hatten schon auf ihr gehaust, Kauffahrteisegler sie gelegentlich besucht, wenn auch in größeren Abständen. Robinson, vielmehr sein schottisches Vorbild, dem sie ihren weltweiten Ruhm verdankte, mußte als Ausgestoßener vier volle Jahre auf dem menschenleeren Eiland zubringen, ehe ihn ein Schiff mitnahm.

Juan Fernandez liegt querab von Valparaiso auf dem 33. Breitengrad, der leicht zu finden ist, und auf dem 78. Grad westlicher Länge, der sich Anno 1741 nur schwer finden lassen will. Und so geschieht es, daß daraus die Suche nach einer irgendwo im Großen Ozean verlorenen Insel wird, die sich ihnen entzieht. Als die „Centurion" am 28. Mai die angegebene Position erreicht, vermag man keine Spur von der Robinson-Insel zu entdecken, so viel man auch vom Mastkorb aus in die Runde blickt. Sie ist wie weggewischt. Kommodore Anson glaubt, im Westen einen dunklen Schatten auf dem Horizont wahrzunehmen, doch sein Stab redet ihm das aus. „Es ist nichts anderes als eine Wolkenbank, Sir, der Dunst auf dem Wasser schafft Trugbilder."

Und der Kommodore, der nochmals scharf hinsieht, läßt sich überzeugen. Sein Auge hat ihn genarrt.

„Es ist wieder wie bei Kap Noir", murrt der Obersteuermann. „Unsere Navigationsmethoden sind zu ungenau. Die geographische Breite holt man sich jeden Mittag beim Sonnenschein vom Firmament oder nachts von der Höhe des Nordsterns, aber um die geographische Länge festzustellen, braucht man die genaue Uhrzeit von Greenwich, und eine solche

Schiffsuhr gibt es noch nicht." So sind sie auf papierne Rechnungen angewiesen, auf bloßes Schätzen.

„Was ist denn das mit der Uhr?" fragt ein Infanterieoffizier gelangweilt.

„Die präzise Uhr benötigen wir, weil die geographische Länge nichts anderes ist als der Zeitunterschied zwischen unserm Schiffsort und dem Meridian von Greenwich."

„So, so — ganz hübsch kompliziert, mein Bester." Der Landsoldat entfernt sich hüstelnd. Der Obersteuermann wirft ihm einen schiefen Blick nach. „Nonsens, dieses komplizierte Gerede. Eines ist sicher: Wir sind auf dem Breitengrad von Juan Fernandez, ob wir links oder rechts von der Insel stehen, muß sich noch erweisen."

„Was meinen Sie, Gentlemen, was wir steuern sollten?" wendet sich Anson an seine Offiziere. Die stecken die Köpfe zusammen und schlagen vor, auf Ostkurs zu gehen. „So ist's egal, auf welcher Seite wir uns auch befinden mögen. Mit Ostkurs finden wir immer Land, entweder stoßen wir auf die Insel oder schlimmstenfalls auf die chilenische Küste, die uns einen guten Anhaltspunkt vermittelt." Und so geschieht es, der Schiffsrat setzt sich durch. Die Windrose des Kompasses zeigt Osten an.

Zwei Tage später tauchen in der Ferne die hohen, schneebedeckten Gipfel der Anden auf, das chilenische Festland liegt vor ihnen. Alles war wieder einmal umsonst, sie müssen umkehren und zurücksegeln. Ihr eigentliches Ziel liegt im Rücken, und das, was Kommodore Anson als schwarzen Schatten zu sehen geglaubt hatte, ist tatsächlich Juan Fernandez gewesen und kein Wolkengebilde. Sie hätten schon längst dort sein können. Das kommt davon, wenn man auf andere Leute hört, wirft sich Anson vor. „Jetzt rum mit dem Ruder und auf dem 33. Breitengrad westwärts gesteuert."

Das ist leichter gesagt als getan. Der Rückweg von zwei nutzlos versegelten Tagen zieht sich auf einmal schrecklich in die Länge. Windstillen wechseln mit Gegenwinden. Es scheint, als hätte sich die Natur gegen sie verschworen. In neun nicht endenwollenden Tagen kriechen sie dahin, und die letzten Lebensgeister der entmutigten Besatzung, die sich wieder einmal betrogen wähnt, entfliehen regelrecht. Sie sind allesamt niedergeschlagen, die Schiffsleitung nicht ausgenommen, und wieder sterben viele. Das Frischwasser geht zur Neige, sie zehren von den letzten Tropfen, die Fässer sind leer, der Durst droht. Einige verlieren fast den Verstand, die Situation ist verzweifelt und ohne Beispiel in der Geschichte der Royal Navy. Nur einer bleibt gelassen, Kommodore George Anson, Esquire. Er weiß, daß er nicht den Kopf verlieren darf.

Endlich, endlich, im Morgengrauen des neunten Tages, als sich die ersten Sonnenstrahlen über die See tasten, liegt voraus die so sehnsüchtig erwartete hohe Silhouette eines Eilandes. Sie wagen es kaum zu glauben.

„Alarm — Alarm — die Robinson-Insel!"

Alle Mann, die sich noch auf den Beinen halten können, müssen mit anpacken, auch die Offiziere, ihre Bedienten und die Jungen. Mühsam zerren sie die dicke Ankertrosse aus der Tiefe des Schiffsbauches, wo sie seit San Julian verstaut war, durch das untere Batteriedeck nach vorn. Sie fädeln sie durch die Öffnung der Klüse, verbinden sie mit dem Anker und machen das Eisen klar zum Gebrauch. Und dann wanken sie an die Segel.

Den ganzen Tag versuchen sie, die Insel zu umrunden und in den Schutz der vom Winde abgekehrten Nordseite zu gelangen, während das liebliche Panorama an ihnen vorüberzieht und immer verlockendere Einzelheiten erkennen läßt. Für ein bloßes Wendemanöver brauchen sie zwei Stunden. Philip Saumarez, der Erste Leutnant, nimmt selbst das Steuer in die Hand. Mit jeder weiteren Stunde steigt ihre Ungeduld, und die Kräfte schwinden. Angesichts des zum Greifen nahen Landes sterben noch elf Mann, nur noch sechs Matrosen und zwei Junggrade bewegen sich vor dem Mast. Doch dann, als es schon wieder dunkel wird, als sie sich herangelotet haben und eine Strömung sie dicht unter die Küste drückt, gibt der Kommodore den erlösenden Befehl:

„Fallen Anker!"

Das Wasser platscht auf, das Eisen faßt Grund. Der Kalender zeigt den 10. Juni 1741. Sie haben neun Monate gebraucht, um von England hierher zu gelangen. Von den fünfhundert Menschen, die einmal mit der „Centurion" auszogen, sind über die Hälfte verstorben. Die Überlebenden sind krank und überwiegend arbeitsunfähig. Von der seemännischen Besatzung können gerade noch zwei Unteroffiziere und sechs Matrosen antreten.

Und das auf einem Linienschiff von 1 005 Tonnen und mit 60 Kanonen. Sie sind nicht nur am Ziel, sie sind auch am Ende ...

Die Robinson-Insel

Die Sonne schien über der Insel Juan Fernandez. Im warmen Winde flatterte eine englische Flagge. Sie war der Mittelpunkt des Lagers am Fuße der Berge und stand neben dem Zelt des Kommodore. Der Posten fehlte, es gab überhaupt nur wenige Wachen, außer in der Nacht. Nicht zuletzt, um die streunenden Hunde abzuhalten; die Ratten stahlen schon genug Lebensmittel aus den Zelten. Und dann war da noch eine ständige Wache in Robinsons altem Ausguck oben auf einem Gipfel. Man mußte immer auf der Hut vor den Spaniern sein. Die Spuren frischer Lagerfeuer und zerbrochene Krüge deuteten darauf hin, daß erst kürzlich Schiffe dagewesen waren. Doch soviel sie sich auch umsahen, die See blieb leer.

Vor dem Eingang zu Ansons Zelt hing der breite rote Kommandostander, er war beiseite gerafft. Der Kommodore hatte seinen Stab zur vormittäglichen Besprechung um sich versammelt, und man hörte die Stimme des ältesten Arztes: „Jetzt sind wir bald drei volle Wochen an Land, doch bis vor wenigen Tagen haben wir noch immer frische Gräber ausheben müssen. Ganz allmählich genesen die Leute, und das Sterben läßt nach."

„Dafür hat sich gestern einer von meinen Seeleuten bei der Jagd nach Ziegen den Hals gebrochen, er ist abgestürzt", klagte Philip Saumarez.

„Mich hätte es auch bald erwischt", flüsterte Piercy Brett, der Zweite Leutnant, „nur konnte ich mich eben noch festhalten."

„Mehr noch —", fuhr Saumarez fort, „einer der Matrosen griff sich am Strand ein Seelöwenjunges und war unklug genug, die Mutter aus den Augen zu lassen. Sie fiel ihn an und biß ihn tot."

Der Kommodore blickte überrascht von einem zum andern. „Meine Herren Offiziere, ich möchte Sie an Ihre Aufsichtspflicht erinnern, es geht nicht an, daß wir unsere Männer auch noch durch eigene Unvorsichtigkeit verlieren, jetzt, wo wir aus dem Gröbsten heraus sind, vor allem keine Seeleute."

„Vergessen Sie meine Soldaten nicht, Sir." Oberstleutnant Cracherode schien leicht verstimmt. „Wenn es auch nur noch eine kleine Handvoll ist, so werden Sie diese doch bitter nötig haben."

„Darauf können Sie sich verlassen, mein Bester", begütigte ihn Anson. „Davon reden wir später. Im Augenblick dachte ich weniger an die militärischen Aufgaben als an Reparaturen und ähnliches. Sehen Sie doch."

Anson zeigte nach draußen, auf die in der Sonne glitzernde Cumberland-Bucht, den einzigen Ankerplatz für größere Schiffe. Etwa einen Flintenschuß vom Ufer entfernt, zerrte die „Centurion" an ihren Trossen. Einige ihrer Matrosen hantierten in den drei Masten, andere saßen außenbords auf Stellagen und hämmerten Werg in die Bordwand. Wieder andere zimmerten an der zerbrochenen Heckgalerie. Eine weitere Gruppe ruderte mit einer Bootsladung leerer Fässer an Land, um diese aus einer nahen Quelle mit Trinkwasser zu füllen. Zwischen dem Linienschiff und dem Ufer sah man einen Einmaster, die gestutzte „Tryal". Im Schutz des hohen Landes lagen die Segler sicher und wiegten sich nur gelegentlich sanft, wenn draußen Ost- und Westwinde vorbeistrichen und eine Dünung hereinschickten. Das war selten, der Wind kam meist in starken, aber nur kurzen Fallböen von Land und straffte höchstens die Ankertrossen.

Nichts erinnerte mehr an die traurigen Szenen, die sich hier bei der Landung abgespielt hatten. Das fast manövierunfähige Linienschiff war mehr durch die Gunst der Umstände als durch eigene Kraft in die Bucht gelangt. Sie hatten eigentlich noch näher am Ufer ankern wollen, mußten aber froh sein, Ankergrund gefunden zu haben, bevor der ablandige Wind sie wieder auf die offene See hinausblies. Der Kommodore hatte auf der Stelle begonnen, seine Mannschaft zu retten.

„Sofort alle Boote zu Wasser, ein Zeltlager an Land errichten und schnell die Kranken von Bord! Und wenn ich schnell sage, so meine ich das auch. Das bedeutet, daß alle verfügbaren Männer mit Hand anzulegen haben, auch die Herren Offiziere, ungeachtet ihres Ranges. Und damit Sie sehen, daß ich mich selber nicht ausschließe, fasse ich als erster mit an. Vorwärts, Gentlemen, Sailors and Soldiers."

Mit diesen Worten war er längs Deck gestapft, das kleine Häuflein der noch Gehfähigen hinter sich herziehend. Da wankten sie, die Letzten, die Feinen, die Funktionäre, die Pulverjungen. Sie rissen die Luken auf, und heraus kamen, wie aus einem Sarg, die Kranken ans Tageslicht. Bleich und stoppelbärtig blinzelten sie in die ungewohnte Sonne. Viele waren so geschwächt, daß man sie in der Hängematte transportieren mußte, vom Schiff ins Boot und vom Boot über den steinigen Strand in ein luftiges Zelt. Insgesamt schifften sie 176 Kranke aus, abgesehen von den zehn, zwölf, die ihnen noch unter den Händen wegstarben. Auch die Träger selbst waren nahe am Umfallen gewesen, und nur die Entschlossenheit des Kommodore hatte sie immer wieder mitgerissen.

Inmitten aller Betriebsamkeit hatte jemand „Ein Segel!" gerufen. Sie hatten freudig erstaunt innegehalten und die „Tryal" um die Ecke schleichen sehen. Brave kleine „Tryal", im Sturmgebraus schwamm sie immer wie ein Korken auf dem Wasser — wenn sie dicht war. Jetzt stimmte irgend etwas nicht mit ihr.

„Ein halbes Dutzend Mann rüber und beim Ankern geholfen!" donnerte Anson. „Ein Blinder sieht, daß die sich kaum noch auf den Beinen halten können." Ein Hilfskommando, darunter auch Ordinary Seaman David Ross, mußte den Ankommenden beispringen.

Und richtig, als sich bald darauf Kapitän Saunders beim Kommodore meldete, kam es heraus. „Von meiner kleinen Besatzung sind 35 tot, Sir, die übrigen hat der Skorbut so fertiggemacht, daß außer mir und meinem Leutnant nur noch drei Mann zu gebrauchen sind."

„Ich bekomme nichts anderes als Verluste zu hören", lamentierte Anson. „Hoffentlich kommen wir alle gründlich wieder zu Kräften in dieser paradiesischen Umgebung."

„Gewiß doch, Sir." Saunders meinte, seinen Vorgesetzten ermuntern zu müssen. „Das haben doch schon eine Menge vor uns getan. Denken Sie nur an Fernandez selbst, an Davies, Strong, an Bartholomäus Sharp, an Moskito-Williams, an Woodes Roger und Dampier, an Robinson, pardon, wollte sagen Selkirk, an . . ."

„Hören Sie auf, Charles, hören Sie auf", dämpfte Anson seinen Redefluß. „Mir brauchen Sie nichts zu erzählen. Freibeuter, Schiffbrüchige, Entdecker und Händler, ich weiß Bescheid."

Als wollte die Natur die strapazierten Seefahrer für alle Unbilden trösten und entschädigen, hatte sie eine verschwenderische Fülle über das zerklüftete Eiland ausgeschüttet. Im milden Klima gedieh ein üppiger Pflanzenwuchs und wucherte aus Schluchten und Tälern die Steilhänge der Nordseite empor. Bäume und Sträucher breiteten ihre Zweige über saftiges Grün, über vielerlei eßbare Wurzeln und Kräuter. Es wimmelte von wilden und halbwilden Gemüsen, von Kohl, Zwiebeln, Radieschen und Kresse. Überall fruchtbarer Mutterboden, von den Bergen rauschte in Kaskaden das schönste, kristallklare Wasser herab. Es diente auch den wilden Ziegen als Tränke, von denen schon Robinson erzählt und von denen er einige durch einen Schlitz im Ohr markiert hatte. Und just ein solches Schlitzohr aus Robinsons Zeiten war den Matrosen der „Centurion" als erste Beute in die Finger geraten ...

Seeleute und Soldaten ließen es sich wohl sein, so gut es ging. Aus der Tiefe ihrer feuchten Zeugsäcke kramten sie die gestreiften Leinenhosen, die luftigen Hemden und Westen, entledigten sich der vergammelten Segeltuchschuhe und liefen barfuß umher. Frisch gewaschenes Zeug trocknete auf der Leine, die Vollbärte fielen, und die Haare wurden im Nacken verknotet. Die Rotröcke stellten die Gewehre zusammen, zogen die Uniformen aus und arbeiteten in Hemdsärmeln. Die Offiziere wiederum legten die Perücken ab, banden sich bunte Schweißtücher um den Kopf, den Dreispitz obendrauf, fertig! Sie knöpften ihre Röcke auf und nahmen statt der Degen kräftige Stöcke in die Faust. Das Ganze hatte eher eine heitere Note als etwas Kriegerisches, außer wenn morgens mit einem Trompetenstoß und Trillern der Bootsmannspfeifen die Flagge gesetzt und bei Sonnenuntergang wieder eingeholt wurde.

Wie weiße Flecke lagen die Zelte im Grünen. Über die Wipfel strich der Rauch der Lagerfeuer hinweg. Zwischen exotischen Blumen roch es aus einem Kupferofen nach frischem Brot. Das Zelt des Kommodore war auf einer Lichtung am Fuß eines Talkessels aufgeschlagen, der wie ein Amphitheater in die Höhe stieg. Zu beiden Seiten von je einem Bächlein flankiert, blickte es wie durch eine Allee auf die Cumberland-Bucht hinunter, wo sich in der Ferne die Seelöwen sonnten. Seelöwen, die frisches Fleisch lieferten, besonders Herz und Zunge, und Öl für die blakenden Tranfunzeln. Und dann waren da noch die vielen Fische, die ihnen wie von selbst ins Garn gingen. Nein, man konnte sich jetzt nicht beklagen.

Kommodore Anson hatte sein Flaggschiff ständig vor Augen und gewissermaßen auch zu Füßen. Aber es war eine andere „Centurion" als die, die wir bisher kannten. Man hatte die oberen Mastenden heruntergegeben und die Unterrahen verkantet. Das verlieh dem massigen Schiffsrumpf das Aussehen eines übergroßen Schwimmvogels, der mit gefalteten Schwingen breit und behäbig auf dem Meere ruhte. Das auffälligste jedoch waren die offenen Pforten. Sämtliche Kanonenpforten standen offen, und alle sechzig Kanonen waren ausgefahren. Nicht nur die Oberbatterie mit den Geschützen im Offiziersdeck, nein, erst recht die in der Unterbatterie, so nahe am Wasserspiegel, daß man hineinlangen konnte, wenn man niederkniete und sich hinausbeugte. Diese während der ganzen Reise geschlossenen Luken waren so abgedichtet und verquollen gewesen, daß man sie nur mit Rammstößen von innen aufbekommen hatte.

Man hatte keine Minute gezögert, hier auf der Reede, wo man weder Seegang noch eindringendes Wasser zu fürchten brauchte, alles aufzureißen, das jetzt menschenleere Batteriedeck den frischen Winden zu öffnen und die Unratkübel über Bord zu werfen. Von einem Ende zum anderen durchpusteten die Böen den Schiffsrumpf wie eine Schachtel, in der nur noch das Ungeziefer hauste und die Ratten trippelten. Tag und Nacht wehte es an den hölzernen Balken mit ihren zahlreichen Hängemattenhaken entlang, die soviel menschliches Elend umschlossen hatten; eine Brutstätte von Siechtum und Verfall, Todesangst und Ende, ohne daß auch nur ein scharfer Schuß aus den dicken Rohren abgefeuert worden war. Ströme von

Deckwaschwasser hatten nicht vermocht, den Geruch von Fäulnis und Verwesung zu beseitigen. Es war, als hätte sich ein Hauch des Bösen in das Holz eingefressen.

„Notfalls werde ich den ganzen Kasten ausschwefeln", drohte der Erste Leutnant, „dann stinkt es wirklich wie in Teufels Küche, das wäre noch erträglicher."

„Warten wir ab, wie es ausgeht, Saumarez", redete der Kommodore seinem Vertrauten gut zu. „Bis auf die Ankerwache wohnen wir doch alle an Land und gesunden. Währenddessen trocknen Wind und Sonne mein Schiff gründlich aus, und Schimmel und Schwamm hören auf. Den Rest müssen Teer und Farbe besorgen."

„Das werden sie auch tun, Sir", stimmte Saumarez zu, „und wenn wir erst einmal den Kampf aufgenommen haben und der beißende Pulverdampf durchs Deck zieht, riecht ohnehin alles anders."

Anson zog eine krause Stirn. „Eben das ist meine stille Sorge. Gegenwärtig sind wir noch so schwach, daß wir uns nicht einmal mit einem fixen Freibeuter messen könnten, von einem ordentlichen Gefecht ganz zu schweigen. Wir stehen für uns allein; denn die ‚Tryal' ist doch nicht viel mehr als ein Aufklärer. Möchte nur wissen, wo der Rest des Geschwaders bleibt. Unsere Kampfgenossen lassen sich mächtig Zeit. Leben sie überhaupt noch, oder treiben ihre Schiffe schon als entvölkerte Wracks umher, ein Spielball von Wellen und Wind?"

„Wissen Sie, Sir, der Kapitän Saunders gibt an, seine ‚Tryal' wäre Anfang Mai unter der Chileküste etwa vier Tage mit dem Versorger ‚Anna' zusammengetroffen. Die ‚Anna' wiederum hätte ihrerseits die Fregatte ‚Wager' gesichtet, bis ein neuer Sturm sie wieder trennte, und ..."

„So weit, so gut", fiel ihm der Kommodore ins Wort. „Aber inzwischen sind wieder vier Wochen verflossen. Ich meine nur, wo zum Teufel stecken die Linienschiffe? Ob jenes sonderbare Segel, das wir neulich am Horizont zu sehen glaubten, tatsächlich die ‚Gloucester' gewesen ist?"

Saumarez wiegte den Kopf. „Nun, wie die Dinge liegen, könnte es durchaus möglich sein. Zudem ist die von Ihnen selber festgesetzte Wartefrist von zwei Monaten noch nicht herum. Wir haben also in jedem Falle noch Zeit, Sir."

„Ob das wohl die ‚Gloucester' gewesen ist?" wiederholte Anson. „Der Gedanke läßt mich nicht los."

Ihre Bemerkung bezog sich auf jenes merkwürdige Schiff, das einige Mannschaften von einer Anhöhe aus gesehen haben wollten. Weit in Lee und nur mit den Segeln gerade über dem Horizont, war es langsam dahingetrieben. Als hätte es schweres Wetter hinter sich. Aufkommender Dunst hatte es bald ihren Blicken entzogen, doch irgend etwas hatte die Leute glauben gemacht, daß es ein Schiff ihres Geschwaders sein müsse. Eben die „Gloucester" unter Captain Mathew Mitchel, mit 50 Kanonen und fast 400 Mann Besatzung — jedenfalls früher einmal.

Seeleute haben in der Regel scharfe Augen und beobachten gut. Es war in der Tat die „Gloucester" gewesen. In der letzten Juniwoche, gegen Mittag, tauchte das gleiche Segel im Nordosten der Insel auf. Nach einer weiteren Stunde war das Schiff so dicht herangekommen, daß es wie ein Lauffeuer von Mund zu Mund ging: „Die ‚Gloucester' ist da! Seht doch, seht, es ist die ‚Gloucester'!"

Sie sehen einen schwer mitgenommenen Dreimaster. Als hätte es vor Ermattung nicht zu mehr gereicht, führt er nur wenige Segel und versucht mühsam, gegen den Wind aufzukreuzen. Es gelingt dem Schiff, sich der Cumberland-Bucht bis auf drei Seemeilen zu nähern. Die sichere Reede erreicht es indessen nicht. Die vielen Zuschauer, seinen Kampf gespannt verfolgend, müssen mit ansehen, wie Gegenwind und Strömung es immer wieder abdrängen. Ihre Köpfe wenden sich dem Kommodore zu. Was wird Anson tun? Sie brauchen nicht lange zu warten. „Ein gut bemanntes Boot soll der ‚Gloucester' entgegenrudern! Nehmt ein paar Wasserfässer mit, einen Haufen Gemüse, ein paar Kiepen voll Fisch — und sputet euch!"

Mit langen Schlägen entfernt sich das Boot. Abermals ist David Ross, dessen jugendliche Zähigkeit ihn vor schlimmen Krankheiten bewahrt hat, mit von der Partie. Das Boot und seine Besatzung werden von Kapitän Mitchel gleich dabehalten. Er braucht nicht nur Nahrung, er braucht erst recht Menschen, es steht nicht gut. Die „Gloucester" müht sich in Sicht des Landes weiter ab. Trotz aller Anstrengungen bleibt es bei drei Seemeilen Abstand. Sowohl an diesem als auch am nächsten Tag, als der Kommodore ein anderes Boot hinterherschickt. Das erste kehrt zurück.

Als David Ross seinen Fuß wieder auf den Strand setzt, wird er mit Fragen bestürmt, auch der Leutnant kommt ihm entgegen. „Wie sieht's drüben aus, sag schon, ist es sehr arg?"

„Arg ist gar kein Ausdruck, dreiviertel der Besatzung sind ihnen weggestorben", antwortete er, mit dem Daumen über die Schulter deutend. „Der Rest war nahe am Verdursten, wir erreichten sie gerade noch zur rechten Zeit. Nur schade, daß wir ihnen keinen besseren Wind bringen konnten."

Das ist mehr als schade, das ist zum Verzweifeln; denn die Naturgewalten haben sich gegen die „Gloucester" verschworen und tun alles, ihr ins Gesicht zu blasen und das unglückliche Schiff vom Lande fernzuhalten. Die Zuschauer müssen ohnmächtig mit ansehen, wie es sich abmüht. Zwei lange Wochen währt dieses herzbrechende Hin und Her. Vom frühen Morgen bis zum späten Abend, und vom Abend bis zum neuen Tag. Danach scheint man an Bord die Geduld verloren zu haben und segelt davon. Zurück bleibt die bange Frage, ob man sich wohl je wiedersehen wird. Die Zeit verrinnt, und der Kalender zeigt schon Mitte Juli, die Hoffnung schwindet. Da biegt eines Tages ganz unverhofft die „Gloucester" wieder um die Ostecke der Insel und nimmt erneut Kurs auf die Cumberland-Bucht — aus der noch immer die Gegenwinde wehen. Und der gleiche verzweifelte Kampf ums Überleben, Tag für Tag!

Angesichts des lockenden Landes müssen die Männer der „Gloucester" wahre Höllenqualen ausgestanden haben. Dort gab es alles in Hülle und Fülle. Früchte, Gemüse, frisches Fleisch, vor allem Wasser, frisches Wasser — in einem Meer voll Salz, das sie zum Tode verurteilte. Dort waren Ruhe und Geborgenheit.

Die Gefühle der am Ufer Stehenden, vor deren Augen sich eine Tragödie abspielt, sind schwer zu schildern. Plötzlich sehen sie ein Boot von draußen kommen. Kapitän Mitchel schickt es ihnen mit einer gespenstischen Ladung. Es sind sechs Schwerkranke, davon zwei in den letzten Zügen, dazu Nachrichten voll Unheil und Grauen. Auf der „Gloucester" gehen Skorbut, Hunger und Durst um und drücken nach und nach allen die Kehle zu. Überall liegen Tote. Die Ratten vermehren sich unheimlich und verbeißen sich in den Fingern und Zehen der Kranken, die zu schwach sind, sich zu wehren. Den noch Lebenden tut jede Bewegung weh. Seitdem · sie zum erstenmal die Insel Juan Fernandez sichteten, ist ein voller Monat vergangen, ohne daß es ihnen gelang, den Fuß auf festen Boden zu setzen. Das herrliche Land breitet sich vor ihnen wie eine Fata Morgana aus, die sich nie verwirklicht. Das übersteigt jede menschliche Einsicht und läßt sie an der Barmherzigkeit Gottes zweifeln.

Noch einmal verschwindet die „Gloucester". Aber plötzlich, als man schon daran denkt, sie endgültig abzuschreiben, schwenkt der Segler in einer gelinden Winddrehung um die Ecke und hält schnurstracks auf die Cumberland-Bucht zu. Ein wahrer Freudentaumel bemächtigt sich des Landkommandos. Der Kommodore schickt dem geplagten Linienschiff alle verfügbaren Leute entgegen, und mit vereinten Kräften kommt die „Gloucester" binnen einer Stunde neben „Centurion" und „Tryal" auf der Reede zu Anker. Am 21. Juni hatte man die Vermißte zuerst schemenhaft gesichtet, heute schreibt man den 23. Juli. Es dünkt allen wie eine Ewigkeit . . .

Und wieder vergingen Wochen, ohne daß sich etwas Besonderes tat. Die Kranken genasen langsam. Die Schwächeren humpelten noch an Krücken aus Astgabeln umher, bemüht, zu Kräften zu kommen. Einige verrichteten bereits leichtere Arbeiten, hackten Holz, reinigten Handwaffen, kochten Tran oder salzten Fische ein. Wer sich gesund fühlte, durfte die Krankenzelte verlassen und sich in der Umgebung eine Hütte bauen.

Da knallte es eines Sonntags wie Blitz und Donner über die stille Reede. Die „Centurion" hatte einen Alarmschuß abgefeuert. Wieder hatte sich draußen ein fremdes Segel gezeigt, und das Rätselraten begann. War es Freund oder Feind? In diesem Falle standen die Chancen schlecht. Was nützten zum Beispiel der „Centurion" ihre sechzig Geschütze, wenn nur dreißig Mann kräftig genug waren, sie zu bedienen? Als jedoch ein offensichtlich friedlicher Dreimastschoner erkennbar wurde, schwand die Besorgnis und verwandelte sich in lauten Jubel. Es war die „Anna", das lang erhoffte Versorgungsschiff mit allen guten Dingen!

„Das ist aber eine Überraschung!" hieß es da. „Nun bekommen wir doch wieder volle Rationen." Die letzten Tage hatte man ihnen den Brotkorb höher gehängt. Ausgerechnet das Brot, maulten sie.

„Das macht euer gesunder Appetit. Wenn ihr gesundet, eßt ihr mehr auf, und außerdem sind es jetzt mehr hungrige Mägen als zuvor."

„Was du nicht sagst", spotteten die Matrosen, „immer diese klugen Funktionäre. Dabei hat es sich bis zum jüngsten Schiffsjungen herumgesprochen, daß der Kommodore eurem großspurigen Proviantmeister allerlei Versäumnisse nachwies. Es gab einen schönen Krach."

Auch die Besatzung der „Anna" durfte sich einiges hinter die Ohren schreiben. „Wie kommt es, daß ihr noch so gut aussieht?" wollte man wissen. „Obwohl ihr so lange unterwegs gewesen seid? Wo habt ihr euch herumgetrieben?"

Die Gefragten lachten. „Ach, wißt ihr, wir sind fast zwei Monate in Chile gewesen und haben uns von den Strapazen erholt. Das Schiff war schon böse durchgeschüttelt."

„In Chile —", staunte man, „sind dort nicht die Spanier?"

„Wo wir waren, gibt es nur Indios, aber das ist wieder eine Geschichte für sich."

„Erzählen, erzählen!" hieß es. „Lange genug habt ihr uns warten lassen."

Und so geschah es, daß das Abenteuer der „Anna" bald die Runde durch die Zelte und um die Lagerfeuer machte. Wie sich herausstellte, hatte der letzte Teil der Reise zur Robinson-Insel auch für die „Anna" Unerhörtes gebracht. Stürme hatten sie von der Fregatte „Wager" und von der „Tryal" getrennt und Mitte Mai an die südchilenische Küste verschlagen. Sie befanden sich etwa auf dem 46. Breitengrad Süd im Bereich des Chonos-Archipels. Der Wind war auflandig, und um einer drohenden Strandung zuvorzukommen, suchte Master Gerard, der Schiffsführer, im Inselgewirr nach einem geeigneten Platz zum Aufsetzen. Doch angesichts einer hohen, felsigen Küste, die immer näher rückte, gaben sich die sechzehn Männer und Jungen schon verloren. Entweder würden ihre Boote zerschellen, oder sie selber würden von Wilden massakriert werden.

„Da haben wir uns zum Sterben bereitgemacht und unsere Seelen Gott befohlen. Und jetzt, auf des Messers Schneide, entdeckten wir eine schmale Öffnung zwischen den Steinen, steuerten klopfenden Herzens darauf zu und — und..."

„Was und, zum Teufel?"

„... und fanden uns plötzlich in einem Kanal, der sich zu einem natürlichen Hafen öffnete. Soeben noch Auge in Auge mit einer Katastrophe, waren wir von einem Augenblick zum andern gerettet und von allen Seiten gegen Sturm und Seegang abgeschirmt. Unsere Verzweiflung wurde zu hellem Entzücken. Der Anker fiel, worauf wir uns an frischem Wasser und Grün, an Fischen und Wildgängen gesundpflegten. Das milde Winterklima tat ein übriges, uns wieder auf die Beine zu

bringen. Um die Spanier brauchten wir uns keine grauen Haare wachsen zu lassen, unser Versteck verbarg uns ihren Blicken. Wohl aber fürchteten wir die als grausam verschrienen Indios. Kann sein, daß sie zu ihren spanischen Unterdrückern wirklich grausam sind. Uns taten sie nichts. Außer einer vierköpfigen Familie, die in einem Nachen kam und Hund, Katze und Jagdgeräte mit sich führte, ließen sich keine blicken. Sie waren allerdings sehr neugierig, und wir sahen uns gezwungen, sie in Gewahrsam zu nehmen, damit sie uns nicht verrieten.

Obwohl wir sie gut behandelten und ihnen zu essen gaben, suchten sie in einer Nacht das Weite, wobei sie unser Boot mitgehen ließen, so daß wir ihnen nicht folgen konnten. Dessen ungeachtet respektierten wir den Mut und den Freiheitsdrang jener Wilden, die wahrscheinlich in die Wälder geflohen waren. Um ihnen zu helfen, hinterlegten wir Lebensmittel an einer Stelle, wo sie gefunden werden mußten, und merkten später, daß man sie genommen hatte. Wir demonstrierten unsere Wachsamkeit und unsere Stärke, indem wir bei Sonnenuntergang wie ein Kriegsschiff den Abendschuß lösten. Nach einigen Tagen unterließen wir auch dies, da uns der Knall im weiten Umkreis bemerkbar machte. Schließlich fühlten wir uns genügend erfrischt und gestärkt, um unser Versteck zu verlassen und uns wieder auf den Weg zu machen. Wir erreichten durch den gleichen Kanal die offene See, und wie ihr gesehen habt, trafen wir am 16. August sicher bei euch ein."

Die Schüsse der „Anna" wurden von der Fregatte „Wager" gehört, die aber nicht wußte, was sie bedeuteten, und im übrigen genug mit sich selbst zu tun hatte. Die Geschichte des Versorgers wurde von Generation zu Generation überliefert, und sein Winterlager wird noch heute in den Seekarten die Anna-Pink-Bay genannt.

Die glückliche Reise der „Anna" verschaffte den Insulanern neuen Gesprächsstoff an den abendlichen Lagerfeuern. Wenn die Sterne zu funkeln begannen, das Geloder der Flammen die Gesichter der Seeleute im Kreise anstrahlte, wenn Tabakschwaden die Moskitos vertrieben und eine Fledermaus ins Dunkle strich, dann wurden die Erinnerungen wach. An Kindheit und Elternhaus, an den meist gewaltsamen Weg ins Leben und in die Ferne, die Greifer gingen um. Dann war die Rede von Saus und Braus und mancher Niedertracht, von Händeln und Meuterei, von Englands Ehre und zuweilen auch von einer Beförderung — ans Ende einer Rah mit 'ner Schlinge um den Hals.

Einer der eifrigsten Zuhörer war David Ross, er sperrte Augen und Ohren auf. Hilf Himmel, wohin war er geraten, wenn man es richtig betrachtete. Seine Tante hatte aus ihm einen geachteten Sekretär in einem Anwaltsbüro und sonstwas machen wollen, und was war aus ihm durch Gottes Güte geworden? Ein Ordinary Seaman auf einer Expedition ins Ungewisse! Ein Niemand, der täglich umkommen konnte und der nur noch höchst selten an Tante, Haus, „Penny and Piper" und die Vergangenheit dachte, weil ihm andere Dinge über den Kopf wuchsen und er sehen mußte, zu überleben. Die meisten seiner Leidensgenossen waren schon tot, verheizt sozusagen, und möglicherweise war das sogar dem vorzuziehen, was noch auf sie zukam. Anders herum gesehen — auch in London starben die Menschen wie die Fliegen, wenn wieder einmal die Pest umging.

Er war jetzt achtzehn Jahre alt und hatte in den verflossenen Monaten soviel Schreckliches und Unverständliches gesehen, was er sich in der Unschuld seines Herzens nie hätte träumen lassen. Der Mensch gewöhnt sich an alles. Hatte ihn die Gewöhnung etwa verändert, ihn oder die Menschen seiner Umgebung? Nein, er glaubte es nicht. War er etwa verroht, waren seine Vorgesetzten, auch die Offiziere, etwa geborene Rohlinge? Wohl kaum, es waren Menschen, sogar Menschen mit Idealen. Man wird zwar von den Umständen ständig beeinflußt, aber nur bis zu einem gewissen Grad geformt. Man wird nichts anderes als das, was ohnehin schon in einem drinsteckt. Er selbst, David Ross, würde in seinem Herzen bleiben, was er war. Und dieser Gedanke tröstete ihn ein wenig in seiner unausweichlichen Lage.

Die Freude über die Ankunft der „Anna" blieb nicht ungetrübt. Beim Entladen erwies sich, daß ein großer Teil der Lebensmittel, wie Mehl, Reis und Hafergrütze, in den Säcken naß und ungenießbar geworden war. Nun, sagte sich der Kommodore, daran ist nichts mehr zu ändern. Aber das Schiff hat seinen Zweck erfüllt, es wird nicht mehr benötigt. Also habe ich die Befehle der Admiralität zu befolgen und die „Anna" aus dem Geschwader zu entlassen. Dem Schiffsführer soll es freistehen, direkt nach England zurückzukehren, oder sich in irgendeinem Hafen eine Ladung zu suchen.

Das sei leichter gesagt als getan, wandte der Schiffsführer ein, das eingedrungene Wasser lasse auf ernsthafte Schäden am Schiffskörper schließen. Er müsse darauf dringen, die „Anna" erst wieder seetüchtig zu machen, sie sei in seetüchtigem Zustand vermietet worden. Worauf der Kommodore den Schoner durch die Zimmerleute des Geschwaders untersuchen ließ. Das Ergebnis fiel noch schlechter aus, als man erwartet hatte. Neben zwölf Spantenbrüchen, die schwer genug wögen, zeige der Rumpf so viele Über- und Unterwasserschäden, daß es hier draußen unmöglich sei, ihn wiederinstandzusetzen.

Wenn das so sei, müsse er im Interesse seiner Eigner retten, was noch zu retten sei, entgegnete Master Gerard. Er biete das Segelschiff, so wie es daliege, mit allem Inventar der Admiralität zum Kauf an. Anson, dem sehr darum zu tun war, Ersatzteile, Material und Ausrüstungsgegenstände zu bekommen, übernahm den Dreimastschoner für die Summe von 300 Pfund Sterling zum Abbruch. So wurde dann die „Anna" vom Kiel bis zum Flaggenknopf abgerissen und alles bewegliche Gut, und die kostbaren Masten dazu, auf die anderen Schiffe verteilt.

Die Kommandanten waren zu einer Lagebesprechung ins Zelt des Kommodore gekommen.

„Wir schreiben jetzt Ende August, Gentlemen", eröffnete Anson die Unterredung. „Die verabredete Wartezeit ist verstrichen, ohne daß wir etwas von den drei vermißten Schiffen gesichtet haben. Wir müssen damit rechnen, daß ihnen etwas zugestoßen ist. Oder sollten sie sich versegelt haben und drüben auf Mas a Fuera gelandet sein — was meinen Sie, Mitchel?"

Mas a Fuera (mehr nach draußen) war die Schwesterinsel von Juan Fernandez, das auch Mas a Tierra (mehr zum Lande) hieß. Sie lag mehr als achtzig Seemeilen weiter draußen im Ozean und war kleiner und schwerer zugänglich als die Hauptinsel.

„Ich glaube das nicht", meinte Captain Mitchel. „Ich bin mit ‚Gloucester' dort herumgeschlichen, sah aber kein Leben.

Man kann dort schlecht ankern und findet unter Land kaum Schutz. Darum, wenn Sie mich fragen, von uns ist kein Schiff dort."

„Das ist auch meine Überzeugung", stimmte Kapitän Saunders ihm zu, „da ist nie einer vor uns gewesen."

Anson blieb mißtrauisch. „Lassen Sie uns besser keine voreiligen Vermutungen anstellen über das, was war. Sie entsinnen sich vielleicht, Gentlemen, daß wir hier auf Juan Fernandez einiges vorfanden, als wir mit ‚Centurion' eintrafen. Ich meine die frische Asche von Lagerfeuern, zerbrochene Krüge, eine Menge Gräten und Fische, die eben erst in Verwesung übergingen. Es müssen also knapp vor uns andere hier gewesen sein. Da es nicht die Unsrigen waren, frage ich Sie: Wer war es dann? Diese Insel gilt als böser Schlupfwinkel und wird von spanischen Handelsschiffen gemieden. Infolgedessen können also nur bewaffnete Spanier hier auf Juan Fernandez gewesen sein. Habe ich recht?"

„So gesehen — allerdings", mußten sie zugeben.

Der Kommodore neigte sich vor. „Bisher haben wir Glück gehabt. Wir haben zwar die Unsern nicht gefunden, sind aber unbehelligt geblieben. Man soll den Bogen nicht überspannen. Das Glück ist eine leichte Dirne und weilt nicht gern am selben Ort. Machen wir uns wieder davon, solange es noch Zeit ist. Besser mit nur drei Schiffen als mit nichts. Auf den Feind, Gentlemen, England soll leben!"

„— soll leben!" fielen seine Zuhörer ein.

„Wir selbst müssen auf uns achten, wenn wir Erfolg haben wollen", fuhr Anson fort. „Als wir England vor genau einem Jahr verließen, dienten auf diesen drei Schiffen zusammen rund 1 000 Mann. Inzwischen kamen 626 davon um, es blieb also nur jeder Dritte übrig. Am schlimmsten hat's die Soldaten und die Invaliden erwischt. Von den Marines leben gerade noch 13, von den Invaliden — ich schwöre bei Gott, meine Schuld ist es nicht —, von den Invaliden nur noch ganze vier."

„Das ist schockierend." Obwohl ihnen das alles nichts Neues sagte, schüttelten sie doch die Köpfe. Man mochte gar nicht daran denken.

„Oberstleutnant Cracherode hat sich noch derber ausgedrückt. Doch weiter: mein Flaggschiff ist heute mit 214 Mann besetzt, das langt noch nicht einmal für die halbe Kriegsstärke —"

„Auf der ‚Gloucester' sind nur noch 82 Mann an Bord", warf deren Kommandant leise ein, „ein Fünftel etwa."

Anson überlegte. „Ich weiß, Sie haben es ganz schlimm, Mitchel. Sie können aber die Leute von der ‚Anna' übernehmen, das wäre wenigstens eine Handvoll mehr."

„Na, und wie sieht's bei mir aus?" äußerte sich Saunders von der „Tryal". „Ich verfüge eben noch über 39 Mann und wundere mich, daß es überhaupt noch soviel sind, nach allem, was die Nußschale durchmachen mußte."

Anson warf ihm einen verständnisvollen Blick zu. „Ich bin Ihnen von Herzen dankbar, wirklich."

Es entstand eine kleine, nachdenkliche Pause. Der eine und der andere räusperten sich. Dann ergriff der Kommodore wieder das Wort, und als er diesmal zu sprechen begann, hatte sich jedes persönliche Gefühl aus seiner Stimme verloren.

„Allright, ich fasse zusammen. Wir haben insgesamt 335 Männer und Jungen, mit denen wir das Mögliche versuchen werden. Ich brauche es nicht besonders zu unterstreichen, daß England in diesem Teil der Welt nicht die Wogen beherrscht, noch sind hier die Spanier am Zuge. Trotzdem, oder just deshalb — auf zum Kaperkrieg in die Südsee."

„Auf zum Kaperkrieg in die Südsee!"

Kurz darauf, es war der 12. September 1741, kaperte die „Centurion" das erste spanische Schiff, die „Nuestra Señora del Monte Carmelo".

Die Aktion war eigentlich mehr ein unbeabsichtigter Ausfall; denn der Spanier war unvorsichtigerweise zu dicht an

Juan Fernandez vorbeigesegelt und hatte Kommodore Anson, der sich entdeckt wähnte, herausgelockt. Philip Saumarez, der fließend Spanisch und Französisch sprach, ging nach längerer Verfolgung an Bord. Das vermeintliche Kriegsschiff entpuppte sich als ein harmloser Frachter auf der Reise von Callao nach Valparaiso und war schon 27 Tage unterwegs. Die „Nuestra Señora del Carmelo" fuhr 53 Seeleute, von denen die meisten später der Besatzung des Linienschiffes „Gloucester" zugeteilt wurden. Sie hatte 450 Tonnen wertvolles Stückgut, darunter auch hochwillkommenen Tabak und viel Silber, geladen und wurde als rechtmäßige Prise zur Cumberland-Bucht mitgenommen.

Viel bedeutsamer waren die Nachrichten, die teils durch die Aussagen der Gefangenen, teils durch vorgefundene Briefe und Papiere zur Kenntnis der Engländer gelangten. So erfuhr Kommodore Anson unter anderem, daß bewaffnete spanische Schiffe, die dem Pizarro-Geschwader zu Hilfe eilen sollten, Juan Fernandez in eben jenen Tagen angelaufen hatten, als die „Centurion" vergebens die Insel suchte. Hätte Anson die Robinson-Insel auf Anhieb gefunden, wäre er mit seiner geschwächten Besatzung direkt in die blanken Degen der Spanier gelaufen, die Befehl hatten, keinen Engländer am Leben zu lassen. So war bei allem scheinbaren Unglück, das die „Centurion" neue Skorbut-Opfer gekostet hatte, tatsächlich das Kriegsglück auf seiner Seite gewesen. Die Spanier hatten keine Engländer getroffen und waren weitergesegelt. Zurück blieben nur zerbrochene Krüge und die noch frischen Spuren ihrer Lagerfeuer...

Kommodore George Anson, Esquire, und seine Männer verließen die Robinson-Insel, die ihnen ein Vierteljahr als Raststätte gedient hatte, für immer. Der paradiesische Friede hatte ein Ende, der Krieg ging weiter.

Schiffbruch, Mord und Meuterei

An der ganzen spanischen Westküste Südamerikas, vom chilenischen Santiago bis hinauf zum peruanischen Callao, hatte man von Anfang an gewußt, was auf die Kolonien zukam. Durch mehr oder weniger geheime Nachrichten informiert, erwartete man von einem gewissen Zeitpunkt an das Eintreffen eines englischen oder eines spanischen Geschwaders. Zwischen Furcht und Hoffen; je nachdem, welches von beiden schneller sein würde. Als aber Monat um Monat und Woche um Woche vergingen, ohne daß von dem einen wie von dem anderen auch nur ein Segel gesichtet wurde, schwand allmählich die Sorge, und es blieb nur eine gelinde Verwunderung zurück.

Auch dem spanischen Vizekönig von Peru, der in Lima residierte, kam über seinen vielfältigen Regierungsgeschäften die Sache zuweilen ganz aus dem Sinn. Bis ihm eines Tages im Juni oder Juli 1741 in seinem prächtigen Palast ein Bote mit einem Brief des spanischen Admirals Don José Pizarro gemeldet wurde. Man führe ihn zu mir, rief der Vizekönig erfreut, wie geht es meinem Freunde, dem edlen Don José und seinem siegreichen Geschwader, wann wird er bei mir sein?

Halten zu Gnaden, hoher Herr, antwortete der abgehetzte Bote kleinlaut, das hat noch gute Weile; denn der Admiral liegt mit seinen drei Schiffen schwer angeschlagen auf dem La Plata.

Mit seinen drei Schiffen? Welch ein Unsinn, meines Wissens sind es fünf, entgegnete der Vizekönig ungnädig und begann aufzuzählen. Da ist zuerst sein Flaggschiff, die „Asia" mit 66 Kanonen, dann die „Guipuzcoa", die hat sogar 74, die „Hermione" mit 54, die „Esperanza" mit 50 und die „San Estavan" mit 40. Das sind zusammen fünf Schiffe mit einer Feuerkraft von 284 Kanonen, die uns schützen sollten. Wo also bleibt er, und warum, zum Teufel, treibt er sich noch immer auf dem La Plata herum, wenn wir ihn täglich hier erwarten?

Der Bote verbeugte sich mehrmals und machte ein bekümmertes Gesicht. Halten zu Gnaden, Exzellenz, es ist einfach so, daß der hochwohlgeborene Admiral nicht ums Kap gekommen ist.

Was heißt denn das nun schon wieder, staunte der Vizekönig.

Das heißt, erklärte der Bote zögernd, daß ihm die Stürme bei Kap Hoorn und überhaupt die Begleitumstände so schrecklich zugesetzt haben, daß er umkehren mußte. Dabei sind die zwei Großen draufgegangen, das Flaggschiff natürlich ausgenommen.

Natürlich, natürlich, das Flaggschiff ausgenommen, stöhnte der Vizekönig, dann wären also nur noch die „Asia", die „Esperanza" und die „San Estavan" übrig. Aber das ist ja eine Katastrophe, was soll man dazu sagen? O mein Spanien!

Das kommt noch besser, Exzellenz. Der Bote verneigte sich fast bis auf den Boden. Jetzt bittet der Admiral um Eure Unterstützung und erfleht von Euer Hoheit die kleine Summe von 200 000 Dollar aus der königlichen Kasse, um seine Schiffe zu reparieren und verproviantieren, ehe er aufs neue versucht, Kap Hoorn zu umsegeln und hierher zu gelangen.

Den Vizekönig schien der Schlag treffen zu wollen. Das wird ja immer schöner, schrie er aufgebracht, er soll uns beschützen, statt dessen pumpt er die Krone an und erbittet meine Hilfe vom fernen La Plata.

Verlegen die Augen senkend, trat der Bote einige Schritte zurück.

Und was ist mit unseren Feinden, den Engländern, tobte der Vizekönig weiter. Wir besitzen zuverlässige Kunde vom Gouverneur von Santa Catarina, daß sie vor einigen Monaten dort gewesen und weitergesegelt sind. Was hat uns der Admiral von ihnen zu berichten?

Ich fürchte, da gibt es nichts zu sagen, Euer Gnaden, antwortete der Bote, von den Engländern wurde bisher nur ein einziges Schiff auf See angetroffen. Niemand weiß, ob sie überhaupt noch existieren.

Hoffentlich nicht, brummte der Vizekönig und überlegte hin und her. Nach einer Weile wandte er sich dem ängstlich wartenden Boten aufs neue zu.

Also gut, richte deinem Admiral aus, daß ich als Vertreter der spanischen Krone ihn nicht im Stich lassen werde. Aber die geforderte Summe ist viel zu hoch, ich kann ihm allenfalls die Hälfte zugestehen, nämlich 100 000 Dollar. Und das auch nur, weil die Bürger von Lima die Anwesenheit von Don José und seinen Schiffen für absolut nötig halten und sich sonst schutzlos fühlen.

Die Heilige Mutter möge Euer Gnaden segnen, murmelte der Bote untertänig.

Und noch etwas, setzte der hohe Herr hinzu, ohne sich um die Segenswünsche zu kümmern. Es ist nicht nur der Mangel an Geld allein, der mich zur Vorsicht und zur Zurückhaltung zwingt. Es sind auch gewisse Bedenken meiner Vertrauensleute, die mich davon abhalten, Pizarro die ganze Summe zu geben. Wir haben da so einiges gehört.

Mit diesem zweideutigen Hinweis entließ er den Boten, der sich auf den Heimweg machte in der Überzeugung, daß es

sich nicht auszahle, Überbringer schlechter Nachrichten zu sein. Er nahm die gleiche Route wie auf dem Herweg. Von Lima nach Santiago zurück und von dort, mitten im Winter, über die verschneiten Pässe der Hochanden zwischen Gipfeln und Abgründen nach Buenos Aires, wo die spanischen Kriegsschiffe ankerten.
Was war mit ihnen wirklich geschehen?

Die Leute haben gut reden, verteidigte sich Don José Pizarro, Admiral der spanischen Krone, später gegen alle Vorwürfe. Erst kann es nicht schnell genug gehen, und nun brauchen sie einen Sündenbock, dem sie alles in die Schuhe schieben können.
Als man in Spanien vom Vorhaben der Anson-Expedition Wind bekam, wurde in aller Eile ein noch stärkeres Geschwader aufgestellt, um den Engländern zuvorzukommen. Man gab mir fünf große Schiffe, alle gut bestückt und gut bemannt, und dazu noch ein aktives Infanterieregiment, das unsere Garnison an der Westküste Südamerikas verstärken sollte. Alles zusammengenommen waren wir fast dreitausend Mann — nur die nötigen Lebensmittel, die gab man uns nicht. Lediglich für vier Monate ausgerüstet, dazu noch für kleine Rationen gerechnet, gingen wir auf die Reise. Mein Befehl lautete, mich weder ablenken noch in ein Gefecht verwickeln zu lassen, sondern schnellstens Peru zu erreichen und den Feind dort draußen zu stellen.
Als wir in Buenos Aires den Proviant ergänzen wollten, hörten wir, daß die Engländer in der Nähe seien, ließen alles stehen und liegen und machten, daß wir weiterkamen, Kap Hoorn zu. Wir haben unterwegs aber nur ein einziges englisches Kriegsschiff angetroffen, nämlich die „Pearl", und uns nicht weiter damit abgegeben. Das Ganze war ein Zufall.
Unser Geschwader erreichte Kap Hoorn in der schlechtesten Jahreszeit und mußte Fürchterliches erdulden. Wir hatten schon das Kap passiert, als um die Monatswende Februar/März

schwere Stürme drei Schiffe abtrennten — die „Guipuzcoa", die „Hermione", die „Esperanza" — und uns schließlich alle auseinandertrieben. Anfang März warf uns ein Orkan weit nach Osten zurück, wobei fast ein ganzer Monat verlorenging...

Die spanischen Seeleute litten erbärmlich. Sie waren meistens Schönwetterreisen gewohnt und sahen sich nun dem Härtesten unterworfen. Der Proviant ging zur Neige, der Hunger setzte ein und hatte schlimme Folgen. Gefangene Ratten wurden mit vier Dollar bezahlt und verspeist. Ein Matrose verheimlichte den Tod seines Bruders, mit dem er die Hängematte teilte, um dessen Portion empfangen zu können. Auf dem Flaggschiff „Asia" wurde eine Hungerrevolte aufgedeckt und drei Anführer auf der Stelle hingerichtet. Sie hatten mit ihren Anhängern, so sagt man, die restliche Besatzung ermorden und sich der wenigen noch vorhandenen Lebensmittel bemächtigen wollen. Und weiter ging es — sie hungerten und pumpten gleichzeitig Tag und Nacht um ihr Leben; denn auch die spanischen Kästen leckten wie ein Sieb.

Am schlimmsten leckte die „Guipuzcoa", schrieb der Kommandant. Mit vier Pumpen im Gange und mit zusätzlichen Schöpfeimern beschäftigt, um des eindringenden Wassers Herr zu werden, war die Besatzung am Rande des Zusammenbruchs. Die Märzstürme hatten die Segel zerfetzt, den Großmast gespalten, die inneren Verstrebungen des Schiffes gelöst, so daß ich mich entschloß, umzudrehen und zum La Plata zurückzulaufen. Damit befand sich das ganze spanische Geschwader auf dem Rückmarsch; denn nach weiteren vergeblichen Versuchen, Kap Hoorn zu umsegeln, hatten auch die anderen Schiffe, unabhängig voneinander, klein beigegeben und waren vorerst umgedreht.

Für die „Guipuzcoa" wurde es ein Todesmarsch. Das Schiff war so mitgenommen, daß wir die gewichtigen Oberdeckkanonen und einen Anker über Bord warfen, eine dicke Trosse unter dem Boden und um das ganze Schiff herumzogen, weil uns sonst der hölzerne Rumpf auseinandergefallen wäre. Als der Wind abflaute und der Segler in der Dünung wie trunken von einer Seite auf die andere rollte, brachen nacheinander alle drei Masten. Wir trieben mit dem Wrack umher, während die Besatzung einschließlich der Offiziere sich zu Tode pumpte. Anfang April waren vor Hunger und Erschöpfung 250 Mann gestorben, und die noch arbeitsfähigen 80 bis 100 Leute hatten sich mit anderthalb Unzen Zwieback pro Tag buchstäblich über Wasser zu halten ...

Schließlich takelten sie eine Notbesegelung auf und trieben bis dicht unter die brasilianische Küste, das war am 24. April 1741. An Deck lagen dreißig Tote. Der Kommandant, der den Schiffskörper und das restliche Material zu retten versuchte, wollte bis Santa Catarina weitermachen. In diesem Augenblick legte die gesamte Besatzung spontan die Arbeit an den Pumpen nieder und schrie wie aus einem Mund: „An Land, an Land!"

Der Kommandant, Don Mindinuetta, sah sich gezwungen, sein Schiff in flachem Wasser auf Strand zu setzen, wo es mit allen Einrichtungen, auch mit den restlichen Kanonen, still absackte. Von der ursprünglich 700köpfigen Besatzung lebten noch 300 Mann und erreichten das rettende Ufer. Das alles wissen wir aus einem Brief des Don José Mindinuetta, der später in die Hände der Engländer geriet.

Das Flaggschiff „Asia" (700 Mann), das etwa Mitte Mai vor dem La Plata eintraf, und die hinterher aufkreuzende „Esperanza" (450 Mann) hatten beide etwa die Hälfte ihrer Besatzungen eingebüßt. Auf der „San Estavan", die mit 350 Mann Spanien verlassen hatte, waren nur noch 58 am Leben. Das spanische Infanterieregiment war bis auf 60 Mann zusammengeschrumpft. Vom Linienschiff „Hermione" und seinen 500 Mann hat man nie wieder etwas gehört oder gesehen. Es ist mit Mann und Maus auf See verschollen.

So standen die Dinge für die Spanier, als ihr Admiral, Don José Pizarro, seinen Hilferuf an den Vizekönig von Peru schickte. Sein erster Versuch, Kap Hoorn zu umschiffen, war gründlich fehlgeschlagen.

Sie waren nicht die einzigen, die verschlissen und entkräftet wieder dort landeten, von wo sie einmal ausgezogen waren, den Kampf mit Kap Hoorn aufzunehmen. An der ganzen Küste sprach es sich herum — wenn es auch erst viel später Anson zu Ohren kam —, daß eines Tages im August 1741 zwei angeschlagene Linienschiffe aus der Kap-Hoorn-Region aufgetaucht seien und schließlich Rio de Janeiro angelaufen hätten. Es waren die verschollenen „Severn" und „Pearl", die Anfang April den Anschluß verloren und aufgegeben hatten. Die „Severn" war so übel zugerichtet, daß sie trotz günstiger Winde für den verhältnismäßig kurzen Rückweg hundertzwölf Tage gebraucht hatte . . .

Hatte sich der Vizekönig dem Admiral in dessen schwieriger Situation nicht allzu entgegenkommend gezeigt, so bekam Don Pizarro noch ein zweites Mal die Unverläßlichkeit der menschlichen Natur zu spüren. Eine Vertrauensperson, die er „mit einer großen Summe Geldes" über Land geschickt hatte, um neue Masten und Rundhölzer für die havarierten Schiffe einzukaufen, ließ ihn schmählich im Stich. Statt seinen Auftrag zu erfüllen, zog es der Kavalier vor, nach den Strapazen der Seefahrt zu heiraten und an Land seßhaft zu werden. Geld hatte er schließlich genug, wenn auch nicht sein eigenes. Der Admiral indessen wußte sich zu helfen, indem er auf die Masten der „Esperanza" zurückgriff und im Oktober 1741 aufs neue aufbrach. Diesmal nur mit seinem Flaggschiff und mit der „San Estavan". Doch auch jetzt kamen sie nicht weit. Die „San Estavan" lief infolge der Strömung noch auf dem La Plata hoch und trocken auf eine Sandbank, wurde schwer beschädigt und mußte abgewrackt werden. Das Flaggschiff dagegen erreichte bei schönem sommerlichem Wetter und günstigen Winden bald Kap Hoorn. Aber es sollte wieder nicht sein, die Unaufmerksamkeit eines Wachoffiziers wurde ihm zum Verhängnis.

Wie schon früher die „Guipuzcoa", verlor auch die „Asia" in hoher Dünung alle drei Masten, geriet aufs neue in Seenot und schlich zum La Plata zurück. Sie wurde neben der „Esperanza" in Montevideo aufgelegt.

Das war Ende 1741. Die Engländer hatten nun freie Hand im Stillen Ozean. Es war niemand dort, der ihnen gefährlich werden konnte.

Jenes Unwetter, das Ende April das Ansonsche Geschwader zerstreute, hatte anfangs noch den Versorger „Anna" und die Fregatte „Wager" zusammengelassen. Aber dann verloren auch sie einander aus den Augen, und jeder war auf sich selbst gestellt. Für die „Wager" ergab sich daraus eine Kette endloser Mißhelligkeiten, die in einer dramatischen Meuterei gipfelten.

Es fing damit an, daß ich die Treppe vom Achterdeck hinunterfiel und mir das Schultergelenk auskugelte, bezeugte Captain David Cheap lange danach. So wurde ich buchstäblich lahmgelegt, ohne daß mir der Arzt, Mister Elliot, schnell zu helfen vermochte. Und das ausgerechnet in einer kritischen Situation, die meinen vollen Einsatz erfordert hätte. Die „Wager" befand sich auf dem Wege zum Treffpunkt und war bestrebt, nicht zu spät zu kommen, weil sie neben allem anderen noch Feldgeschütze und Pionierwerkzeug für den Landkampf geladen hatte. Ich war junger Kapitän, hatte zuvor als Leutnant die kleine „Tryal" geführt und wollte mein Kommando auf einer Fregatte vorbildlich erfüllen, doch nun ging alles schief.

Was ging alles schief, Käpt'n? Ist es nicht so, daß Sie trotz wiederholter Warnung Ihrer Offiziere mit der „Wager" bei Weststurm in den Golf von Penas gerieten und nicht wußten, wo Sie waren?

Das ist übertrieben. An diesem fraglichen Tag, dem 14. Mai 1741, waren wir auf 47 Grad Südbreite in Landnähe geraten und versuchten uns freizusegeln. Vergeblich, statt dessen geriet die Fregatte, ohnehin schon ein halbes Wrack, nachdem ich ausgefallen war, mehr und mehr in die Fänge der Küste. Nach

einer bangen Nacht stieß das Schiff im Morgengrauen auf einen Unterwasserfelsen und strandete zwischen zwei kleinen Inseln, etwa einen Flintenschuß weit vom Ufer entfernt.

War das nicht Glück im Unglück, Käpt'n?

Das war es wohl, und die ganze Besatzung hätte sich leicht retten können, zumal es abflaute. Nun muß man aber bedenken, daß es sich um eine zusammengewürfelte Masse von vorwiegend Gepreßten handelte, die sich plötzlich aller Bande los und ledig wähnte und dabei jede Vernunft fahren ließ.

Die einen fingen sofort an zu plündern und bemächtigten sich der erstbesten Mordwaffen, die ihnen in die Hand fielen. Die anderen machten sich über die Alkoholvorräte her und betranken sich sinnlos. Einige stürzten im Verlauf der Ausschreitungen in die Luken, die voll Wasser standen, und kamen im Rausch um. Alle Ordnung war aufgelöst, das Chaos ausgebrochen.

Das ging so bis zum nächsten Tag, als das Wetter sich wieder verschlechterte und die Gefahr erwuchs, daß die Fregatte mit allen, die sich noch an Bord befanden, in Stücke brechen würde. Ich schickte ihnen deshalb die Rettungsboote zurück, um sie abholen zu lassen.

Was heißt abholen lassen, Käpt'n, wo befanden Sie sich denn? Hatten Sie Ihrem Schiff schon den Rücken gekehrt?

Nachdem ich am Vortage umsonst versucht hatte, den Leuten Vernunft beizubringen und sie zu bewegen, das Schiff zu verlassen, bin ich meinen Offizieren gefolgt und befand mich an Land. Nun wollten die mittlerweile Ernüchterten ihre eigene Haut retten, und weil es ihnen nicht schnell genug ging, feuerten sie zwei Vierpfünder über unsere Köpfe ab. All das war aber nur ein Vorspiel zu dem, was passierte, als sie ihren Fuß auf festen Boden setzten. Nach dem Verlust der Fregatte waren sie überzeugt, daß die Autorität der Offiziere nun aufgehört hätte.

War das nicht Meuterei, Käpt'n?

Natürlich war das offene Meuterei. Aber noch mehr, bald entwickelte sich daraus ein Streit aller gegen alle. Sie erkannten auf einmal, was sie waren, nämlich Schiffbrüchige an einer öden Küste und nur mit dem versehen, was sie von der „Wager" gerettet hatten, und das war nicht viel. Hunger und Auswegslosigkeit führten dazu, daß sie nicht nur den Gehorsam verweigerten, sondern sich auch gegenseitig hintergingen. Außerdem gab es große Meinungsverschiedenheiten über das, was als nächstes zu unternehmen sei, um sie aus der mißlichen Lage zu befreien.

War es nicht doch so, daß die Mannschaften jegliches Vertrauen zu Ihnen verloren hatten, Käpt'n? Was gedachten denn eigentlich Sie nun zu tun?

Ich war entschlossen, die Boote ausrüsten zu lassen, Schußwaffen mitzunehmen und mit den mir verbliebenen Leuten an der Küste entlang nach Norden zu steuern. Um Valdivia herum wollte ich ein spanisches Handelsschiff kapern, nach

Juan Fernandez segeln und den Anschluß an das Geschwader gewinnen. Es konnte kaum fehlschlagen, wir liefen ja in bessere Breiten hinein. Allein unsere Boote hätten uns über die etwa acht- bis neunhundert Seemeilen zur Robinson-Insel getragen.

Ach — und die Mannschaften wollten nicht mitmachen?

Nein, die Mehrheit hatte die Nase gestrichen voll, wenn ich mich mal so ausdrücken darf. Sie sagten, das ganze Anson-Unternehmen wäre vom Unglück verfolgt und sie stiegen nun aus. Sie wollten das Großboot und die andern nehmen und in umgekehrter Richtung, nämlich südwärts steuern, um durch die Magellan-Straße zurück in den Atlantik und nach Brasilien zu kommen. Dort würde sich sicher eine Überfahrt nach England finden lassen.

Aber das war doch wohl viel gefährlicher als Ihr eigener Plan, Käpt'n, denn es mußte sie doch wieder in die stürmische Kap-Hoorn-Region zurückführen. War es nicht so?

Genauso war es, nur kam es ihren Träumen von einer Rückkehr in die Heimat näher. Das muß man bedenken.

Und so trennten Sie sich von Ihren Leuten, Käpt'n.

Trennen ist gewiß nicht das richtige Wort. Vielmehr ließen sie mich und meine Getreuen schnöde im Stich, das heißt, sie setzten mich aus, wenn auch im gegenseitigen Einvernehmen. Das geschah nach einigen höchst unangenehmen Zwischenfällen, wobei es nicht ohne Blutvergießen abging.

Wir haben davon gehört, Käpt'n. Wir war das im einzelnen?

Das werde ich Ihnen erzählen. Obwohl ich mich noch immer durchzusetzen versuchte, wollten sie nicht auf mich hören, sondern folgten ihrem gewählten Anführer, dem Feuerwerker Bulkely. Meine Einwände brachten sie nur noch mehr gegen mich auf. Einer der größten Aufwiegler war ein Kadett namens Cozens. Der streitsüchtige Bursche mischte sich überall ein und legte sich mit allen Offizieren an. Bei einer Verteilung von Lebensmitteln kam es zwischen ihm und dem älteren Zahlmeister zu einem hitzigen Wortwechsel. Ich hörte den Zahlmeister plötzlich rufen: „Das ist Meuterei — der Hund hat Pistolen!" Ein Schuß krachte, ich rannte aus meinem Zelt ins Freie. Mit einem Blick überschaute ich die Situation und schoß dem Kadetten eine Kugel in den Kopf — er starb vierzehn Tage später. Das brachte die Leute zwar ein wenig zur Räson, erhöhte aber auch ihren unterdrückten Groll. Mitte Oktober 1741 hatten sie schließlich ihre Boote abfahrbereit.

Was geschah dann, Käpt'n?

Als es soweit war, erklärten mir die Radikalen unter ihnen, ich sei meines Kommandos ohnehin enthoben. Sie würden mich mit nach England nehmen und wegen Mordes an dem Kadetten Cozens vor Gericht stellen lassen. Tatsächlich wollten sie mich nur einschüchtern und mich loswerden; denn meine Aussage hätte ihnen in England ein Verfahren wegen Meuterei eingebracht und den Galgen. Also trennten wir uns, und sie machten sich davon, rund 80 Mann hoch.

Wieviel blieben zurück, Käpt'n?

Es war am 13. Oktober, fünf Monate nach dem Schiffbruch. Als die Fregatte strandete, hatten sich rund 130 Mann an Bord befunden. Von diesen waren inzwischen 30 Mann an Land gestorben. Achtzig machten, daß sie wegkamen, also blieben außer mir noch neunzehn zurück.

Haben Sie eine Ahnung, Käpt'n, was aus den Abreisenden geworden ist und wie weit sie gekommen sind?

Das ist bald gesagt. Dreißig von ihnen erreichten am 29. Januar 1742 tatsächlich Rio Grande in Brasilien. Ungefähr zwanzig wurden unterwegs an verschiedenen Landestellen zurückgelassen, andere sind unterwegs verhungert oder den Strapazen zum Opfer gefallen. Zum Beispiel starb der Koch Thomas McLean wenige Meilen vor dem Ziel, er war immerhin 82 Jahre alt. Doch wie gesagt, dreißig haben das Ziel erreicht — und schon nach dreieinhalb Monaten. Es war eine bemerkenswerte Bootsfahrt, wie man zugeben muß.

Wie Sie selber zugeben müssen, Käpt'n. Und gelangten diese Wagemutigen nun auch in die Heimat?

Auch hierzu bot sich ihnen die Gelegenheit, sie landeten am Ende zu Hause.

So weit, so gut, Käpt'n. Aber was wurde denn nun aus Ihnen und aus denen, die bei Ihnen geblieben waren? Wer hielt eigentlich zu Ihnen?

Nun, das waren Leutnant Hamilton von den Landetruppen, der Arzt Mister Elliot, die Kadetten Campbell, Byron und dieser und jener Mannschaftsdienstgrad. Wir warteten den Hochsommer ab und machten uns am 14. Dezember nach Norden auf die Reise, wurden aber durch stürmische Winde, hohe See und sonstige Unbilden stark behindert. Es war nordwärts gar nicht so ruhig, wie wir es erwarten durften. Nachts blieben wir immer am Ufer, trotz großer Vorsicht verloren wir die meisten Vorräte und das Beiboot dazu, wobei ein Mann ertrank.

Von da an hatten Sie nur noch ein Boot, Käpt'n?

Ganz recht, und da wir nicht allesamt in diesem letzten Boot Platz fanden, sahen wir uns zu unserm größten Leidwesen gezwungen, vier Mann an der öden Küste auszusetzen. Die folgenden Schwierigkeiten erwiesen sich als unüberwindlich. Nach drei vergeblichen Anläufen beschlossen wir einstimmig, umzukehren und zur Wager-Insel zurückzufahren. Enttäuscht und verbittert trafen wir Mitte Februar dort wieder ein, wo wir im Dezember aufgebrochen waren.

Mitte Februar 1742 waren Sie also wieder am Ausgangspunkt. Zu dieser Zeit hatten doch die, sagen wir, abtrünnigen Mannschaften bereits Brasilien erreicht. Ist es nicht so?

Ja, so war es. Was nur beweist, daß man eben Glück haben muß.

Glück ist sicherlich nicht alles, Käpt'n. Doch nun wieder zu Ihnen, wie ging es weiter?

Endlich nahmen die Dinge einen günstigeren Verlauf, wenn auch nur geringfügig. Die See hatte mehrere Viertel Salzfleisch aus dem Wrack geschwemmt, die sich noch verzehren ließen. Dann kamen auf einmal Menschen auf uns zu, es waren Indios in ihren Kanus. Einer von ihnen war auf der großen Insel Chiloe im Norden beheimatet, und wir wurden mit ihm handelseinig, daß er uns alle dorthin mitnehmen sollte. Wir waren noch elf Mann, die sich auf mehrere Kanus verteilten. Unterwegs gab es noch unliebsame Aufenthalte, Streit und Widerwärtigkeiten, auch hatten wir den Tod des Arztes zu beklagen, so daß am Ende nur noch vier Mann lebten.

Zerlumpt und abgekämpft und am Ende unserer Kräfte, aber noch immer unter Waffen, erreichten wir Anfang Juni 1742 die spanische Niederlassung auf Chiloe. Ein volles Jahr war seit dem Schiffbruch der „Wager" verflossen. Wenige Tage mehr nur, und auch wir wären den Anstrengungen, den Entbehrungen und dem Winterwetter erlegen.

Blieben Sie auf der Insel, Käpt'n, nachdem Sie nun in Sicherheit waren?

Nein, keineswegs, wir waren zwar in Sicherheit, aber Gefangene der Spanier. Zu ihrer Ehre muß gesagt werden, daß sie sich alle Mühe gaben, uns wieder zu Kräften kommen zu lassen. Später brachten sie uns in die chilenische Hauptstadt Santiago. Dort blieben wir ein Jahr, ehe wir nach Verhandlungen zwischen England und Spanien auf einem französischen Schiff nach Europa zurückkehren durften.

Sagen Sie, Käpt'n, als Sie wieder die Zivilisation erreichten, im Jahre 1742, hatte das Anson-Geschwader bereits die amerikanischen Gewässer verlassen. Und als Sie gar in England eintrafen, war alles schon aus und vorbei, nicht wahr?

Zugegeben, ja — aber was soll das heißen?

Hören Sie, Käpt'n: Wäre es nicht richtiger gewesen, dem offenbar doch vernünftigen Vorschlag der Mehrheit zu folgen — und zwar von Anfang an —, die dann wahrscheinlich unter Ihrer Führung nach Brasilien gelangt wären? In nur vierzehn Wochen, um genau zu sein.

Als Offizier Seiner Majestät habe ich nicht den Vorschlägen und Wünschen der Mehrheit zu folgen, sondern eigene Entschlüsse zu fassen.

Auch wenn diese falsch sind, Käpt'n?

Ob die getroffenen Entschlüsse falsch sind oder nicht, stellt sich immer erst hinterher heraus. Im übrigen lautet ein militärischer Grundsatz: Besser ein falscher Entschluß als überhaupt keiner. Nicht wahr? Ich entschied mich dafür, den Anschluß an das Geschwader zu suchen, wie es der ursprüngliche Befehl vorsah.

Nun ja, aber Befehl hin, Befehl her, man kann eben nicht alles bis ins kleinste im voraus bestimmen, Käpt'n. Die Linienschiffe „Severn" und „Pearl" hatten den gleichen Befehl, sahen sich aber außerstande, ihn zu erfüllen, und segelten zurück. Sie und Ihre Besatzung hätten die beiden in Rio de Janeiro treffen können. Zur Robinson-Insel wären Sie sowieso viel zu spät gekommen. Kommodore Anson und die Seinen waren längst über alle Berge, wie man so sagt. Also —?

Ich bedaure, dazu nichts sagen zu können.

Und was machte man in England mit den Meuterern von der „Wager", von Ihrem Schiff, Käpt'n?

Auch dazu will ich mich nicht äußern.

All right, Käpt'n, dann werden wir es eben tun. Also, die Anklage wegen Meuterei wurde in allen Fällen fallengelassen, nur der Anführer Bulkely erhielt einen strengen Verweis, das war alles. Man empfand den Wagemut der Leute, die sich aus einer schier aussichtslosen Lage selbst zu helfen wußten, als ein hervorragendes Beispiel bester englischer Seemannschaft. —

Und damit endet auch das Kapitel der „Wager". Es ist heute noch nicht vergessen, und nach einer unverbürgten Story, die sich von Generation zu Generation herumsprach, starb der Letzte der rebellischen „Wager"-Mannschaft in England im biblischen Alter von 109 Jahren. Es muß ein zäher Bursche gewesen sein.

Einer der bei Kapitän Cheap gebliebenen Kadetten, der Honourable Mister Byron, war der Großvater des Dichters Lord Byron.

II Die Jagd nach dem Schatzschiff

Auf Kaperfahrt

Der Horizont schwebt auf und nieder. Die englischen Schiffe, bestrebt sich nicht zu verraten, verlieren sich wie Splitter in der unendlichen Weite des Ozeans. Sie alle haben Juan Fernandez mit geblähten Segeln hinter sich gelassen. Aber nun sind sie auf verschiedenen Kursen; denn Kommodore Anson hat ihnen unterschiedliche Aufgaben zugewiesen. Kapitän Mathew Mitchel, der noch bei der Robinson-Insel den abgetakelten Rumpf der „Anna" versenkt und ihre Spuren getilgt hat, strebt mit der „Gloucester" äquatorwärts. „Kreuzen Sie vor der peruanischen Küste auf der Höhe von Paita, doch nicht zu nahe unter Land, damit man Sie nicht erkennt", so lautet seine Order.

Anson, der sich später mit ihm wieder vereinigen will, segelt auf der „Centurion" vorerst ostwärts gen Valparaiso, um von oben kommende spanische Handelsschiffe abzufangen. Das Flaggschiff wird von der Prise „Carmelo" begleitet, die man mit den leichten Kanonen der „Anna" bestückt und deren Mannschaft man durch Neger und Indios zwangsweise verstärkt hat. So entstand kurzerhand ein Hilfskreuzer, wie man heute sagen würde. Das Kommando über die „Carmelo" hat

Kommodore George Anson, Esquire, seinem Ersten Leutnant Philip Saumarez übertragen. Das Band zwischen beiden hat sich im Verlauf der abenteuerlichen Reise mehr und mehr gefestigt. Philip Saumarez ist Ansons rechte Hand, noch mehr, sein Vertrauter.

Vor Valparaiso liegt bereits Kapitän Charles Saunders mit der „Tryal" auf der Lauer. Der Kommodore hatte keine Zeit versäumt, den kleinen Aufklärer vorauszuschicken. Nach den Aussagen von Gefangenen müßten von Callao kommende spanische Frachter täglich, wenn nicht stündlich dort eintreffen.

Der Kreuzerkrieg beginnt. Von jetzt an sind Ansons Überlegungen völlig auf den königlichen Befehl ausgerichtet, „die spanischen Besitzungen zu beunruhigen und zu verwüsten, die spanischen Schiffe, so uns begegnen, wegzunehmen, zu verbrennen, zu versenken, zu vernichten".

Bei einem abschließenden Treffen auf Juan Fernandez hat der Kommodore seine Absichten nochmals vorgetragen.

„Das Pizarrogeschwader tut uns nichts mehr. Aber wenn uns erst einmal einige Frachter in die Hände gefallen sind, wird sich unsere Anwesenheit mit Windeseile an der ganzen Küste herumsprechen. Dann verläßt kein Handelsschiff seinen Hafen, dann gibt es in diesen Gewässern nichts mehr zu kapern. Wir müßten uns dann direkt in die Höhle des Löwen begeben und ihn zu Haus ausplündern.

Ich denke dabei zuerst an den Hafen von Paita in Peru, wo Reichtümer in Dollars, Gold und Silber aufgehäuft sein sollen. Das gleiche gilt für Acapulco in Mexiko, den Hafen der Manila-Galeone, den wir uns mitsamt der Galeone später vornehmen werden. Haben wir diese Küsten abgegrast, dann segeln wir über den Pazifik zu den Philippinen, um die Spanier dort zu schröpfen. Zum Schluß werden wir uns in China zur Heimreise nach England rüsten. Doch bis dahin hat es noch gute Weile — halten wir uns an das Heute."

Das ist eine Sprache nach ihrem Herzen: kapern — plündern — Reichtümer — vornehmen, abgrasen und schröpfen.

Das versteht jeder, vom Offizier bis zum Leichtmatrosen, vom Stückmeister bis zum Koch. Da schließt sich weder der Schiffsgeistliche aus noch der Arzt, und schon gar nicht der arme Kadett und erst recht nicht der Wachtmeister. Da heißt es nur: „Der Herr segne uns mit guten Prisen", daß schon dem dreizehnjährigen Schiffsjungen, den sie aus dem Waisenhaus weg in die Royal Navy gesteckt haben, das Herz im Leibe lacht. Und die hochwohllöbliche Admiralität in ihrer großen Güte gibt ihren Segen dazu und jedem seinen Anteil, wenn auch mit Abzügen und nach der Rangordnung.

Hat die Admiralität doch die Anson-Expedition eher nach Freibeutervorbildern wie Francis Drake und Wooden Rogers aufgefaßt, die beide zu ihrer Zeit die Manila-Galeone, das fabelhafte Schatzschiff, aufgebracht hatten. Und im stillen dabei gehofft, daß dies auch Kommodore Anson mit seinem Geschwader gelingen möge, von dem böse Zungen allerdings behaupten, es sei mit seinen viertklassigen Schiffen und invaliden Mannschaften von vornherein als Augenwischerei bestimmt gewesen. Für einen Krieg in der Ferne, um die Aufmerksamkeit der Nation von naheliegenden Dingen abzulenken. Möglicherweise schon zum Scheitern und Sterben — ein Himmelfahrtskommando also.

Stimmt, die meisten von ihnen verstehen sich als Freibeuter, rundheraus gesagt, nur daß sie der Zwangsjacke des Marinereglements unterworfen sind. Aber nun geht's los, jetzt sind sie an der Reihe, wenn auch nur noch jeder Dritte von ihnen lebt, das vergrößert den Anteil der Übriggebliebenen und läßt sie alles vergessen: die Nässe, die Kälte, die Enge, die entsetzlichen Stürme, die pestilenzartigen Krankheiten, kurz alles Elend. Dreizehn Mann auf des Toten Mannes Riff, joho und 'ne Buddel voll Rum, dreizehn Mann, und der Teufel hol das Schiff, joho und 'ne Buddel voll Rum!

Was besagen schon Parolen wie Freiheit der Meere, blankes Wappenschild und so was alles. Heil und Sieg und reiche Beute! Mit der „Carmelo" vor Juan Fernandez hat es angefangen, die ohne Ladung gut und gerne 20 000 Pfund Sterling wert ist, das Pfund zu zwanzig Shilling. Ganz im Hintergrund aber steht die Verheißung der Manila-Galeone, jenes unermeßlichen Schatzschiffes, von dem man selten spricht, von dem man ständig träumt ...

David Ross ist als einer der Überlebenden noch vor der Weiterfahrt vom Ordinary Seaman zum Able Seaman befördert worden. Durch Geschwadertagesbefehl, wie es sich gehört, mit anderen zusammen vor versammelter Mannschaft. Vollmatrose Ross ist tüchtig, achtzehn Jahre jung und neugierig.

„Was hat es eigentlich mit der Galeone auf sich?" fragt David Ross nachts auf Wache den Kadetten van Keppel.

„Mann, du bist doch einer von den wenigen Gescheiten an Bord, kennst du die Galeone nicht?"

Nein, woher sollte David sie kennen.

„Nun, das ist zwar eine lange Geschichte, aber ich will's kurz machen", vertraut ihm van Keppel ein wenig von oben herab an. „Nach einem Erlaß der spanischen Krone ist europäischer Schiffsverkehr mit Manila verboten, aber zwischen Manila auf den Philippinen einerseits und Acapulco in Mexiko andererseits besteht seit Generationen ein lebhafter Handel. Manila schickt Gewürze, Seide und sonstige Waren aus Indien und China für die spanischen Kolonien nach Acapulco. Die Rückladung besteht überwiegend aus dem Erlös der Waren und, wenn's hochkommt, noch'n paar Fässern Wein für das kirchliche Sakrament."

„Was Sie nicht sagen", staunt David Ross.

„Natürlich, der Handel ist fast ausschließlich dem Jesuitenorden vorbehalten, der das von der spanischen Krone namentlich zugelassene Schiff jedes Jahr erneut mietet. Die Rundreise der Manila-Galeone, man kann in umgekehrter Richtung auch Acapulco-Galeone dazu sagen, dauert gewöhnlich zwölf Monate. Es ist höchstwahrscheinlich das wertvollste Schiff auf den sieben Meeren, vollgestopft mit Waren bis obenhin, und auf der Reise nach Manila mit Silber ..."

„Das Silberschiff", sagt David andächtig.

„Jawohl, mit barem Geld", fährt van Keppel fort. „Wer sich also auf die Lauer legt und die Manila-Galeone schnappt, hat bis an das Ende seiner Tage ausgesorgt. Allerdings kann das Ende seiner Tage sehr schnell kommen."

„Wieso?" will David wissen.

„Na, hör mal, bist du aber einfältig, solch ein teures Schiff ist natürlich stark bemannt und bis an die Zähne bewaffnet."

Aha, ein Himmelfahrtskommando, aber eines, für das sich lohnt, Kopf und Kragen zu riskieren. Noch hat es gute Weile, doch der Traum bleibt. Die Stimmung ist seit der Robinson-Insel ausgezeichnet, das Blatt hat sich gewendet. Immer feste druff, haut die Spanier, diese Papisten, so hört man.

Und nun gehen die Schiffe mit geblähten Segeln und schußbereiten Kanonen in See. Die Takelage ist ausgeflickt, so gut es eben geht. Der Vormast der „Centurion" wurde geschient, weil er nämlich einen Riß hat. Die Nähte im Deck und in der Bordwand, aus denen es schon faserte, wurden nachgestemmt und frisch verpicht. Der Kupferbeschlag außenbords, der die Bohrwürmer abhält, sitzt fest. In der Unterbatterie, die nur noch schwach belegt ist und eher einem Saal gleicht, weht durch die offenen Pforten ein frischer Wind. Verweht sind die üblen Schwaden. Noch etwas bis dahin Ungewohntes hat sich zugetragen. Auf höchsten Befehl wurden die Zwischenwände der Offiziersquartiere abgebaut, da sie das Bedienen der Kanonen behinderten. Nun ist auch das Offiziersdeck nichts anderes als eine Art hölzerner Kasematte, in der die hohen Herren gemeinsam wie die Teerjacken hausen. Klar Mensch, auf zum Gefecht!

Teer und Farbe tun ein übriges, nach außen hin erscheint auf den ersten Blick alles bestens. Nur der Schiffsboden, der schon zwei Jahre nicht mehr im Trockendock war, ist mit Muscheln und Algen bedeckt und so rauh wie eine unrasierte Backe. Er hat schon einen regelrechten Bart, der das Segelschiff hemmt und es langsamer macht. Bei Licht besehen ist das

Ganze mehr denn je ein zusammengestücktes Unternehmen einer Handvoll entschlossener Engländer, verstärkt durch Indios und Schwarze, auf einem Vorstoß ins Ungewisse. Vielleicht ist es heller Wahnsinn, ein jahrhundertealtes Kolonialreich angreifen zu wollen, wenn man es richtig bedenkt.

Aber sie bedenken es nicht. Was hat es für einen Sinn, lange nachzudenken, sonst könnte man ja gleich über Bord springen. Sie wollen nicht die Brosamen, die von des Reichen Tafel fallen, sie wollen gleich den ganzen Tisch. Hurra für mich, und der liebe Gott für uns alle.

„Segel hooooooh!"

Es ist wenige Tage später, gegen Abend, und die See läuft ganz schön hoch. Der langgezogene Ruf des Ausgucks macht auf der „Centurion" alle quicklebendig. In den Strahlen der sinkenden Sonne zeigen sich genau voraus gleich zwei Schiffe. Draufzu!

Das letzte bißchen Leinwand wird gesetzt, daß sich die Stengen biegen. „An die Geschütze — Mündungspfropfen raus — Laden — Pulver ins Zündloch —", aber alles schön leise und ohne Trommelwirbel und großes Gepfeife, damit der Wind nicht die kriegerische Begleitmusik übers Wasser trägt. Die auf ihre Plätze hastenden Gefechtsposten sollen kein Aufheben machen. Wir sind harmlos, und der beste Angriff ist noch immer der Überraschungsangriff.

Kurz vor sieben Uhr, der Kadett der Wache greift schon zur Glocke, sind sie in Pistolenschußweite zum ersten Schiff. Ein stämmiger Pott steht jetzt als ein hoher Schatten querab. Ist es ein bewaffneter Gegner? Man kann das nicht sehen. Wollen wir ihm eine Breitseite draufbrennen? Die Angreifer hocken im Schutz der Verschanzung. Die Spannung wächst, alles hält den Atem an. Die Lunten glühen. „Klar zum Schuß, Sir."

Im letzten Augenblick winkt der Kommodore ab. „Master Nutt, rufen Sie ihn doch mal auf spanisch an, wollen mal sehen, was das für ein Vogel ist."

Nutt tut, wie ihm geheißen. „Attención — quien es?"
Die Antwort kommt überraschend auf englisch. Na so was, es ist ein Leutnant Hughes von der „Tryal"! Und das Schiff ist die aufgebrachte „Arranzazu", auf der Reise von Callao nach Valparaiso. Mit sechshundert Ladetonnen einer der größten Segler an dieser Küste.

Das zweite Fahrzeug ist die „Tryal" selber. Die Dunkelheit verschleiert, daß sie wieder einmal den halben Mast verloren hat, und der Stumpf ist auch ziemlich zersplittert. Kapitän Saunders, der sich im Boot übers nächtliche Meer setzen läßt, berichtet dem Kommodore bei Kerzenlicht sein Abenteuer.

„Die ‚Arranzazu' ist ein prima Segler, der unser kleines Schiff zuerst gar nicht ernst genommen hat und davonlaufen wollte. Sechsunddreißig Stunden haben wir sie gejagt, und wir mußten ihr eine Breitseite zu fühlen geben, damit sie beidrehte. Der Kahn hat Stückgut und Zucker geladen."

„Womit man in feindlichen Gewässern nicht viel anfangen kann", unterbricht ihn Anson. Er reibt den Daumen: „Wie steht's mit Silber?"

„Nur etwa 5 000 Pfund Sterling wert in Gold und Silber, außerdem sakrale Kunstwerke wie schwere Leuchter, Marienstatuen und Heilige. Exquisit verarbeitet, aber sie waren ziemlich sperrig — und so haben wir den ganzen Plunder eben zurechtgebogen und getrampelt, damit die Stücke in unsere Schatzkisten paßten."

„Was Sie nicht sagen!" staunt Anson.

Ja, so ist's recht. Was gelten Kunst und Heilige, wenn sie nicht in die Kisten passen, immer feste druff. Was soll überhaupt Kunst im Krieg, nur der Metallwert zählt. Doch es sieht so aus, als hätten sich die beleidigten Heiligen gegen solch himmelschreiendes Unrecht gewehrt; denn alles zusammen wurde für die „Tryal" ein zu großer Brocken. Die sechsunddreißigstündige Segelei bei steifer Brise hat das Letzte aus dem strapazierten Schiffchen herausgeholt, es fällt fast auseinander.

„Ich fürchte, Sir, da ist wirklich nichts mehr zu machen", faßt Charles Saunders die Lage zusammen und wird dabei von seinen Offizieren unterstützt. „Der Mast ist hin und nicht mehr zu ersetzen. Die Nähte öffnen sich beim harten Segeln bis zu sechs Zoll, man kann stellenweise die Hand reinstecken, alles ist verrottet. Es ist unmöglich, dagegen anzupumpen, das Wasser steigt uns an Deck, wir saufen ab."

Arme kleine „Tryal", braves Schiffchen! Von England bis hierher hat sie das Geschwader begleitet, war Aufklärer und Pfadfinder zugleich. Unter dem Kommando von Philip Saumarez hat sie den Schiffen bei Kap Hoorn als Vorläufer gedient und ein Beispiel gegeben, während sich die großen „Severn" und „Pearl" davonmachten, aber nun ist es aus, restlos.

„Es bleibt nichts anderes übrig, als sie aufzugeben und zu versenken", beschließt der Kommodore. „Lassen Sie alle Waffen, Munition und Vorräte zur ‚Arranzazu' bringen und übernehmen Sie die Prise als Kommandant, ein Kriegsschiff mehr fürs Geschwader. Saumarez mit der ‚Carmelo' wird Ihnen helfen und bei Ihnen bleiben."

So geschieht es. Nur wird ihr Vorhaben durch das stürmische Oktoberwetter verzögert. Ohne die stützenden Segel rollt das Wrack der „Tryal" so heftig in der hohen Dünung, daß tagelang kein Boot die Menschen abholen kann, denen das Wasser schon in die Schuhe läuft. Der ganze Verband treibt nach Nordwesten ab. Als man nach einer Woche das Tief überstanden hat und wieder zurücksegelt, sind ihnen die spanischen Handelsschiffe durch die Maschen geschlüpft und längst in Valparaiso.

Der Kommodore berät mit seinem Stab. „Das darf uns nicht wieder passieren. Wir müssen uns so weit verteilen, daß wir die ganze Küste kontrollieren können. Mitchel mit der ‚Gloucester' steht bis auf weiteres noch auf der Höhe von Paita. Saunders und Saumarez sollen mit ‚Arranzazu' und ‚Carmelo' nördlich von Valparaiso auf Station gehen, für einen Zeitraum von 24 Tagen. Ich selbst kreuze mit dem Flaggschiff südlich von Valparaiso. Haben Sie mich verstanden?"

„Yes, Sir, wir verstehen", kommt die Antwort. „Auf diese Weise stören wir den Handel zum einen zwischen Peru und Panama im Norden, zum anderen zwischen Peru und Chile im Süden."

„Recht so", nickt Anson zufrieden. „Damit unterbinden wir auch den Nachrichtenaustausch über See. Vor allem will ich verhüten, daß man in Callao, dem Vorhafen der königlichen Residenz Lima, über uns Näheres erfährt."

An Land weiß keiner genau, wo sich das englische Geschwader aufhält, und noch weniger kennt man seine Stärke. Das amtliche Spanien weiß nicht, wer Kap Hoorn überlebt hat, und auf Juan Fernandez wurden keine Engländer angetroffen. Man kennt nur die Anzahl der Kriegsschiffe, die Brasilien verlassen haben. Und Anson hat die beiden ersten Prisen unter die englische Flagge gesteckt, damit, aus der Ferne betrachtet, die Zahl seiner Dreimaster stimmt. So wird das Geschwader zu einer Gefahr, bei der man im dunkeln tappt und die man desto mehr zu fürchten anfängt. Das zieht sich über viele Breitengrade hinweg, die ganze Kette der Anden entlang, von der heißen Zone am Äquator bis weit über den Wendekreis des Steinbocks hinunter.

Doch Mitteilungen hin, Mitteilungen her. Die ganze Südsee, wie sie diesen Teil des Pazifiks noch nennen, ist wie ausgestorben und leergefegt. Kein Schiff läßt sich blicken. Die einzigen sichtbaren Segel sind ihre eigenen, wenn sie unvermutet einander für ein Stündchen ansichtig werden, um sich dann wieder aus den Augen zu verlieren. Rein zufällig, als hätten auch sie sich verlaufen, und viel zu weit entfernt, um auch nur das kleinste Signal austauschen zu können. So geht das wochenlang, man darf nicht die Geduld verlieren. Segelschiffe müssen viel Zeit aufbringen, sie machen Umwege, zickzacken. Sie ziehen Kreise, sie verfehlen sich sogar an verabredeten Tenffpunkten. Der Ozean ist groß, die englischen Schiffe sind nichts weiter als kleine Splitter in der unendlichen See.

Endlich, am 2. November kommen Masten, Segel, Schiffe in Sicht. Doch nun mal langsam, die Hoffnung auf reiche Beute wird schnell gedämpft. Es sind die „Carmelo" und die „Arranzazu", die jetzt zur „Centurion" zurückkehren. Ihre Zeit ist um. Und ringsumher gibt es ein großes Staunen, keines von ihnen hat auch nur die geringste Beute gemacht. Es ist wie verhext, seit der ersten Prise, der „Nuestra Señora del Monte Carmelo", sind mehr als fünfzig Tage verflossen. Was kann in fünfzig Tagen nicht alles geschehen!

„Ich will euch sagen, was alles geschehen kann." Anson nimmt kein Blatt vor den Mund, als die Kommandanten sich bei ihm melden. „In fünfzig Tagen hat man die ganze Küste alarmiert. In fünfzig Tagen bewaffnet der Vizekönig, der sich von Pizarro im Stich gelassen sieht, eine eigene Flotte von Hilfsschiffen und hetzt sie uns auf den Hals. Dies hier ist die Ruhe vor dem Sturm. Wir tun gut daran, geschlossen nach Norden auszuweichen und uns mit der ‚Gloucester' zu vereinigen, um den Schiffen des Vizekönigs vor Callao einen warmen Empfang zu bereiten — wenn sie sich blicken lassen."

So werfen sie das Ruder herum, brassen vierkant und segeln mit Rückenwind nordwärts. Vorbei an sonst so belebten, jetzt aber verlassenen Ansteuerungspunkten der Küstenschiffahrt. An Callao vorbei, wo sich auch nichts zeigt, obwohl alle Handelsschiffe bei Strafe gehalten sind, hier einzulaufen und sich Warnnachrichten zu holen. Sie passieren die Kette der vielen, von unzähligen Seevögeln schneeweiß gekalkten Guano-Inseln, die Chinchas, auf denen ohnehin keine Menschenseele haust. Um sich nicht zu verraten, bleiben sie gehörig weit vom Festland ab, das nur gelegentlich in Sicht kommt, wenn Dunst und Wolkendecke aufreißen und in den Strahlen der Abendsonne die Gipfel der Hochanden erglühen, während sich unten auf dem Meer schon die Dämmerung ausbreitet.

In einer solchen Abenddämmerung jagt die „Centurion" einem Phantom nach. Mit allen Segeln im Topp prescht sie

durch die See, daß der Gischt die Galionsfigur umspritzt und die begleitenden „Carmelo" und „Arranzazu" im Kielwasser zurückbleiben. Hat sich wirklich ein Schiff gezeigt, wie es der eine oder andere zu sehen glaubte, oder ist es nur ein Trugbild, ein Wunschtraum? Piercy Brett, der Zweite Leutnant, hat die Wache. Seinem scharfen Auge entgeht nichts, nach Stunden entdeckt er den Schattenriß eines Mitläufers an Backbord voraus. Es ist wahr, es ist wahr — das muß ein Spanier sein! Im Schutze der Dunkelheit hat das fremde Schiff die Flucht ergriffen.

„An die Kanonen, Jungs, brennt ihm eine auf's Fell!" Sie hasten wie die Wiesel über Deck. Es bumst und kracht, das Mündungsfeuer wirft einen Gelborangeschein auf Schiff, Segel und Gesichter, die schwere Kugel verschwindet pfeifend ins Leere. Für einen Augenblick ist man geblendet. Dann wird es wieder finstere Nacht, der Donner verhallt, und man spürt den

Pulverdampf auf der Zunge. „Er will noch nicht, der Schurke, noch mal dasselbe!" Wider Erwarten bleibt der Verfolgte hartnäckig, erst beim vierzehnten Schuß bequemt er sich und dreht bei. Segel flattern leer im Wind.

„Der Dritte Leutnant, Mister Dennis, mit sechzehn Mann ins Boot", befiehlt der Kommodore, „und die Gefangenen zu uns rüber!" Das Boot wird zu Wasser gelassen, Ruder poltern, ein Lichtlein tanzt auf den Wellen. Drüben starren die Spanier mit großen Augen über Bord. In der Dunkelheit erkennen sie einen Offizier mit Dreispitz und Tressen, wilde Matrosen, Kopftücher, Schifferknoten.

„Los Ingleses", schreien sie erschrocken, „die Engländer!"

Das Schiff, die „Santa Teresa de Jesus", hat dreihundert Tonnen Holz, Tabak, Häute und Gewebe geladen, mit denen die Beutemacher wieder mal nichts anfangen können. Mögen die Güter auch noch so wertvoll sein, sie lassen sich hier einfach nicht verkaufen. Will man dem Feinde schaden, kann man sie nur vernichten; denn er zahlt kein Lösegeld für Kaperwaren. Der Inhalt der Schiffskasse stimmt noch trauriger — es sind ganze 170 Pfund in Silber, ein bloßes Trinkgeld. Mit der Moneta ist es wieder einmal nichts.

Die Besatzung besteht aus 45 Mann. Ferner sind 10 Passagiere an Bord, darunter drei Frauen von auffallender Schönheit. Den Spaniern steckt die Furcht vor den Engländern seit den Tagen der Piraten und Bukanier tief in den Knochen, und die Priester haben diese Furcht noch geschürt. So machen sie sich alle auf die schlimmsten Übergriffe gefaßt, vor allem die Frauen, die sich verstecken. Als sie nach langem Palaver Leutnant Dennis gegenüberstehen, sind sie von der Erscheinung des Offiziers und der Zurückhaltung seiner Matrosen sehr beeindruckt. Als ihnen zudem Kommodore Anson zusichert, sie würden nicht belästigt werden, und sie an Bord ihres Schiffes mit allen Bequemlichkeiten beläßt, als er außerdem den spanischen Schiffskapitän zum Essen einlädt und sich die Gastgeber ehrenwert betragen, erkennen sie den Unterschied zu früheren Überfällen und fühlen sich in den Händen der Royal Navy den Umständen nach nicht schlecht aufgehoben.

Weit hinten in der Nacht geben „Arranzazu" und „Carmelo" jede halbe Stunde Kanonenschüsse und Flackerfeuer ab, um nicht die Verbindung zu verlieren. Bei Tagesanbruch holen die beiden Segler auf, und gemeinsam setzt das Geschwader seinen Marsch gen Norden fort, um die „Gloucester" zu suchen. Sie finden das Linienschiff zwar nicht auf dem verabredeten 6. Breitengrad Süd, dafür kommt ihnen die „Nuestra Señora del Carmin" in die Quere. Sie steht weiter unter Land, der Wind ist jetzt wie abgeschnitten und die See spiegelglatt.

„Die müssen wir haben, und wenn wir rüberschwimmen", entscheidet Anson zähneknirschend, „allein schon deswegen, damit man uns nicht vermeldet. Brett, gehen Sie mit drei Booten auf Kaperfahrt."

Leutnant Brett ist nicht nur eine musische Natur, die malt und zeichnet. Er liebt auch derartige Handstreiche und ist im Nu unterwegs. Seine Bootsmannschaften sind bis an die Zähne mit Entersäbeln, Gewehren und Pistolen bewaffnet. Die Spanier haben die furchterregenden Gestalten kaum wahrgenommen, da prasselt auch schon eine Salve über sie hinweg, daß sie sich ducken und die Köpfe einziehen. Schon sind die Boote längsseit, die Engländer springen an Bord, die Spanier weichen entsetzt zurück. Das Blitzen der Handwaffen und die Schüsse haben jeden Widerstand im Keim erstickt. Die „Nuestra Señora del Carmin" befindet sich in englischer Hand. Sie ist etwa 270 Tonnen groß und liegt tief im Wasser.

„Was hat das Schiff im Bauch?" fragt Anson später.

Brett faßt zusammen. „Eisen, Wachs, Pfeffer, Zimt und Schnupftabak, Zeugballen, Ablaßbilder, Rosenkränze..."

„Hören Sie auf", lacht Anson, „das ist ja das reinste Gemischtwarenlager!"

„Die wertvollste Ladung, die wir bisher kaperten, Sir, kostet nach den Frachtbriefen aus Panama rund 400 000 Dollar."

„Vielleicht in Panama", Anson reibt Daumen und Zeigefinger, „doch wie steht's hiermit? Nur Bargeld lacht."

Brett schüttelt mißmutig den Kopf.

„Da haben wir es wieder", seufzt der Kommodore, „was sollen wir mit dem Kramladen anfangen. Uns selbst bedienen natürlich — und danach?"

„Ich habe noch was anderes, Sir", bemerkt Brett vertraulich, „nämlich Nachrichten, die unbezahlbar sind. Das Schiff wollte nach Callao und hat vor 24 Stunden noch in Paita Proviant und Wasser bekommen."

„In Paita —?" Der Kommodore spitzt die Ohren. „Erzählen Sie doch weiter, das ist interessant."

Wie er von einem der Gefangenen erfahren habe, berichtet Leutnant Brett, hätte wenige Tage zuvor ein sehr großes und offenbar englisches Kriegsschiff einen Segler bis zur Ansteuerung von Paita verfolgt.

„Das war unsere ‚Gloucester'", mutmaßt Anson sofort.

So sehe es aus, meint auch Brett. Das verfolgte Schiff hätte den Zwischenfall dem örtlichen Gouverneur gemeldet, und dieser wiederum hätte eine Depesche nach Lima geschickt. Man sei also gewarnt und erwarte die Engländer, um so mehr, als sich im Hafen von Paita ein bestimmter Schnellsegler befinde. Dieser solle im Auftrage von Kaufleuten aus Lima mit einer großen Summe Geldes nach Mexiko auslaufen, um dort Ladung von der Manila-Galeone abzuholen.

„Wenn der erst einmal schwimmt, geht er uns durch die Lappen", sinniert der Kommodore, „da können wir mit dem zwei Jahre alten Bart unterm Schiffsboden nicht mehr mithalten. Doch warum erzählen die Leute uns das alles, ist das eine Falle?"

Unter der Besatzung der „Nuestra Señora del Carmin" befinde sich ein ausgewiesener Ire, sagt Brett weiter, ein fliegender Händler, der in Paita eine Strafe abgesessen habe und nun danach dürste, englischen Bundesgenossen einen Dienst erweisen zu können. Der Mann kenne den Ort, einen aus mehreren hundert Häusern bestehenden, im Schatten eines hohen Bergkegels gelegenen Marktflecken. Es gebe dort viele schwarze Sklaven und Indios. Die spanische Bevölkerung sei in der Minderheit, aber ganz wohlhabend. In den Familien, im Zollamt und in den Kirchen gebe es allerhand zu holen.

Anson nickt. „Das ist uns im großen ganzen bekannt."

Aber es gebe auch ein kanonengespicktes Fort mit einer Garnison. Zwar nicht bedeutend, aber immerhin. Das werde sich herausstellen, meint Anson. „Wie sieht die Gegend aus, wie liegt der Hafen?"

Die Landschaft sei öde und sandig, es regne alle Jubeljahre einmal. Der sogenannte Hafen sei nur eine Bucht hinter einer vorgelagerten Landzunge, aber geräumig und geschützt. Alle von Norden kommenden Schiffe liefen ihn an, um Wasser zu nehmen und frischen Proviant zu kaufen.

Der Kommodore hält Kriegsrat, Brett und Dennis sind dabei, andere gesellen sich hinzu, Saumarez, die Abschnittsleiter, der Oberstleutnant Cracherode.

Anson trägt das Gehörte noch einmal vor und fährt dann fort: „Das kommt alles wie gerufen. Da man uns sowieso schon entdeckt und die Küste alarmiert hat, wäre alles weitere Kreuzen zwecklos und Zeitverschwendung. Wir könnten hier ebenfalls Proviant ergänzen, da unsere Gefangenen bisher ziemlich viel verbraucht haben."

„Die Gefangenen könnten wir hier überhaupt an Land geben, Sir, dann sind wir sie los", schlägt einer vor. „Das machen auch alle nach Süden bestimmten Segler mit ihren Passagieren. Während sich die Schiffe weiterhin mit Gegenwinden abquälen, reisen die Fahrgäste mit Fuhrwerken auf einer guten Uferstraße schnell die Küste hinunter."

„Das ist noch besser, somit wären wir auch die Sorge um die Gefangenen los."

„Der Wind steht gut, die Einfahrt ist breit genug, wir könnten mit unseren Schiffen bis dicht unter Land und mit der Übermacht unserer Kanonen..."

Hier fällt der Kommodore ihnen ins Wort und läßt nicht mit sich reden. „Das ist völlig unmöglich. Die erspähen unsere großen Kästen sogar in der tropischen Nacht früh genug und machen sich mit allen Wertsachen auf und davon, das Nest wäre dann leer. Nein, Gentlemen, wir landen einen Stoßtrupp."

Sie horchen alle auf. Ein Stoßtrupp, ein Kommandounternehmen, ein Himmelfahrtskommando also!

„Wir nehmen wieder drei große Boote, die Achtzehnriemer, die fassen 58 Mann und noch 'ne Handvoll mehr. Zwei von den spanischen Seeleuten sollen als Lotsen mit, damit ihr euch an Land nicht verlauft. Zieht die Gefangenen zu Rate, sie sind uns für die gute Behandlung dankbar. Erklärt ihnen, daß wir hier alle freilassen, wenn sie mitspielen. Auch den Lotsen wird kein Haar gekrümmt, doch sobald sie uns zu hintergehen versuchen, ist ihr Leben keinen damn'Penny mehr wert, und die Gefangenen kommen mit nach England. Macht ihnen das klar, damit wir uns nicht mißverstehen. Wir können auch anders, vor rund zwanzig Jahren sind hier irgendwo schon mal Engländer gelandet, die waren nicht so menschlich wie wir."

Also doch ein Himmelfahrtskommando mit allen Schikanen. Eine Handvoll Engländer gegen eine ganze Ortschaft und Garnison. Nun, sei's drum, wen's trifft, den trifft's. Aber jede Kugel trifft ja nicht.

„Wer soll das Kommando anführen, Sir?"

Der Kommodore überlegte kurz. „Den Befehl haben Leutnant Piercy Brett und Kadett August van Keppel."

Dann wendet er sich an seinen Chefnavigator. „Master Nutt, was macht die Sicht heute nacht, wie steht der Mond?"

Der kneift das eine Auge zu. „Es wird sehr dunkel sein, Sir, es ist um Neumond herum."

Anson schaut in ihre gespannten Gesichter, alle Blicke sind auf ihn gerichtet. Seine Stimme ist wie gewöhnlich kühl und entschlossen.

„Um so besser, Gentlemen. Worauf warten wir noch? Los, greifen wir an!"

Der Handstreich

Während die hohen Schatten des Geschwaders zurückbleiben und verwischen, bewegen sich die Boote dem Lande zu. Die Nacht ist still und mondlos, es ist zwischen zehn und elf. Die Küste erscheint als ein dunkler Strich, der sich mehr und mehr ausdehnt. Kein Lichtschein kommt über das Wasser. Schlafen die Einwohner von Paita schon, oder haben sie sich in ihren Häusern verbarrikadiert?

Die Angreifer flüstern nur und vermeiden jedes Geräusch, um sich nicht vorzeitig zu verraten. Das Geplätscher der Boote geht im Wellengang unter, aber sie können nicht verhindern, daß der Gleichtakt der vielen hölzernen Ruder ihnen rumpelnd und polternd vorauseilt. Eins, zwei — und drei! Eins, zwei — und drei!

Die Boote erreichen die Einfahrt der Bucht, das Fort wird erkennbar, die Masse der Häuser. Davor sieht man Masten wie Scherenschnitte gegen den blauschwarzen Himmel stehen: Schiffe vor Anker. Die Nacht hält den Atem an, das Rumpeln der Ruder ist deutlich zu hören. Eins, zwei — und drei!

Da, plötzlich ein Gerenne auf den Schiffen, ängstliche Stimmen. Spanier springen von Bord in ein Beiboot, und ehe man ihrer habhaft werden kann, sind sie schon auf und davon. „Die Engländer — die englischen Hunde!" hallen ihre Hilfeschreie. Die Angreifer sind entdeckt.

Schlagartig erwacht die nächtliche Szene zu wildem Leben. Türen schlagen, Fackeln huschen hin und her, Pferde wiehern. Fremde Wortfetzen, Metall klirrt — sind das schon die spanischen Kanonen? Über Stadt und Fort erhebt sich wie auf Kommando ein Tumult. Vorwärts, vorwärts, Boys, bevor sie gänzlich zur Besinnung kommen. Die Kiele der Boote berühren kaum den Strand, da springen die Engländer schon ins knietiefe Wasser. Leutnant Brett, Kadett van Keppel, die Matrosen, wie sie auch heißen mögen, unter ihnen auch David Ross, zusammen an die sechzig Mann. Die Waffen hochhaltend, damit sie nicht naß werden, waten sie an Land. Vorwärts, vorwärts!

Man kann kaum die Hand vor Augen sehen, aber aus der Richtung des Forts donnert ein Kanonenschuß und fegt gefährlich niedrig über die Köpfe der Angreifer hinweg. Einer stolpert und bleibt liegen, die anderen ducken sich und rennen weiter durch den Sand. „Hierher, hierher!" rufen die spanischen Lotsen und eilen dem Eingang einer Gasse zu. Sie gewährt Schutz und Sicherheit.

Johlend und brüllend wälzt sich der Haufe durch den engen Schlauch der Häuser. Hingerissen von dem Gefühl, nach langen Wochen wieder festen Boden unter den Füßen zu haben, halten sie das Ganze für einen Spaß und sind vor Freude außer sich. Ihr Waffenklirren und Trommelgewirbel, ihre Trompetenstöße und Bootsmannspfiffe werden von den Mauern zurückgeworfen und wirken in der Stille der Nacht doppelt laut. Die Einwohner sollen denken, ein ganzes Bataillon käme ihnen auf den Hals. Das lähmt ihren Widerstand und läßt sie durch die Hintertüren fliehen. „Haut die Spanier — weiter, weiter!"

Weiße einstöckige Fassaden mit vergitterten Straßenfenstern und schweren Türen bleiben zurück. Am Ende öffnet sich vor den Engländern eine weite Plaza, der Mittelpunkt des spani-

schen Städtchens. Im selben Augenblick, als sie die Nase ins Freie stecken, schlägt ihnen Gewehrfeuer entgegen. Es kommt vom Hause des Gouverneurs und versiegt ebenso rasch. Die Plaza ist wieder ruhig, und auch auf dem gegenüberliegenden Fort bleibt es still.

„Das Ganze halt!" kommandiert Leutnant Brett und lauscht, ob sich etwas regt. „Zehn Mann umstellen das Haus des Gouverneurs, die anderen folgen mir, vorwärts — marsch!" Und damit geht es an den Wänden entlang zur Befestigung. „Gebt Obacht, Leute — nehmt Deckung!" Aber alle Warnungen sind überflüssig. Das Tor steht weit offen, nichts rührt sich. Sie finden nur zwei alte Kanonen, die Besatzung ist geflohen. Kaum, daß der Handstreich begann, da ist er auch schon zu Ende. Ganz Paita befindet sich in englischer Hand.

Was nun? „Sammeln!" Während in der Ferne die eiligen Schritte Flüchtender verhallen, strömen die Seeleute auf der Plaza zusammen. Sie klopfen sich gegenseitig auf die Schulter, betasten sich. Lebst du noch, alter Knabe? Abzählen — einer fehlt, er liegt tot am Strand. Zwei Mann sind verwundet, der spanische Lotse hat einen Streifschuß am Handgelenk. „Keppel, wo haben Sie Ihren Mützenschirm verloren?"

„Den hat mir eine feindliche Kugel abgerissen, Sir", lacht der Sohn des Herzogs von Richmond, „um Haaresbreite ging sie am Kopf vorbei." Ist David Ross, der dem Kadetten folgte, verwundet? Nein, lediglich seine Jacke ist zerfetzt. Die Aufregung klingt langsam ab.

„Allright, Wachen aufziehen", befiehlt Leutnant Brett und teilt die Posten ein. Das Gebäude des Gouverneurs wird bewacht, das verlassene Fort und alle Straßenecken, die von der Plaza wegführen. „Und jetzt an die Arbeit, durchsuchen wir alle Häuser, auch die Kirchen, los!"

Die Wohnungen sind größtenteils verlassen. Die Einwohner haben sich Hals über Kopf davongemacht, viele offenbar im Nachtzeug. Brett, der hinter dem Gouverneur her ist, findet dessen Bett leer. Auch dieser Caballero ist verschwunden und hat nur seine junge Frau zurückgelassen, die den Eindringling ängstlich anstarrt. Brett schlägt die Tür zu — verflucht, verflucht! Anson hat ihm eingeschärft, den Gouverneur müsse er unter allen Umständen haben, damit er für seine Stadt Lösegeld herausrücke. Er sucht vergeblich weiter, und als er nach einer Weile zurückkommt, sieht er gerade noch, wie ein Negersklave mit der Dame entweicht.

Die Engländer treiben die wenigen Zurückgebliebenen zusammen und sperren sie in eine der beiden Kirchen. Sie schleppen alles Wertvolle auf einen Haufen, sie machen Beute. Sie tragen das Zollhaus leer und andere Amtsgebäude und transportieren alles zum Fort. Dabei helfen ihnen mehr als willig einige stämmige Negersklaven, die ihrer Herrschaft in dem Durcheinander entlaufen sind und ihren Befreiern vielversprechende Hinweise geben. So verschwindet allmählich alles, was nicht niet- und nagelfest ist.

Als Leutnant Brett von einem Streifzug zur Plaza zurückkehrt, sieht er sich plötzlich einer bewaffneten Horde in Frauenkleidern gegenüber. Da schwingen die Roben, die bestickten Blusen, die bunten Bänder. Auf wuscheligen Seemannsköpfen sitzen schiefe Perücken, Federhüte wippen, Halstücher sind malerisch um rauhe Seemannskehlen drapiert. Unter Nachtjacken sieht man schmierige Matrosenhemden, lange Spitzenschals, sogenannte Mantillas, reichen bis zu den dreckigen Hosen. Ist das eine Gaudi, die spanische Mode vermischt mit der Garderobe der Teerjacken! Der reinste Karneval, so daß der Offizier seinen Augen nicht traut und zweimal gucken muß, ehe er seine Leute erkennt. Die sind in ihrer Ausgelassenheit in vorgefundene Kleider geschlüpft, na und die letzten fanden nur noch Frauenkleider.

So vergeht mit Plündern und Stapeln diese Nacht. Als die „Centurion" mit der Morgenbrise langsam in die Bucht von Paita einsegelt und zu Anker geht, weht über dem Fort die englische Flagge. Die ersten Beuteboote kommen dem Kriegsschiff entgegen. Sie sind randvoll mit Geld, Kirchensilber und anderen Wertgegenständen beladen. Das hört den ganzen Tag nicht auf, Heil und Sieg und reiche Beute, und zwischendurch greifen sich die Räuber noch Schafe, Ziegen, Schweine und Federvieh, das ihnen in die Quere kommt. Frischproviant ist immer willkommen, der Krieg muß den Krieg ernähren.

Bei ihren systematischen Beutezügen entdecken sie eine Menge Warenspeicher, die mit Gütern bis obenhin gefüllt sind. „Was machen wir bloß damit?" fragt sich Anson. „Im Augenblick können wir nichts damit anfangen, und zum Mitnehmen ist an Bord kein Platz. Die Schiffe sind klar zum Gefecht."

„Der Gouverneur muß her, ob er will oder nicht", äußert sich Saumarez, „wir brauchen das Lösegeld."

Der Gesuchte ist leider nicht greifbar. Er hat sich auf einen Hügel hinter der Stadt zurückgezogen und von allen Seiten

Hilfe herbeigerufen. Eine beachtliche Menge ist zusammengeströmt, darunter allein etwa zweihundert Mann zu Pferde. Die ganze Streitmacht beäugt das wilde Treiben der Engländer aufmerksam, wagt aber nicht anzugreifen, sondern begnügt sich mit lautstarker Militärmusik. Denn die sechzig Kanonen der „Centurion" sind auf die Stadt gerichtet ...

„Schickt einen der gefangenen Einwohner zum Gouverneur, wir wollen mit ihm verhandeln", sagt der Kommodore und gibt ein Schreiben mit auf den Weg. „Wir machen ihm ein faires Angebot. Wenn er sich nicht bequemen sollte herunterzukommen, stecken wir ihm das Nest an." Der halsstarrige Gouverneur hält es indes nicht einmal für nötig zu antworten, wahrscheinlich hofft er auf weitere Verstärkung. Anson, einen Gegenangriff erwartend, schickt mehr Leute an Land und läßt die Zufahrtsstraßen mit Barrikaden versperren. Doch die zweite Nacht verläuft ruhig, die Engländer können sich erst einmal ausruhen, um anderntags das Plündern mit frischen Kräften fortzusetzen.

Trotz ihrer Überzahl wagen es die Spanier noch immer nicht, sich der Stadt zu nähern. Zwar pirschen sie vor, aber nur, um beim geringsten Widerstand wieder auf ihren Hügel zurückzuweichen. Noch immer neigen sie eher zur Flucht als zum Kampf. Negersklaven stellen sich mit Krügen ein und bitten um Wasser; denn in der heißen Sonne geht der Durst auf dem Hügel um. Einge schlagen sich sofort auf die Seite der Engländer, um mit ihrer Ortskenntnis beim Plündern zu helfen. Sie haben mit ihrer Herrschaft alte Rechnungen zu begleichen und rächen sich für erlittene Mißhandlungen auf ihre Weise. So geht das den lieben langen Tag.

Haut die Spanier, nehmt ihnen alles weg. Die Schätze, das Geld, die tragbaren Wertsachen, den Schnaps, den Wein und die Liköre. Und wenn die Häuser und die Zimmer durchgekämmt sind, reißt am Ende auch noch die Dielen auf und seht nach, ob unterm Fußboden etwas vergraben ist. Die Sklaven mit ihren feinen Nasen wissen schon, wo noch was zu holen ist. Und werden dabei doch nur vom Regen in die Traufe kommen; denn dem Geschwader steht noch einiges bevor — wenn man im Moment auch andere Sorgen hat.

Unterdessen wird die Zahl der Bewaffneten auf dem Hügel immer größer, von allen Seiten strömen sie hinzu. Noch verhalten sie sich friedlich und begnügen sich mit Marschmusik. Aber, so berichten die Überläufer, Hunger, Durst und Wut haben ihre Rachegelüste aufs äußerste gesteigert, deshalb beabsichtigen sie, Paita in der kommenden Nacht wiederzuerobern. Straßenkämpfe sind für Seeleute nicht eben ein Kinderspiel, seid also auf der Hut!

Die Engländer lassen sich durch solche Nachrichten nicht abschrecken und setzen ihr gründliches Werk fort. Als die Dämmerung fällt, werden die Wachen verstärkt, und als es ganz dunkel ist, künden die gegenseitigen Anrufe von der Bereitschaft der Posten. Dazu hauen die Streifen bei ihren Rundgängen kräftig auf die Trommeln. Die Engländer sind auf der Hut, sie werden jeden Angreifer warm empfangen. Bei solchen unüberhörbaren Tönen verläßt die Spanier anscheinend der Mut. Vielleicht sind auch sie nur müde.

Es ist der dritte Morgen. Die letzten Boote kehren mit wertvoller Beute zurück. Noch immer hat Leutnant Brett das Kommando an Land. Für den Nachmittag ist seeklar und Auslaufen angesagt. Es muß endlich Schluß sein und weitergehen.

An Bord bespricht sich der Kommodore mit Philip Saumarez. Er hat seinen Ersten Leutnant die ganze Zeit bei sich behalten. „Die Gefangenen sollen sich fertigmachen, wir geben sie gleich an Land. Brett soll sie in einer der Kirchen festsetzen und so lange bewachen lassen, bis unsere Leute sich einschiffen. Dann soll er anfangen, die Stadt anzuzünden — außer den beiden Kirchen natürlich, die stehen sowieso abseits der Häuser. Wenn alles schön brennt, soll er aufhören und an Bord zurückkehren."

Die Gefangenen, 89 an der Zahl, sind überglücklich. Nicht nur wegen der Freiheit, die ihnen greifbar winkt. Mehr noch, sie sind dem Kommodore und seinen Leuten aufrichtig dankbar, daß man ihnen nicht nur kein Haar krümmte, sondern darüber hinaus noch bemüht war, ihnen den zwangsweisen Aufenthalt so erträglich wie möglich zu machen. Alle schlimmen Voraussagen über englische Grausamkeit, von barbarischen Bukaniern und früheren Freibeutern abgeleitet, haben sich als bloße Propaganda herausgestellt. Nichts davon hat sich bewahrheitet, und nach den ersten bangen Tagen sind Angst und Sorge allmählich von ihnen gewichen. Männer und Frauen, darunter Personen von Stand, versichern Anson und seinem Land ihre größte Hochachtung.

Der Zufall will es, daß sich der siebzehnjährige Sohn des Vizepräsidenten des chilenischen Staatsrates unter ihnen befindet. „Ich würde nicht ungern einmal England kennenlernen", sagt der junge Mann, als er sich höflich verabschiedet. Auch ein Jesuit höheren Grades findet anerkennende Worte. „Kommodore, ich werde nicht verfehlen, meine Erfahrungen der Kirche mitzuteilen und Ihnen und Ihren Leuten stets Gerechtigkeit widerfahren zu lassen. Sie genießen meine größte Hochachtung." So scheiden sie alle im besten Einvernehmen. Viel, viel später erfahren die Engländer — soweit sie dann noch am Leben sind —, daß ihr guter Ruf weit über Lima und die Grenzen des spanischen Kolonialreiches hinausgedrungen ist.

Die Boote, ihrer letzten Beute ledig, tragen nun die Gefangenen an die Küste der Freiheit. Auf dem Wege zur Kirche sehen die Scheidenden, wie Brett und seine Seeleute das Werk der Zerstörung einleiten. Die Matrosen laufen hierhin und dorthin, verteilen Pech und Teer und leicht Entzündliches auf die Häuser. Sie gehen umsichtig vor, wählen geeignete „Brennpunkte", von denen aus sich das Feuer schnell auf die angrenzenden Gebäude ausbreiten kann. Sie bevorzugen Straßenecken, hölzerne Tore und Winkel, Pfosten und Galerien. Wenn es überall zugleich brennt, wird das Feuer den Spaniern über den Kopf wachsen. Es ist nicht mehr zu löschen.

Die Gefangenen haben genug gesehen. Ein letztes Winken, dann schlägt die Kirchentür hinter ihnen zu, ein Wachtposten stellt sich davor. Hier, im abseits gelegenen Gotteshaus, sind sie sicher. Bis zum letzten Augenblick sorgen ihre Bewacher dafür, daß ihnen nichts geschieht.

Auch Piercy Brett, Zweiter Leutnant der „Centurion", ist zufrieden und nickt van Keppel zu, bald wird alles vorüber sein. „Jetzt vernageln wir nur noch die Kanonen", befiehlt er. Sie rennen ins Fort, wo sie nur zwei Rohre vorgefunden haben. Man steckt einen dünnen Bolzen ins Zündloch und hämmert ihn soweit hinein, bis er wie ein Nagel im Holz verschwindet und nicht mehr greifbar ist. Das Zündloch ist verstopft, es müßte erst wieder aufgebohrt werden. „Und nun — äschert die Stadt ein!"

„Wo kommt der Wind her? Von dort —? Da fangen wir an, damit sich das Feuer vor dem Wind ausbreitet."

Auf einmal haben sie Lunten in den Händen. Die Lunte glimmt, sie berührt den Pfosten. Es knistert, flammt auf, frißt sich mit Windeseile in die Höhe, ergreift das Dach, und im Nu brennt das ganze obere Stockwerk lichterloh. Das von der Sonne ausgedörrte Holz brennt wie Zunder.

Es prasselt, der Wind facht an, die Funken fliegen. Das Feuer greift auf das nächste Dach über, auf das übernächste. Im Handumdrehen steht die schmale Straße beiderseits in Flammen. Der Wind kommt von Land her, er pustet das Feuer nach See zu. Er schlägt den Qualm nieder, der sich in dichten Schwaden durch die engen Gassen wälzt. Der Himmel verdüstert sich, und von Bord aus erblickt man nur noch die Türme der beiden Kirchen, wo der Posten soeben die Gefangenen in die Freiheit entläßt, ehe er sich zurückzieht.

In das Prasseln des Feuers stoßen Trompetensignale. „Alles sammeln!" Die Engländer hasten zum Strand. Paita brennt an allen Ecken und Enden.

Wenn sich die Schwaden zerteilen, erscheinen zwischen den hellen Häuserfronten für einen Augenblick rauchgeschwärzte

Gesichter keuchender Matrosen. Dann verwischt sich alles wieder, nur das Echo davoneilender Seestiefel hängt in der Luft. Hinter den Matrosen tauchen vereinzelt andere Gesichter auf, kupfern und breitknochig, blicken sich verstohlen um, und — husch — sind sie wieder weg. „Aufgepaßt, da kommen schon die Indios und die Spanier!" Caramba, jetzt, wo es nichts mehr zu retten gibt, schleichen sie auf ihren Sandalen lautlos herbei und bleiben den Brandstiftern auf den Fersen. Mündungsfeuer blitzt, Schüsse hallen durch die Stadt.

Die leichte Bauweise der Häuser läßt alles einen Raub der Flammen werden. Unten am Strand, wo schon die Boote warten, hängt ein dichter Qualmvorhang. Die Engländer treten hustend und schweratmend heraus, der Vorhang schließt sich hinter ihnen wieder. Unbestimmte Schemen drängen nach, man hört Schreie und Pferdewiehern. Die Matrosen schießen aufs Geratewohl in den Rauch hinein, und das Geschrei verstummt. Es rauscht in den Lüften, aus dem Qualm schlägt die feurige Lohe, Piercy Brett, der Freizeitmaler, ist fasziniert von dem Bilde, das sich ihm bietet. Paita steht von einem Ende zum anderen in Flammen.

„Abzählen!" Sie sehen sich um, verdammt noch mal, einer fehlt noch. Wo bleibt er bloß? Als niemand mehr kommt, waten sie ins Wasser und springen in die Boote. Ein kurzes Zögern, dann ein paar schnelle Schläge. Sie sind schon ein Stückchen vom Ufer ab, da hebt der Leutnant die Hand. „Still mal — hört ihr nichts?" Übers Wasser kommen deutlich englische Laute. „Noch mal zurück!" Die Matrosen murmeln unwillig. „Zurück hab ich gesagt, wird's bald!"

Auf einmal sehen sie den Vermißten. Die Flut geht ihm bis zum Hals, nur sein Kopf guckt noch heraus. Was macht der Kerl hier, wo kommt er her? Sie greifen ihm unter die Arme und ziehen ihn mühsam ins Boot. „Ich war betrunken, Sir, das Feuer hat mich wachgemacht. Die Spanier waren schon dicht bei, da bin ich so weit wie möglich in den Hafen gelaufen — und nüchtern geworden."

„So was hab ich gern", brummt der Zweite Leutnant ungehalten. „Wir placken uns ab, und ein einziger besäuft sich. Mann, du riechst ja noch nach Schnaps." Und zu den Ruderern gewendet: „Los, Boys, pullt ab dafür, wir haben noch mehr zu tun. Die spanischen Schiffe müssen noch vernichtet werden, und das kostet Schweiß." Er zeigt auf die sechs vor Anker liegenden Fahrzeuge.

„Alle, Sir?" fragen die Leute.

„Nein, nur die fünf."

Fünf davon sind bloße Küstenfahrzeuge, darunter zwei Galeeren mit je sechsunddreißig Riemen. Sie müssen allesamt dran glauben, werden angebohrt, zerhackt und schwimmen davon. Das sechste ist die „Solidad", ein angeblich schneller Schoner und eben jenes Schiff, das am Tage nach dem nächtlichen Überfall mit einer größeren Summe Geldes nach Mexiko segeln sollte. Die „Solidad" ist schon mit Engländern besetzt, von Deck aus winkt ihnen Leutnant Hughes zu. Der Kommodore hat den ehemaligen Offizier der „Tryal" mit diesem Kommando betraut. „Hören Sie, Hughes, Sie konnten mit der Kleinen so gut umgehen, vielleicht macht uns dieser gute Läufer auch so viel Spaß." Und dabei bleibt es. „Thank you, Sir."

Wider Erwarten finden sie kein Geld, dafür aber eine Menge Wein und Schnaps.

Der Kalender zeigt den 16. November 1741. Als der Nachtwind die Segel füllt, kreisen die Matrosen um das Gangspill und lichten die Anker. Das Anson-Geschwader macht sich davon. Vorneweg das Flaggschiff „Centurion", dahinter die „Arranzazu", die „Carmelo", die „Santa Teresa", die „Carmin" und zuletzt die „Solidad", die bald aufholt. Hinter den Schiffen fällt die Stadt in Schutt und Asche, die Glut erhellt die Mitternacht, und noch weit draußen steigt ihnen der Brandgeruch in die Nase. Selbst als alles unter den Horizont sinkt und es wieder Tag wird, sieht man eine Rauchwolke dort, wo einmal Paita war. England hat zugeschlagen.

Nichts von Wert wurde vergessen. Haus und Hof sind zerstört, die Brunnen in der Hitze ausgetrocknet, das Vieh geraubt und die Ernte vernichtet. Die Kirchen sind geplündert, die Warenlager verbrannt und mit ihnen große Mengen feinster Leinwand, Samt, Seide und Batist. Der Vizekönig in Lima berichtet alles an die Krone in Spanien und beziffert den angerichteten Schaden auf anderthalb Millionen Dollar.

„Und was ist denn nun für uns abgefallen?" fragt derweil Kommodore Anson seinen Ersten Leutnant. „Haben Sie schon einen Überblick?"

„Auf den Penny genau wird sich das wohl nie berechnen lassen", entgegnet Philip Saumarez bedächtig. „Was sich bisher nachweisen läßt, sind gut dreißigtausend Pfund Sterling in Golddollar. Hinzu kommen die kostbaren Armbänder, die Brillantringe, Broschen, die Diademe und Kolliers, unschätzbare Prachtstücke, deren wahrer Wert kaum zu bestimmen sein wird, das Kirchensilber — mit einem Wort, Sir, es ist die größte Beute, die wir bisher an dieser Küste machten und wahrscheinlich machen werden."

„An dieser Küste, Saumarez, an dieser Küste." Anson spricht mit Nachdruck.

„Natürlich, Sir", pflichtet der Erste Leutnant ihm bei. „Und vergessen wir darüber auch nicht die persönliche Beute der Mannschaften, die diese sich in die Taschen gesteckt hat. Und das ist ..."

„... zuweilen eine nicht unbeträchtliche Menge", lacht Anson, „und die natürlichste Sache von der Welt."

Der Kommodore selbst hat sich ebenfalls bedient, und nicht zu knapp. Außerdem hat er sich von den entlaufenen Negersklaven einen Leibdiener zugeteilt. Es ist ein prächtiger Bursche aus der englischen Kolonie Jamaika. „Alle Sklaven sind frei und können, wenn sie wollen, in den Schiffsdienst übernommen werden. Ich fürchte nur", setzt er hinzu, „sie werden auf die Dauer wenig Freude daran haben."

Die armen Sklaven, was bleibt ihnen anderes übrig. Sie sind vom Regen in die Traufe gekommen.

Während man sich im Stab noch über die Einzelheiten des Handstreichs und seine Folgen unterhält, wird David Ross im Batteriedeck Zeuge eines Wortgefechts, das erbitterte Formen annimmt. Bruchstücke der Schimpferei dringen nach oben und lassen den Wachoffizier aufhorchen.

„Spielt nur nicht hier die Helden, weil ihr zufällig beim Landekommando wart. Wir paar Männer an Bord haben dafür das Schiff gehalten und die Gefangenen bewacht."

Aha, denkt David, da redet einer, der an Bord bleiben mußte.

„Wir haben dagegen unseren Kopf hingehalten, die Spanier abgewehrt und sind drei Tage lang nicht zur Ruhe gekommen", brüllt einer der Angreifer zurück.

„Denkst du vielleicht, wir hätten drei Tage geschlafen", gellt es da wütend. „Befehl ist Befehl, aber ich halte es für ungerecht, daß ihr allein euch die Taschen vollfüllt."

„Aha — das ist es also!"

„Ja, das ist es also", äfft der erste nach. „Wir sehen nicht ein, daß wir leer ausgehen sollen, wir fordern unseren Anteil an der Beute."

„Fordert nur getrost, ob ihr ihn kriegt, ist eine andere Sache."

Ob sie ihn kriegen werden, fragt sich auch David, der selbst nicht schlecht abgeschnitten hat. Er für seine Person wäre wohl schon fürs Teilen, aber ...

Das Unvermeidliche geschieht. Die Benachteiligten lassen den Kommodore ihr Anliegen wissen, und nun sieht die Geschichte schon anders aus. Zwar sagt sich Anson im stillen, daß der Eigensinn der Seeleute nicht immer der Sache angemessen ist, aber um des lieben Friedens willen und im Hinblick auf die Zukunft wird er jeglichen Neid und jegliche Rivalität im Keime ersticken.

Vor versammelter Mannschaft erläutert er noch einmal den Sturm auf Paita und lobt beide Parteien wegen ihrer Haltung und wegen ihrer Disziplin. Er erwähnt den Mut des Landekommandos und hebt die treue Pflichterfüllung derer hervor, die an Bord bleiben mußten. Dann ordnet er an, daß alle eigenmächtige Beute auf einen Haufen getan und nach Rang und Auftrag gerecht an beide Parteien verteilt werde.

„Und damit ihr meinen guten Willen erkennt, gebe ich meinen persönlichen Anteil den Männern vom Landetrupp als Extrabelohnung. Das soll auch für die Zukunft gelten und ein Ansporn sein."

Die meisten sind's zufrieden. Hurra für den Kommodore. Nur einige wenige können sich von dem, was sie einmal in den Händen halten, nur widerwillig trennen. Es ist gegen ihre Natur.

Zum Schluß werden dem betrunkenen Nachzügler vom Strand ein paar drastische Strafarbeiten aufgebrummt. Und als Warnung für alle wird ein Posten, der sich an Land in einem unbedachten Augenblick seine Pistole entreißen ließ, wegen Nachlässigkeit vor dem Feinde gefloggt, das heißt mit der neunschwänzigen Katze ausgepeitscht. An seinen ausgebreiteten Armen mehr hängend als stehend, von Stricken gehalten, beißt er die Zähne zusammen, während die Schläge des Wachtmeisters auf seinen bloßen Rücken klatschen.

Die ganze Besatzung muß zusehen. „Geschieht ihm ganz recht", sagen seine Kameraden. „Mitleid hin, Mitleid her, der hätte uns was Böses einbrocken können. Warum paßt er nicht besser auf."

Und damit klingt das Paita-Abenteuer aus.

Die Blockade

Flaute, zuweilen heftige Regengüsse, das Geschwader dümpelt in grauer, glasiger See, ohne von der Stelle zu kommen. Die Schiffe liegen wie eingeschmolzen in Blei, umgeben von Abfall, der vor Tagen über Bord geworfen wurde. Die leeren Segel, Scheuerlappen gleich, klatschen gegen die Masten, daß das rollende Schiff durch und durch erzittert. Sonst ist es so still, daß man das Prasseln der schweren Regentropfen auf der Meeresoberfläche hört. Dann wird die See noch glatter. Wenn die Sonne wieder scheint, dampft das Holzdeck, und die Menschen wischen sich fluchend den Schweiß von der Stirn. Die „Centurion" ist so ausgetrocknet, daß es durchregnet.

Seit Wochen werden sie schon von den äquatorialen Windstillen festgehalten. Die Schwüle ist schier unerträglich. Nur mühsam können die Leute ihre Unzufriedenheit unterdrücken. Ob es nun der Stückmeister ist, der nicht zum Schuß kommt, oder der Seemann, der im Essen lustlos herumstochert; der Segelmacher, dem das mürbe Tuch unter den Fingern zerreißt, die Bediensteten, die unter den Launen der Offiziere zu leiden haben, der Wachtmeister, der für Zucht und Ordnung sorgt, notfalls mit dem Stock; die Schiffsjungen, die gelegentlich als Prügelknaben dienen, die Kadetten, denen die Handwaffen rosten. Der Schiffsgeistliche, der in stickiger Kammer sein Tagebuch schreibt, der Oberstleutnant, der alle seine Soldaten überlebt, die Meister und Maate in allen Decks. Zusammengenommen alle, die auf der Musterrolle des Man of War übriggeblieben sind, während die Arbeit, von der Bugverzierung über die drei Toppen bis zum verschnörkelten Heck des großen Linienschiffes, nicht weniger geworden ist.

Der tiefere Grund ihres Mißmuts aber ist weder die Arbeit noch der launische Wind, sondern das Ausbleiben jeglichen Schiffsverkehrs. Es scheint, als hätte ihnen die leichte Beute von Paita den Kopf verdreht. Aber die Kunde von ihrem Handstreich hat sich schneller verbreitet, als das Geschwader segeln konnte, und nun traut sich niemand mehr auf die hohe See. Saumarez' Voraussage von der „größten Beute, die wir an dieser Küste je machen werden", hat sich schnell bewahrheitet, und nun ist der Faden wie abgeschnitten.

Die „Gloucester", die wieder zum Geschwader gestoßen ist, hat zwei kleine Prisen mit zusammen 19 000 Pfund Sterling in Gold und Silber aufzuweisen. Die „Centurion" dagegen schnappte nur noch die kleine Bark „Jesu Nazareno" mit Salz und einem bißchen Kleingeld, das war alles. Was soll man mit dem Eimer anfangen, weg damit — versenken. Und da sich die „Solidad" keineswegs als Schnellsegler auszeichnet und die „Santa Teresa" auch nicht, und da die Beschaffenheit der beiden schon zu wünschen übrig läßt, empfindet man sie bald nur noch als Hemmschuh. Die Lebensdauer der leichtgebauten Küstensegler ist nur kurz. Der Kommodore braucht nicht lange zu überlegen. „Das Material übernehmen, die Schiffe verbrennen", und weg sind auch sie. Ihre verkohlten Wracks bleiben im Kielwasser zurück.

Das Geschwader besteht noch immer aus fünf Dreimastern. Doch nur zwei sind aktive Kriegsschiffe, „Centurion" und „Gloucester". Die Mehrheit bilden die bewaffneten Prisen, „Carmelo", „Carmin" und „Arranzazu". Der Verband steht eigentlich nur noch auf dem Papier, man darf ihn nicht näher ansehen. Es ist auch keiner da, der ihn zu Gesicht bekommt, und eben das ist ihr großer Kummer. Der Kummer des Kommodore ist am größten; denn da ist noch etwas anderes.

„Der hat nämlich Panama erobern wollen", flüstert man sich im Batteriedeck zu. Man schüttelt den Kopf. „Was redest du da für'n Unsinn, klingt nach Kombüsenparolen."

„Bestimmt, ihr dürft es mir glauben", spinnt der Sanitäter den Faden weiter und sieht sich verstohlen um. Alle spitzen die Ohren, auch die farbigen Hilfskräfte, die von Paita mitgekommen sind.

„Ihr entsinnt euch doch des Admirals Vernon, der uns den Rum mit Wasser verdünnen will. Nun, Old Grog, er ist mit seinem Geschwader und einem Landekorps damals nach Westindien gesegelt, um die Spanier aus Mittelamerika zu vertreiben."

„Na und —?"

„Was heißt na und? Wenn Old Grog von der einen Seite gekommen wäre und wir von hinten dazu, dann hätten wir die Spanier in die Zange nehmen, die Landenge von Panama durchstoßen und uns mit Admiral Vernons Leuten die Hand reichen können."

Jetzt erst geht ihnen ein Licht auf. Ihre Augen blitzen, sie atmen schneller, und lebhaftere Gesten unterstreichen ihre Anteilnahme.

„Und dann hätten wir von ihm auch Personal bekommen können, um unsere Lücken aufzufüllen. Aber die Hauptsache, Männer, bedenkt die Beute! Panama ist der Umschlagplatz für das spanische Silber, das aus Amerika nach Europa geht."

„Ganz recht", wirft einer dazwischen, „das bringt was."

„Und warum ist daraus nichts geworden?" drängt ein anderer nach. „Das ist doch ein Geschenk vom lieben Gott auf'm Präsentierteller."

„Ihr habt's kapiert", entgegnet der Sanitäter und dämpft unwillkürlich seine Stimme. „Nur war der liebe Gott diesmal leider auf der spanischen Seite. Unser Vorstoß auf Cartagena ist nämlich zusammengebrochen. Wir mußten uns verlustreich zurückziehen, und nun wird es nichts mit dem Silber von Panama. Aus und vorbei!" Er breitet bedauernd die Hände aus. „Was uns bleibt, ist nur noch das Schatzschiff, um schnell reich zu werden. Das könnte unter Umständen alles wettmachen."

Die Zuhörer vermögen ihre Enttäuschung kaum zu verbergen. „Ist es denn auch wirklich wahr, und woher weißt du das so genau?"

Der Erzähler macht ein schlaues Gesicht. „Ich habe es von einem der Bedienten, die achtern bei Tisch aufwarten. Da ließen der Kommodore und der Erste Leutnant gewisse Andeutungen fallen über die große Sterblichkeit in Westindien und den Reinfall von Cartagena. Sie müssen das schon von früheren Gefangenen erfahren haben. Die Bestätigung brachte unsere letzte Prise, die ‚Jesu Nazareno'."

Er hat richtig gehört, an Bord haben die Wände noch mehr Ohren als anderswo. Seitdem die Anden hinter ihnen liegen, unterhalten sich Anson und Saumarez des öfteren über Westindien, wo beide früher gedient haben. Anson als Kommandant der Fregatte „Scarborough" im Kampf gegen die Piraten. Saumarez hat weniger bunte Erinnerungen, das dortige Klima hat seine Gesundheit stark angegriffen. Das allerdings berühren sie nur in Randbemerkungen. In der Hauptsache sprechen sie über diesen, ihren Krieg, der sich immer mehr auf das Schatzschiff auszurichten beginnt und auch aus Zeitmangel keine Seitensprünge mehr zuläßt.

„Anderswo ist für uns nun doch nichts mehr zu holen", sagt der Kommodore, „also schnellstens nach Mexiko."

„Müssen wir uns nicht sehr beeilen, um rechtzeitig dort zu sein?" erwidert Saumarez.

„Ein wenig schon", stimmt Anson ihm zu. „Die Galeone verläßt Manila etwa im Juli. Sie nutzt die Westwinde der dreißiger Breitengrade aus, die der Mönch Urdaneta entdeckt hat. Ohne Zwischenaufenthalt durchquert sie den Stillen Ozean, nähert sich der kalifornischen Küste und richtet dann ihren Kurs südwärts nach Acapulco, wo sie etwa in der Zeit von Dezember bis Februar eintrifft. Das schwerfällige und vollbeladene Schiff macht immer lange und unbestimmbare Reisen."

„Und wie lange hält es sich in Acapulco auf, Sir?"

„Nicht länger als bis Ende März, damit es noch den Nordostpassat nutzen kann, der es zurück nach Manila bringt. Man erwartet es dort etwa im Juni wieder. Doch wie gesagt, die Galeone muß unbedingt vor dem 1. April Acapulco verlassen haben, sonst läßt der Wind sie im Stich. Es ist eine Frage der Jahreszeit."

Saumarez überlegt. „Dann ist die Galeone überwiegend auf See und nur kurze Zeit im Hafen. Das reicht ja kaum, den Schiffsboden zu reinigen."

„Ein Schiff gehört nun mal auf See", erwidert der Kommodore, „durch die jährlichen Rundreisen der Galeone ergibt sich das von selbst. Im Hafen wird sie mit größter Eile abgefertigt, nach gut vier Wochen segelt sie schon wieder davon. Alles ist bestens organisiert, kein Wunder bei den wertvollen Ladungen."

„Wieviel schleppt sie denn etwa mit sich herum?" erkundigt sich der Erste Leutnant neugierig.

Anson gibt ihm einen freundschaftlichen Rippenstoß. „Haben Sie eine Ahnung, mein Lieber. Gemäß einem königlichen Edikt soll der Wert der Ladung auf 600 000 Dollar begrenzt sein, damit das Risiko nicht zu groß wird. Nach zuverlässigen Auskünften allerdings können die Kaufleute den Hals nicht voll genug kriegen und haben schon bis zu drei Millionen an Waren hineingepackt — hahaha!"

„Das wäre gewiß ein fetter Happen für uns", schmunzelt nun auch Saumarez. „Also, nichts wie hin."

„Nichts wie hin", wiederholt der Kommodore.

Nichts wie hin nach Acapulco. Drei Tage hält sich das Geschwader, das eigentlich nur noch eine Kampfgruppe ist, vor Quibo auf. Diese tropische Insel vor der Bucht von Panama spendet seit hundert Jahren den Segelschiffen Frischwasser und Holz in Hülle und Fülle. Der Palmenstrand ist übersät mit Muschelschalen, welche die Perlenfischer weggeworfen haben. Scharen von Schildkröten, die ihre Eier im heißen Sand vergraben, liefern ausgezeichnetes Frischfleisch. Nach diesem Intermezzo entledigt sich die „Gloucester" ihrer Gefangenen, indem sie diese in einem Boot unter der Küste aussetzt und ihnen Proviant mit auf den Weg gibt. Das sind die einzigen Verzögerungen, die sich der Verband erlaubt. Bis dann die Flaute einsetzt. Die Tage verrinnen, und sie geraten in Zeitnot.

Erst um Weihnachten wird die Kokos-Insel passiert, ebenfalls ein alter Piratenschlupfwinkel, auf der man verborgene Schätze vermuten darf. Es dauert fünf Tage, ehe sie wieder außer Sicht gerät und Master Nutt den Kurs auf die mexikanische Küste absetzen kann. Wie auf einer Kriechspur geht es dahin. Flaute und schwere Regengüsse begleiten die Kampfgruppe in das neue Jahr. „Das wird ein schlechtes 1742", unken die Schwarzseher an Bord. „Keine Prise, keine Stadt zum Plündern, und am Ende auch kein Schatzschiff."

Es sieht fast so aus, als sollten sie recht behalten. Zwar kommt Anfang Januar eine frische Brise auf, die sich bis zum Sturm steigert, zwar nehmen die schnelleren „Centurion" und „Gloucester" die langsamen „Carmelo" und „Carmin" an die Schleppleine, um nicht noch länger aufgehalten zu werden. Aber die Küste von Mexiko liegt in weiter Ferne, und als man am 26. Januar der Rechnung nach Land erwarten darf, ist weit und breit nichts als Wasser zu sehen. Ihre Seekarten sind siebzig Jahre alt und ungenau vermessen. Die Entfernungen stimmen nicht, Saumarez hat das schon bei der Kokos-Insel geargwöhnt. Wo bleibt denn Acapulco, wo ist die begehrte Galeone? Nichts davon erfüllt sich, nichts wird wahr. Kommen sie für das Schatzschiff am Ende doch schon zu spät?

Am 28. Januar signalisiert die „Gloucester" Land in Sicht, aber es narrt sie nur eine Nebelbank. Gegen zehn Uhr abends bemerkt der Ausguck der „Centurion" ein Licht voraus, gleichzeitig glaubt man auf der „Arranzazu" ein hohes Segel zu erkennen. Ein Licht, ein Segel um diese Jahreszeit, noch dazu bei der Ansteuerung nach Acapulco, das kann nur die Galeone sein. Ihr ganzes Denken und Trachten ist jetzt derart auf das Schatzschiff fixiert, daß ihnen gar keine andere Möglichkeit in den Sinn kommt. Das muß die Galeone sein ...

„Alle Mann auf Gefechtsstation!" Trommeln und Pfeifen gellen durch die Decks der „Centurion". Signal an die „Gloucester": Die Jagd beginnt. Der Kommodore ist wie elektrisiert.

„Saumarez, Saumarez, lassen Sie die großen Kanonen laden. Für die erste Breitseite mit jeweils zwei Rundkugeln, für die zweite Breitseite mit einer Rundkugel und einer Kartätsche. Aber, Saumarez..."

„Yes, Sir?"

„... es wird nicht eher geschossen, ehe ich Feuererlaubnis gegeben habe. Und die gibt's erst, wenn wir auf Pistolenreichweite dran sind. Sie wissen doch, ich bevorzuge das Nahgefecht, hart auf hart."

Seltsam, soviel sie auch hasten und rennen und das letzte Stückchen Leinwand setzen, auf daß ihnen kein Lüftchen entgehe, so sehr sich auch die Seeleute abmühen, die Schoten steifholen, das Steuerruder umklammern und dem Licht nacheilen, es kommt zu keinem Nahgefecht. Das Kielwasser rauscht, aber sie gelangen nie auf Pistolenschußweite heran, sie werden nicht einmal den Umriß des unbekannten Schiffes gewahr. Niemand verschwendet einen Blick zu den funkelnden Sternen über ihren Köpfen, aller Augen richten sich wie gebannt auf das Licht, das sie nicht einzuholen vermögen. Im Gegenteil, mit den verrinnenden Stunden scheint es ihnen ferner gerückt denn zuvor — und höher obendrein.

Als die Sonne aufgeht, fällt es ihnen wie Schuppen von den Augen, und sie müssen erkennen, daß sie die ganze Nacht einem Phantom nachgejagt sind. Was sie als das Licht der Galeone ansahen, ist in Wirklichkeit ein Vulkan, ein feuerspeiender Berg tief im Inland, der sie irreführte. Vor ihnen dehnt sich, so weit das Auge reicht, die öde, sonnenverbrannte mexikanische Küste aus, nur vom Hafen Acapulco fehlt jede Spur. Jene zwei Berge, die seine Einfahrt markieren sollen, sind die beiden Gipfel des Vulkans von Colima. Wie sich später herausstellt, stehen sie weit westlich von Acapulco.

Das kann doch wohl nicht wahr sein, sinnieren die Engländer enttäuscht und müde. Haben sie wirklich geglaubt, nach monatelanger, unsicherer Navigation mit unzulänglichen Hilfsmitteln auf Anhieb ans Ziel ihrer Wünsche zu gelangen? Das erstbeste Licht für die Laterne der Galeone zu halten, die ihnen vor der Einfahrt von Acapulco über den Weg laufen sollte, zeigt doch vielmehr, daß der Wunsch der Vater des Gedankens war und weniger die Vernunft. Es war zu schön, um wahr zu sein. Hatte der sonst so nüchtern denkende Kommodore George Anson, Esquire, diesmal den Sinn für die Wirklichkeit verloren? Die Wirklichkeit sieht anders aus. Acapulco finden sie erst nach langem Suchen volle drei Wochen später, Mitte Februar. Und die Galeone?

Die Galeone beherrscht all ihr Denken, mehr noch, von jetzt ab wird das Schatzschiff zur fixen Idee. Damit sie ihnen nicht noch in letzter Minute entwischt, folgen die Schiffe in Dwarslinie — also nebeneinander — dem Verlauf der Küste, einem unendlich einsamen Sandstrand, an den die See derart ungestüm brandet, daß kein Boot landen kann, um herauszufinden, wo sie eigentlich sind. Die Brecher würden es kaputtschlagen. Die Luft ist schwül, das Land flimmert in der Hitze, die grelle Sonne läßt einen die Augen zukneifen. Die schwachen Winde ersterben zu oft zur Flaute, die Segler treiben mit der Strömung mal hierhin, mal dorthin. Unter Deck ist es wieder stickig, in dem Brutkasten vermehrt sich das Ungeziefer ungeheuer, es quillt aus allen Fugen. Die Ratten rascheln, die Wanzen piesacken die nackten Schläfer, es wimmelt von Kakerlaken. Nur gut, daß man Ellbogenfreiheit hat, daß die Kanonenpforten offenstehen und die Unterbatterie gut gelüftet ist. Nur gut, daß der Fang von Schildkröten etwas Abwechslung in das ewige Einerlei der Matrosen bringt. Mittags, beim hohen Sonnenstand, wenn die großen Wassertiere schlafend unter der Oberfläche pendeln, sind sie leicht zu greifen. Mehrere Zentner schwer, liefern sie ein vorzügliches Frischfleisch und kräftige Brühe. Der Skorbut bleibt diesmal aus.

Aber auch die Galeone bleibt aus, und mit jedem ablaufenden Tag wird es wahrscheinlicher, daß sie schon längst zu Hause in Acapulco gelandet sein könnte, während das Geschwader noch immer nach den zwei typischen Bergspitzen der Hafeneinfahrt sucht. „Wir stehen viel zu weit westlich", zweifelt Saumarez, wenn Nutt mittags die Meridianbreite nach der

Sonnenhöhe berechnet und sie der Seekarte nach längst auf dem Trockenen sitzen müßten.

Am 7. Februar wird ein Boot ausgeschickt, den verschwundenen Hafen aufzustöbern, in dem nur zur Zeit der Galeone Leben herrscht und der die übrige Zeit des Jahres wie ausgestorben daliegt. Im Boot befinden sich außer der Rudercrew der Dritte Leutnant, Mister Dennis, Kadett van Keppel und drei andere, darunter ein Lotse und ein ortskundiger Indio. Jedenfalls gibt er sich als solcher aus. Als die Kundschafter am dritten Tage zurückkehren, haben sie in der Ferne wohl zwei Bergspitzen gesehen, die der Beschreibung am nächsten kommen, waren aber wegen Wassermangel und Hunger gezwungen gewesen, vorzeitig umzukehren.

Der Kommodore entscheidet wieder schnell. „Alle Segel hoch, sehen wir zu, näher ranzukommen. Auf Ostkurs gehen, einmal müssen wir das verdammte Loch doch finden." Und richtig, Beharrlichkeit führt zum Ziel, endlich sehen sie zur Linken mexikanisches Hochland aufsteigen, das wie ein Kessel Acapulco umschließt. Das Boot wird ein zweitesmal auf Erkundung vorausgeschickt, indes die Dreimaster sich außer Sichtweite der Küste halten. Jetzt bleibt das Boot gleich fünf Tage fort. „Ich hoffe, es ist ihnen nichts zugestoßen", sorgt sich Anson, „wir können keinen Mann mehr entbehren."

Als die schon Überfälligen am sechsten Tage wieder erscheinen, sind sie von der Hitze und den Anstrengungen sehr mitgenommen und wanken erschöpft an Deck. Sie haben drei Eingeborene aufgegriffen, und ihr zufriedener Gesichtsausdruck spricht für sich selbst. Leutnant Dennis will formell Meldung machen, aber der hemdsärmelige Kommodore winkt ungeduldig ab. „Nun, Dennis, haben Sie Acapulco entdeckt?"

„Yes, Sir, es war der reinste Zufall", berichtet der Gefragte, „denn weder der spanische Lotse noch der Indio kannten die Einfahrt, sie liegt hinter einer kleinen Insel. Aber wir bemerkten ein Licht auf dem Wasser, stießen auf ein Kanu mit drei farbigen Fischern, die wir gefangennahmen und mitbrachten."

Stolz zeigt er auf die Fremden, die große Augen machen und sich furchtsam im Hintergrund halten. „Ist man erst einmal vor dem Loch, kann man die ganze Bucht überblicken. Wie die Gefangenen sagen, hat am Eingang eine starke Wache gestanden, die man mittlerweile eingezogen hat, weil man um diese späte Jahreszeit nicht mehr an unser Kommen glaubte."

Das verblüfft den Kommodore. „Hat man uns denn erwartet?" staunt er. „Und ist die Galeone etwa schon da?"

Dennis nickt vielsagend. „So ist es, Sir, die Galeone ist bereits eingelaufen, die drei Fischer werden es bestätigen. Der Vizekönig in Lima hat sich an fünf Fingern abgezählt, daß wir nach Paita hinter der Galeone her sind, und hat Acapulco gewarnt. Im Fort San Diego sind zwölfhundert Soldaten stationiert und stehen zwanzig Kanonen, die nur auf uns warten. Inzwischen sind sie wohl des Wartens müde geworden. Niemand rechnete damit, daß wir noch so spät aufkreuzen würden."

„Um genau zu sein, was heißt so spät, Dennis", braust Anson auf, „wann, zum Teufel, ist denn das Schatzschiff gekommen?"

„Es tut mir leid berichten zu müssen, Sir, daß die Galeone schon am 9. Januar in Acapulco eintraf", fährt Dennis fort, „also volle drei Wochen, ehe wir überhaupt die mexikanische Küste erreichten. Sie ist uns ein ganzes Stück zuvorgekommen, heute schreiben wir immerhin den 19. Februar."

Diese verfluchte Flaute, denkt Anson, ohne sich die Enttäuschung äußerlich anmerken zu lassen. Geahnt und befürchtet hat er ohnehin so was. Was hat es für einen Zweck, sich aufzuregen. Jetzt weiß man wenigstens, daß sich die Beute in Reichweite befindet. Am Ende ist es vielleicht besser so, denn...

„Was macht die Galeone jetzt?" erkundigt er sich.

„Das sollten Ihnen die Mexikaner erzählen", erwidert der Leutnant und winkt die drei farbigen Gefangenen heran, die sich unterwürfig nähern. Unsicher treten sie von einem Bein aufs andere, aber Anson redet so freundlich mit ihnen, daß sie sich ein Herz fassen und antworten.

„Wenn Ihr nach der Galeone fragt, Herr, es ist die ‚Nuestra Señora de Cabadonga', ein großes Schiff. Sie hat all ihre Ladung abgegeben, nun liegt sie an der linken Seite des Hafens angebunden und macht sich zur neuen Ausreise klar."

„Und wann soll das sein?"

„Die ‚Nuestra Señora' übernimmt Wasser und Proviant, Euer Gnaden, soweit wir wissen, soll sie am 3. März wieder in See gehen."

Soweit sie wissen. Aber was wissen sie eigentlich? Ob man ihnen trauen kann? Sie scheinen es nicht darauf anzulegen, den Engländern nach dem Munde zu reden. Soldaten, Kanonen, Offiziersuniformen haben sie an Land allzu oft vor Augen, um von einer abgerissenen Kriegsschiffsbesatzung und verspakten blauen Röcken besonders beeindruckt zu sein. Der 3. März, das klingt zudem ganz glaubhaft, warum sollte es nicht der Wahrheit entsprechen. Und wenn nicht, konnte man nicht wie in Paita — haben müssen wir das Schiff. Anson verwirft den verwegenen Gedanken sofort wieder. Gegen eine so starke Garnison käme er mit seinen wenigen Leuten nicht an. Ein neuer Handstreich ist nicht möglich, ein zweites Paita wird es nicht geben.

„Gentlemen", wendet er sich später an seinen Stab, „machen wir uns mit der Überlegung vertraut, daß es so besser ist. Was hätten wir mit dem beladenen Schiff auch anfangen sollen? Nein, wir schnappen es uns, wenn es mit all dem Silber an Bord wieder auf große Fahrt geht. Bedenken Sie, ein Schiff voller Geld. Wir legen uns draußen vor dem Mauseloch auf die Lauer. Spätestens bis zum 1. April muß die Galeone der Winde wegen den Hafen verlassen haben."

Die Blockade beginnt, die Kommandanten verstehen, Geduld, Geduld, sie haben oft genug darüber gesprochen. Auch die Besatzungen haben bis zum letzten Mann begriffen, daß an diesem sonnenverbrannten Landstrich einer der Endpunkte des wertvollsten Seehandels aller Zeiten zu finden ist. Wie Baken stehen die Gipfel hinter Bucht und Stadt, dem Schiffer schon von weitem die Richtung weisend. Und alles dreht sich nur um eine Galeone, sie allein ist von der spanischen Krone zur Überseefahrt zugelassen. Außer ihr gibt es nur kleine Küstenschleicher. Ist die Galeone unterwegs, liegt der Hafen wie tot da. Nur einmal im Jahr erwacht er für kurze Zeit zum Leben und wimmelt vor Geschäftigkeit.

Ansons Schiffe schwärmen aus und legen sich am 1. März weit draußen vor Acapulco im Halbkreis auf die Lauer. Sein Flaggschiff peilt das Ziel in Richtung Nordnordost an. Links von „Centurion" treibt die „Carmelo", zu seiner Rechten schlingert die „Arranzazu". Dann folgt die „Gloucester" und ganz am rechten Flügel die „Carmin". Alle Blicke sind landeinwärts gerichtet. So bilden sie ein Netz, in dessen Maschen sich jedes Schiff verfangen muß.

Kommodore Anson hat an alles gedacht. Die Schiffe des Verbandes sind nur schwach besetzt. Es fehlt an Mannschaften für die Kanonen, um einem starken Gegner gleichwertig entgegenzutreten. Das Schatzschiff ist ein großer, plumper und bis in die Toppen bewaffneter Kasten, von Seeleuten und Soldaten überlaufen. Ein Entern kommt nicht in Frage, im Mann-zu-Mann-Kampf wären seine Leute hoffnungslos in der Minderheit. Er liebt die englische Angriffsweise, das Nahgefecht, er wird die Galeone auf kurze Entfernung zusammenschießen. Zuerst wird er die feindliche Batterie zum Schweigen bringen, hinterher das Deck mit Kartätschen rasieren. Und immer hübsch oberhalb der Wasserlinie. Der Kasten muß nämlich schwimmfähig bleiben und nicht mit aller Moneta an Bord zu guter Letzt noch absaufen!

Dazu brauchen seine beiden Kriegsschiffe aber mehr Leute. Er hat während der langen Überfahrt nach Mexiko viel an den Kanonen exerzieren lassen. Jetzt wird er alle entbehrlichen Männer von den Prisen abziehen, nur die Segelbedienung bleibt dort. Am Mahagonitisch seiner geräumigen Kajüte entwirft er einen Angriffsplan, den er durch seinen Stabschef — Mr. Philip Saumarez, Leutnant auf Seiner Majestät Schiff „Centurion" — allen Einheiten aushändigen läßt und der so anfängt:

„Wenn das Manila-Schiff gesichtet wird, sollen sich die Prisenschiffe an Captain Saunders (‚Arranzazu') halten, der bei der Jagd hinter mir bleibt. Sobald ich eine weiße Flagge an der Besangaffel heiße, sollen alle Offiziere an Bord der Prisen, ohne einen Moment Zeit zu verlieren, sich mit ihren Männern und Indios einschiffen und zu mir an Bord kommen.

Sobald das Manila-Schiff von den Booten unter der Küste gesichtet wird, sollen sie abhalten und an der Mastspitze eine rote Flagge setzen, falls das Manila-Schiff ostwärts segelt, und eine weiße, wenn es westwärts segelt . . ."

Mit den beiden Booten unter der Küste sind die Kutter der „Centurion" und der „Gloucester" gemeint, die als Vorposten dichter unter Land treiben und jede Bewegung beobachten.

Die Kampfgruppe ist bereit, der Feind kann kommen, man wird wie der Blitz über ihn herfallen. Die Engländer können vor Ungeduld kaum schlafen. Am 3. März, dem vermeintlichen Tag, an dem die Galeone segeln soll, steigt die Spannung aufs höchste. Doch nichts rührt sich. Weder an diesem noch am nächsten, noch am übernächsten Tage. Anscheinend haben die Spanier Lunte gerochen, aus dem Verschwinden der drei Fischer Verdacht geschöpft, oder sie sind aus anderen Gründen vorsichtig geworden.

Am 7. März beginnt die Passionswoche, in der alle Arbeit ruht und jeder gläubige Katholik sich hüten wird, in See zu stechen. Das Osterfest vergeht ereignislos und auch die folgende Woche, und wenn bis dahin noch einige Unentwegte die Hoffnung auf baldige Beute hochhielten, so greift doch mehr und mehr Enttäuschung um sich. Schließlich sind alle überzeugt, daß ihr Eifer wieder einmal umsonst war.

Tag für Tag schlingern die Dreimaster tatenlos unter einer brennenden Sonne, die den Schweiß in Strömen rinnen läßt, in der langen Dünung des Pazifiks. Tag für Tag tanzen die Kutter als bloße Flecken auf einer Welt von Wasser, indes den Bootsbesatzungen die Zunge aus dem Halse hängt und der Küstenstrich in der flimmernden Luft sich aufzulösen scheint. Wale blasen, Rochen springen hoch und klatschen zurück, die dreieckigen Flossen von Haien umkreisen die Rudernden. Die Kutter sind klein, aber nicht so klein, daß man sie von Land aus nicht schließlich doch entdeckt und auf der Hut ist. Darum brauchen sich die Vorposten auch nicht zu wundern, daß sie bei ihren nächtlichen Spähfahrten überhaupt kein Leben und Treiben im Hafen bemerken. Der hohe Schatten der „Nuestra Señora da Cabadonga" liegt wie ausgestorben, nichts deutet auf Reisevorbereitungen hin. Es sieht ganz danach aus, als würde die Galeone überhaupt nicht auslaufen, solange der Feind vor der Tür steht.

Der Kommodore berät sich mit seinen Kommandanten, was zu tun ist. „Die Zeit arbeitet gegen die Galeone, die den günstigen Wind verliert, wenn sie bis Ende April nicht unterwegs ist. Vermutlich hält man sie dieses Jahr unsertwegen zurück und läßt uns warten, bis wir schwarz werden." Er schweigt nachdenklich.

„Die Zeit arbeitet aber gleichermaßen auch gegen uns", meint Mathew Mitchel. „Wenn wir uns nicht bald auf den Weg machen, verpassen auch wir den Passatwind und bleiben an dieser Küste kleben. Das würde die Reise unabsehbar verlängern. Also, was gedenken Sie zu tun, Sir?"

„Die verdammte Galeone!" brummt Saunders unwirsch. „Ich glaube, die Spanier benutzen sie als Köder, um uns hier festzuhalten. Inzwischen holen sie ihre restlichen Kriegsschiffe heran und fallen über uns her."

„Daran ist etwas Wahres", gibt Anson zu und wird ganz lebhaft. Es ist ihm eine Idee gekommen. „Ich werde Ihnen sagen, was wir tun sollten. Sind wir bisher der Galeone nachgelaufen, so machen wir es jetzt umgekehrt und lassen sie hinter uns herfahren. Mit anderen Worten: wir segeln ab nach

China, das entspricht ohnehin unserem Marschbefehl. Bei den Philippinen machen wir Station und brauchen nur abzuwarten, daß die Manila-Galeone aufkreuzt..."

„... und uns ins offene Messer läuft", vollendet Philip Saumarez, „das ist wirklich eine gute Taktik, Sir."

Mit einem Blick auf die Karte stellen sie die riesige Entfernung fest, die es zurückzulegen gilt. Sie verläuft über 135 Längengrade, überschreitet die Datumsgrenze und beträgt rund 8 500 Seemeilen oder ein Drittel des Erdumfanges. Das wissen sie zwar alle genau, in diesem Moment aber verschlägt es ihnen doch die Sprache. Schließlich sind sie seit Paita schon wieder vier Monate unterwegs, wenn man von Quibo absieht, und 120 Tage und darüber auf See. Der vor ihnen liegende lange Marsch durch den Stillen Ozean dünkt ihnen wie eine Ewigkeit.

„Ist was —?" fragt Anson und mustert ihre Gesichter.

„Sir, alle unsere Schiffe haben nur noch für wenige Tage Trinkwasser an Bord. Wir werden umgehend irgendwo Frischwasser tanken und für den weiten Weg jedes Gefäß vollmachen müssen."

„Wir werden noch einiges mehr machen müssen", pflichtet der Kommodore ihnen bei. „Das besorgen wir am besten in Chiquitan, einem kleinen Naturhafen ein paar Dutzend Seemeilen westlich von hier. Man findet ihn kaum auf der Karte, so winzig ist er."

Die Kommandanten zeigen sich von der Absicht des Kommodore sehr angetan. „Chiquitan, das ist doch der Platz, der schon von Drake und Dampier empfohlen wird. Das wäre ausgezeichnet, Sir."

„Sie sagen es, Gentlemen, um aber ganz sicherzugehen und die Galeone im Auge zu behalten, lassen wir vor Acapulco ein Boot zurück, das uns verständigen wird, falls sich etwas tut." Der Kommodore denkt auch diesmal an alles.

„Das betrifft besonders Sie, Saunders. Stellen Sie Leutnant Hughes und sechs Mann dazu ab und geben Sie ihnen

für 24 Tage zu essen und zu trinken mit. Damit müßten sie auskommen, bis wir sie wieder aufpicken. Ist alles klar?"
„Alles klar", kommt es übereinstimmend zurück.

Von hohen Bergen umgeben, ankern die fünf Dreimaster im Monat April in der Bucht von Chiquitan. Ein noch nie dagewesener Anblick für alle zwischen den Bäumen des dichten Grüngürtels verborgenen Augen, die sonst nur Boote zu sehen bekommen. Zum Beispiel ein einsamer Posten, der vor Schreck seine Pistole verliert, als sich ihm eine kleine Gruppe englischer Seeleute nähert; Eingeborene, die sich verstecken, keinen Handel treiben wollen und nur ihre Fußspuren zurücklassen; Reiter, die das Feuer auf Leutnant Brett und die Boote der Wasserholer eröffnen, sich bei Gegenwehr aber sofort zurückziehen. Denn das Land ist belebt und bewohnt. Trampelpfade und Wege führen nach beiden Seiten, obwohl man weder Dorf noch Stadt entdecken kann. Und als Louis Léger, der französische Leibkoch des Kommodore, sich eines Tages zu weit von der Landestelle entfernt, wird er entführt und nicht mehr gesehen. Über den Wipfeln kräuselt sich der Rauch unsichtbarer Lagerfeuer, im Laufe der Wochen werden es immer mehr. Ein Zeichen, daß der Gegner im Dunkel des Waldes Streitkräfte zusammenzieht...

Nichtsdestoweniger ist der natürliche Kessel von Chiquitan der einzig sichere Hafen für das Geschwader an dieser Küste, die in ihrer Einförmigkeit kaum Schlupfwinkel bietet und wo man sich erst mit dem Senkblei hineinfühlen muß. Während Ebbe und Flut durch die enge felsige Durchfahrt aus- und einströmen und die Schiffe sich in den Ausläufern ozeanischer Dünung an den Ankerkabeln wiegen, haben die Besatzungen alle Hände voll zu tun. Nahezu hundert Mann beziehen tagsüber an Land Sicherheitswachen, froh darüber, endlich einmal wieder festen Boden unter den Füßen zu haben. Der Weg zur Süßwasserquelle erweist sich als eine mühselige Arbeit für die Bootsmannschaften. Das Wasser sammelt sich in einem Teich hinter einer Barre, muß aus kleineren in größere Gefäße umgeschöpft werden, und doch schaffen sie mit Fleiß 26 volle Fässer pro Tag. Es wird gefischt und gejagt, es gibt viel Wild an Land. Man versorgt sich mit Fleisch und sammelt Heilkräuter für die Reise. Und dann sind selbstverständlich die Segel zu überholen, Tauwerk zu spleißen und neue Brassen zu scheren. Man muß die gesamte Takelage durchkämmen und an all das denken, was ihnen die kommende Überfahrt abverlangen wird.

Und jetzt ist auch der Zeitpunkt gekommen, sich der Prisen zu entledigen. Der Kommodore wird die Reise nur mit den beiden ihm noch verbliebenen Kriegsschiffen fortsetzen und diese so schlagkräftig wie möglich halten. Alles Drum und Dran wäre nur noch Ballast, den man mitschleppt, zumal sich die Expedition ihrem Höhepunkt nähert. Von nun an hängt alles weitere einzig und allein vom Kern des Geschwaders ab, vom Flaggschiff „Centurion" und von der „Gloucester".

„Carmelo" und „Carmin" haben ausgedient. Man entnimmt ihren Ladungen, was man vielleicht noch einmal gebrauchen kann. Es ist wenig genug, Philip Saumarez schreibt unter anderem von Hufeisen, Nägeln, Stahlbehältern, von vier Medizinkisten und zwei großen Spiegeln. Ihre Segel, Leinen, ihr restliches Tauwerk und ihre seemännischen Geräte werden auf die beiden Linienschiffe verteilt — und natürlich ihre Leute.

„Was soll mit der ‚Arranzazu' geschehen, Sir?" wird Anson von seinen Offizieren gefragt. „Das Schiff ist ein guter Segler, seetüchtig und in gutem Zustand. Wollen wir es nicht mitnehmen?"

Der Kommodore verneint. „Es tut mir leid, aber wie Sie selbst wissen, reichen unsere knapp dreihundert Mann noch nicht einmal aus, ein einziges Kriegsschiff vierter Klasse gefechtsmäßig zu bemannen, schon gar nicht drei Einheiten. Deshalb soll auch die ‚Arranzazu' zerstört und ihre Besatzung auf die beiden Kriegsschiffe gesteckt werden, wo man jede Hand braucht. Ich kann's nicht ändern."

Die Offiziere der zum Sterben verurteilten Schiffe widersprechen. Die Mannschaften würden benötigt, gewiß. Sie selbst aber gelten als überzählig und fürchten, im Gehalt und bei zukünftigen Prisengeldern benachteiligt zu werden. Sie kennen die Regeln der Royal Navy. Anson kennt sie natürlich erst recht und bemüht sich, ihre Bedenken zu zerstreuen. Er hofft auf seinen persönlichen Einfluß bei der Admiralität und meint es aufrichtig. Aber die Zukunft und die englischen Gerichte werden ihnen später beweisen, daß ihre Befürchtungen nicht grundlos gewesen sind. Und so geht auch die „Arranzazu" den Weg der „Carmelo" und der „Carmin", die alles Brauchbaren entledigt und mit Brennbarem vollgestopft der Vernichtung harren.

Eines Tages Ende April schlägt die Stunde der Trennung. „Centurion" und „Gloucester" lichten die Anker, aus rauhen Seemannskehlen schallen zum Getrampel rund um das Gangspill die Shanties über die Bucht. Es ist fast windstill, und die Linienschiffe ziehen sich an Leinen durch die Einfahrt. Sie schleichen sich hinaus und stehlen sich regelrecht davon. Während auf offener See ein Hauch von Brise ihre schweren Segel füllt, prasseln am Strande die Flammen von drei hölzernen Hulks, und eine gewaltige Rauchwolke steigt wie ein Ausrufungszeichen kerzengerade in den blauen Himmel. Die Engländer waren hier!

Der Kurs der Linienschiffe führt zurück in Richtung Acapulco, wo noch immer der Kutter unter Leutnant Hughes treibt, um die Galeone im Auge zu behalten. Der Kutter ist überfällig. Die 24 Tage sind längst vorbei, und es ist weder eine Meldung über die Galeone noch ein Lebenszeichen von der Bootsmannschaft gekommen. Einen Monat im offenen Boot unter glühender Sonne, mit Wasser und Proviant für drei Wochen versehen, das haben sie hinter sich. Und kein Lebenszeichen — sind sie von den Spaniern gefangengenommen worden? Schlimmer noch: sind sie verunglückt, sind sie überhaupt noch am Leben?

Um das Boot nicht zu verfehlen, drehen die Linienschiffe nach Sonnenuntergang bei und zeigen jede halbe Stunde ein Flackerfeuer. Das geht so Nacht für Nacht bis um die Monatswende, wo sie wiederum vor Acapulco stehen, ohne eine Spur von den Vermißten gefunden zu haben. Es ist die sprichwörtliche Suche nach der Nadel im Heuhaufen. „Wenn ich nicht jeden einzelnen Mann bitter nötig hätte", murrt der Kommodore und überläßt es den Zuhörern, sich ihr Teil zu denken. „Aber ich brauche nun einmal jeden, der Hand anlegen kann an Bord, und außerdem gehören sie zu den Besten, die jemals über Decksplanken liefen. Ihr Verlust wäre nur schwer zu verwinden."

„Eher könnten wir die Neger von Paita entbehren, die für den Schiffsdienst nicht anstellig genug sind", meinte Saumarez. „Die spanischen und indianischen Gefangenen sollten wir besser auch bald loswerden."

„Vielleicht könnten wir sie gegen die Bootscrew austauschen, falls diese in spanische Hände gefallen sein sollte", überlegt Anson und hört mit halbem Ohr seinem Ersten Leutnant zu. „Absetzen müssen wir die Menschen so oder so, es hat wenig Sinn, Geiseln über den Ozean mitzunehmen. Sie wären nur unnütze Esser und gefährden uns schließlich alle."

Nach einigem Hin und Her einigt man sich, insgesamt 57 Gefangenen von beiden Schiffen den Laufpaß zu geben. Dazu gehören ausnahmslos alle Spanier, ferner die Indios und die erkrankten Neger, während die kräftigsten zurückgehalten werden. Die Freigelassenen, die seit Monaten an das Bordleben der stämmigen Linienschiffe gewöhnt sind, sehen sich unverhofft zwei gebrechlichen Kähnen überantwortet und bedauern beinahe, scheiden zu müssen. Für vierzehn Tage mit dem Lebensnotwendigen ausgerüstet, erreichen sie sicher Acapulco, wo sie nicht versäumen, die Menschlichkeit der Engländer zu rühmen. Als der höfliche Gouverneur ein Boot mit Erfrischungen hinausschickt, als Gegengabe sozusagen, sieht man die Kriegsschiffe nur noch am Horizont entschwinden.

Leutnant Hughes und seine sechs Mann kreuzen vor Acapulco, wie der Befehl es ihnen auferlegt. Tage und Nächte kommen und gehen, die Wochen verstreichen. Von der Galeone ist nichts zu sehen, und wie es sich später herausstellt, bleibt sie dieses Jahr im sicheren Hafen. Das aber wissen die Kundschafter nicht. Geschaukelt von der Dünung des Pazifiks, kauern sie im engen Boot, steif vor Bewegungslosigkeit, nichts Warmes im Magen. Von Hitze und Sonnenbrand, von Feuchtigkeit und Reißen geplagt, abgestumpft von Langerweile, stieren sie sich die Augen aus dem Kopf. Am Horizont die mexikanische Küste, darüber die Höhenzüge des Inlandes. So sind sie die Gefangenen des Ozeans, vierundzwanzig Tage lang.

Als ihre Frist endlich abläuft und sie sich anschicken, zum Geschwader zurückzukehren, das kein Geschwader mehr ist, sondern eben nur ein kleiner Verband, haben sie mit einem harten Gegenstrom zu kämpfen. Sie legen sich auf Biegen und Brechen in die Riemen, kommen aber nicht dagegen an, treiben ostwärts an Acapulco vorbei und entfernen sich zu ihrem Schrecken immer mehr vom Ziel. Sie rudern ununterbrochen, voll Verzweiflung. „Was ist, Sir, warum treiben wir ins Leere wie die Wolken über unsern Köpfen?" Leutnant Hughes weiß keine Antwort. Nach der vierten Woche geht ihnen das Wasser aus. Die ausgetrocknete Zunge klebt am Gaumen, die Kräfte erlahmen. Sie nähern sich wie Schiffbrüchige der Küste, doch die bedrohliche Brandung hält sie vom Strand fern.

Um nicht zu verdursten, saugen sie das Blut der Schildkröten, von denen das Meer wimmelt. Als sie anfangen klein beizugeben und sich, Trugbilder vor Augen, in das scheinbar Unvermeidliche schicken, hat der Himmel ein Einsehen. Schwere Tropenregen durchnässen sie bis auf die Haut, das Wasser fängt sich im ausgebreiteten Bootssegel und bringt alle Gefäße zum Überlaufen. Wasser genug, Wasser zum Überleben! Zugleich setzt der Strom, der sie nach Osten drückte, mit aller Kraft nach Westen zurück — und bringt sie den nach

ihnen suchenden Kriegsschiffen näher. Noch zweimal verschwindet die Sonne in den Fluten, dann ...

„Ein Segel, ein Segel!" schreit einer der Matrosen und fuchtelt wild mit den Armen. „Noch eins!" Leutnant Hughes nickt und nimmt das Teleskop an die Augen.

Die Segel werden größer, die hohen dunklen Schiffsrümpfe und die Reihen der Stückpforten sind erkennbar. Kein Irrtum, dort kommen „Centurion" und „Gloucester" auf sie zu. Bald sind sie bei ihnen, brassen back und verlieren an Fahrt. Türme aus Leinwand stehen über der Nußschale von Boot, das sich an die Bordwand schmiegt wie ein Küken an die Henne. Scharen von Menschen starren herunter.

Sie selbst hängen zusammengesunken über den Riemen. Hohläugig, mit salzgetränkten Haaren und verfilzten Bärten, die das Gesicht verdecken. Sie sind geblendet von der Sonne, die sie mit einem Fetzen Segeltuch notdürftig abzuschatten versuchten. Ihre Haut ist verbrannt, mit zerrissener Kleidung notdürftig bedeckt. Leutnant Hughes versucht ein Kommando, aber er kann nur noch krächzen: „Aufstehen!"

Ihr „Aye, aye, Sir" ist nur noch ein Flüstern, sie senken die Köpfe. Als sie sich zu erheben versuchen, versagen ihre Beine den Dienst. Mann für Mann müssen sie an Deck gehievt werden. Sie sind 43 Tage in einem knapp sieben Meter langen, offenen Boot auf dem Meer gewesen. Die Galeone, das Traumschiff, ist nicht ausgelaufen.

„Gott sei Lob und Dank für eure wunderbare Rettung", sagt der Schiffsgeistliche. Und dasselbe sagen auch der Kommodore und jedermann bis hinunter zum jungen Matrosen David Ross.

Die Bootsmannspfeifen trillern. „Braßt den Großtopp wieder voll, hoheh, hoheh!" Der Wind säuselt leise in der Takelage, die Segler legen sich über und nehmen Fahrt auf.

„Kurs Südwest!" ruft Anson. „Wir suchen den Wind, der uns nach China und den Philippinen bringt."

„Wenn wir ihn finden", bemerkt Philip Saumarez, Erster Leutnant, zu seinem Bruder Thomas, dem Kadetten, und schüttelt den Kopf. „Ich weiß nicht, ich bin unter einem unglücklichen Stern geboren." Es überkommt ihn jetzt des öfteren eine fatale Stimmung. Über dem Kielwasser brauen sich dunkle Wolken zusammen. Ist das eine düstere Vorbedeutung?

Hinter den Linienschiffen versinken die Berge Mexikos, Amerika verschwindet. Ein neuer Abschnitt hat begonnen. Sie sind allein auf dem weiten Meer, die „Centurion" und die „Gloucester", umgeben von nichts anderem als von Himmel und Wasser.

Schiffe ohne Rast und Ruh

Die spanischen Behörden hatten vergeblich gehofft, die von ihnen in Acapulco zurückgehaltene Galeone würde ihre Verfolger solange ködern können, bis spanische Kriegsschiffe zur Stelle wären. Denn trotz aller Fehlschläge hatte das spanische Geschwader unter Admiral Pizarro, oder besser seine Überbleibsel, nicht aufgegeben. Für das schwer mitgenommene Flaggschiff „Asia" wurde in Buenos Aires die „Esperanza" (50 Kanonen) wieder segelfertig gemacht und unter dem Befehl von Don José Mindinuetta auf die Reise geschickt. Diesmal gelang es ihm, ohne Zwischenfälle Kap Hoorn zu umrunden und die spanischen Besitzungen an der Westküste zu erreichen. Er kam indessen zu spät und hatte das Nachsehen — die Engländer hatten ihr Jagdgebiet längst verlegt.

Im englischen Mutterland waren mittlerweile auf Umwegen die ersten Nachrichten über den Verlauf der Anson-Expedition eingetroffen. Gefangenenaussagen hatten sich herumgesprochen, „Wager"-Leute berichteten, Gerüchte aus zweiter und dritter Hand erzählten kaum Glaubliches, bis unverhofft der aus spanischer Gefangenschaft entflohene französische Koch des Kommodore als erster Augenzeuge auftauchte.

Die Taten von George Anson und seinen Leuten, die unter entsetzlichen Strapazen in die Südsee gesegelt waren, das spanische Kolonialreich durch die Hintertür angriffen und beunruhigten, ließen Europa aufhorchen. Die Sachlichkeit des Kommodore, seine Menschlichkeit gegenüber wehrlosen Gefangenen waren etwas Neues. Zu einem Zeitpunkt, an dem sich das englische Selbstgefühl von der Niederlage in Westindien und Panama noch nicht erholt hatte, erfüllten Ansons Handlungen die Nation mit Freude und Stolz. Nie hatte man dieses weltentlegene Unternehmen sonderlich beachtet. Jetzt wurden Ansons heroische Anstrengungen und seine Abenteuer zum Tagesgespräch.

Diejenigen, die es betrifft, ahnen davon so gut wie nichts. Im Gegenteil, die wenigen Überlebenden nähern sich dem Tiefpunkt der Reise. Die Überfahrt nach China droht zur Katastrophe zu werden. Saumarez' ungute Gefühle haben nicht getrogen. „Centurion" und „Gloucester" haben nicht den günstigen Wind gefunden und segeln unter einer Wolke von Unheil.

Absichtlich einsamen Routen folgend, entfernen sie sich aus der Zone der frischen Passatwinde, die zu dieser Jahreszeit viel weiter nördlich anzutreffen sind. Um den 10. Breitengrad herum geraten sie statt dessen in den launischen Gürtel der „Mallungen" in Äquatornähe. Der Wind ist leichtfüßig, wirbelt umher oder läßt sie völlig im Stich. Das macht der Segelei viel Arbeit, ohne daß die schweren Schiffe von der Stelle kommen, bei Gegenwinden schon gar nicht. Erst nach sieben langen Wochen erhaschen sie den Zipfel jener Brisen, die in ihre Richtung wehen, und lassen sich mitnehmen. Es wird auch höchste Zeit.

„Nach unseren Überlegungen hätten wir jetzt bereits an der Grenze asiatischer Gewässer sein sollen", grollt Philip Saumarez, „tatsächlich aber liegt erst ein Viertel des Weges hinter uns, ein beklagenswertes Ergebnis."

„Geduld, Geduld", predigt der Geistliche, dem auch nichts Besseres mehr einfällt.

Am 6. Mai haben sie die mexikanische Küste verlassen. Am 30. Juni sterben ein Neger und ein Schiffsjunge. Sie sind die ersten Opfer des Skorbuts, der sich auf dieser Überfahrt prompt wieder einstellt. Es sind noch Fleisch und Geflügel an Bord, das Trinkwasser ist noch wenig getrübt, aber Obst und Gemüse sind längst aufgezehrt. Da helfen weder Dr. Ward's Patentmedizinen, noch machen das gut gelüftete Zwischendeck und der sanfte Schlaf in den ruhigen Tropen die Sache besser.

Das entsetzliche Krankheitsbild der Ausreise wiederholt sich, und manch einer legt sich in die Hängematte, um nicht wieder aufzustehen. Bis zur letzten Juliwoche sind 70 Mann gestorben: Farbige und Weiße, Seeleute und Soldaten, Sergeant, Bootsmann und Kadett, Feuerwerker und Schiffsjunge. Sie alle gehen hinab „in Gottes tiefen Keller", wie es heißt.

Die Schiffe kennen weder Rast noch Ruh, sie sind schon wieder über hundert Tage auf See. Auf der „Centurion" wird zur Musterung gepfiffen. Das Wetter ist schön, zwei Mann stehen am Ruder, alle Posten sind besetzt, Toppsgast, Läufer, Ausguck und so weiter. Die Besatzung ist reihenweise angetreten, die Füße nach der schnurgeraden Decksnaht ausgerichtet, beide Wachen Angesicht zu Angesicht einander gegenüber. Die Funktionäre stehen für sich, die Offiziere gesondert am rechten Flügel. Die Abschnittsleiter melden dem Ersten Leutnant, wer anwesend, wer fehlt und wer krank ist. Auf dem Achterdeck erscheint der Kommodore, trotz der Wärme würdevoll im blauen Rock, aus dem Ärmel lupft er die Spitzenmanschette. Er trägt Dreispitz, Schärpe und Degen und schwitzt, aber seine Haltung ist kühl und gelassen, seine Miene undurchdringlich. Er will ein Beispiel geben.

„Stillgestanden! Zur Meldung an den Kommodore — die Augen — links!" Saumarez Stimme klingt belegt, auch er fühlt sich nicht gut. Der hagere Mann geht mit schleppenden Schritten auf Anson zu und grüßt. „Besatzung Seiner Majestät Schiff

,Centurion' zur Musterung angetreten, soundsoviel Offiziere — Unteroffiziere — Soldaten — Seeleute — Kranke ...", seine Stimme wird zum Murmeln.

Die Besatzung der „Centurion" ist nur noch 148 Mann stark, Der Kommodore blickt von einem zum andern. Die Zeit hat ihre Spuren hinterlassen, die Leiden haben ihre Gesichter gezeichnet. Ihre Haltung ist müde, ihre Kleidung verblichen und fleckig. Anson läßt bald wieder wegtreten, er hat genug gesehen. Sein Beispiel nützt da auch nichts.

Wie die Menschen, so die Schiffe. Sie sind geflickt und gestoppt, hölzerne Kästen, die in allen Fugen krachen. Belastet mit schweren Kanonen, ausgerüstet mit erbeuteten Ankern, fadenscheinigen Segelflächen, verwaschenen Flaggen. Ihre Rahen stammen teils von den Prisen. Ihre Masten zeigen Risse und müssen schon wieder geschient werden (wie der Vortopp auf „Centurion") oder sind so verrottet, daß man sie zu kürzen hat (wie der Großtopp der „Gloucester"), da es nichts mehr zu reparieren gibt. Das Ganze halten Tauwerk und Leinengut zusammen, das in Sonne und Regen seine Kraft verlor und, bis zum äußersten ausgereckt, unter den Seemannsfäusten zerfasert. Auch an den Schiffen nagt der Zahn der Zeit.

Die „Gloucester" ist mit ihrer behelfsmäßigen Takelung ein so mäßiger Segler, daß sie andauernd Hilfe benötigt und die schnellere „Centurion" einen runden Monat aufhält. Sie fault still vor sich hin und muß zuweilen geschleppt werden. Als bei Flaute und der ablaufenden hohen Dünung die Linienschiffe heftig schlingern, bricht auf „Gloucester" der ganze Mastenkram und hängt als unentwirrbares Knäuel herunter. Ihre Besatzung ist schon so schwach, daß Leute vom Flaggschiff hinüberrudern und beim Aufräumen helfen müssen. Dabei ist die „Centurion" selbst knapp dran, weil dort alles an den Pumpen steht, Offiziere eingeschlossen, wegen eines Lecks, dessen Ursprung nicht festzustellen ist. Ein leckes Schiff mit einem halben Wrack an der Leine, die Lage wird bedrohlich.

Der Sturm reißt sie wieder auseinander, auch die Signalverbindung ist unterbrochen. Der Kommodore sieht einen torkelnden, entmasteten Schiffsrumpf im Seegang ein- und austauchen und fragt sich: Wie lange sie das wohl noch macht, wie lange noch?

14. August 1742. Die See beruhigt sich. Die Bewegungen der „Gloucester", die windwärts vom Flaggschiff steht, werden träger und träger. Plötzlich löst sie mehrere Kanonenschüsse und lenkt alle Blicke auf sich. Schiff in Not! Beängstigend schwerfällig treibt der Havarist dem Flaggschiff zu und nähert sich dem Heck. Umgeben von seiner Besatzung, ruft Kapitän Mathew Mitchel durch ein Megaphon: „Haben nicht nur die Masten verloren — fallen auch bald auseinander — im Raum steht das Wasser fast neun Fuß hoch — können nicht mehr gegenanpumpen — haben auch nichts mehr zu trinken, da alles Frischwasser verdorben..."

„Was noch?" brüllt der Kommodore dazwischen.

„Schiff steuert nicht mehr — sind übel zuwege — brauchen dringend Hilfe!"

Verstanden, signalisiert der Kommodore. „Ich schicke meine Zimmerleute, die mögen sich den Schaden besehen." Seine weiteren Worte gehen verloren. Doch weder er noch sein Stab machen sich angesichts des Wracks große Hoffnungen, so wie's da aussieht.

Ihre Befürchtungen bewahrheiten sich. Der Befund der Schiffszimmerer ist vernichtend. Der Achtersteven der „Gloucester" hat sich gelöst, bei jedem Überholen dringt mehr Wasser ein. Der hölzerne Rumpf ist in allen Verbänden verfault, mittschiffs sind zwei Spanten gebrochen. Die Aufbauten haben sich so verzogen, daß achtern alles herunterzufallen droht. Der Vormast ist über Deck abgeknickt, vom Großmast und Besan stehen nur noch kurze Stumpen. Ersatzspieren sind nicht an Bord, eine Reparatur nur mit Bordmitteln allein ist diesmal aussichtslos.

„Und wie geht es der Besatzung?" fragt Anson und wundert sich nicht über die Antwort: „Sir, mit Verlaub zu sagen, es leben just noch 77 Männer, 18 Schiffsjungen und zwei Gefangene, aber nur eine kleine Handvoll ist noch imstande zu arbeiten. Die meisten liegen krank in der Hängematte."

Es bedarf keiner langen Beratung. Die „Gloucester" ist nicht mehr zu retten. Das 800 Tonnen große, mit 50 Kanonen bestückte Kampfschiff vierter Klasse, 1737 in Sheerness gebaut und eben fünf Jahre alt, ist total aufgerieben. Selbst mit den vereinten Kräften beider Besatzungen wäre da nichts mehr zu machen, zumal die „Centurion" genug mit sich selbst zu tun hat. Also kann die Sorge nur den Menschen gelten — und dem restlichen Material. Ansons Befehl lautet kurz und bündig: „Morgen früh alle Mann von Bord!"

Die folgenden 24 Stunden sind dem Vorhaben günstig. Wind und See bleiben ruhig, das Wetter ist heiß und schwül. „Centurion" hat unter kleinen Segeln beigedreht. Kurz nach einem Sonnenaufgang wie Perlmutt sind die Boote des Flaggschiffes zum Havaristen unterwegs. Ihnen begegnet das Großboot der „Gloucester" mit 46 Kranken, die sie hohläugig anstarren. Drei Mann sterben schon, bevor sie den Fuß auf das Flaggschiff setzen können.

Zum Bootskommando der „Centurion" gehört auch David Ross. Nacheinander klettern sie über die Fallreepsleiter, die unter dem Gewicht der Menschen bedenklich nachgibt. Emsig wie die Bienen schwärmen sie über das sterbende Schiff und bergen aus den Trümmern ein Großsegel, Ballen von Leinwand, dicke Trossen, Ankerkabel und Handwaffen. Die vom Kommodore sehnlichst gewünschten Anker kriegen sie nicht, die schweren Dinger lassen sich einfach nicht regieren.

David folgt einem Offizier in die Achterkajüte. „Wir müssen die Schiffkasse mit den erbeuteten Prisengeldern retten, vorwärts marsch!" Sie verschaffen sich Einlaß durch verklemmte Türen, von unten schwabbert schon Wasser hoch, schlagen Füllungen und Spinde ein. Sie suchen in höchster Eile, nichts dergleichen findet sich. Endlich da, in einer Truhe, eine schwere Kassette aus Eisenblech. Da ist sie, ab damit.

„Wie steht's mit den erbeuteten Waren, Sir, die hier verstaut sind? Sind noch 'ne Menge wert." Das Wasser ist auch hier schneller. Es quillt herauf, und alles bleibt zurück, außer fünf Kisten Weizenmehl. Und Schnapskisten natürlich, denen das Wasser nichts tun kann. Die gehen auch mit. Jeder der Berger greift zu einer Buddel und schlägt ihr an Ort und Stelle gleich den Hals ab. Warum auch nicht, sollen sie doch zum Teufel gehen. So oder so kaputt. Der Korporal trinkt, die andern trinken, David Ross trinkt. Alle führen die Buddeln zum Munde, und ein angenehmer Nebel umweht das traurige Werk der Zerstörung.

Wieder andere bringen die letzten der Besatzung zur „Centurion" hinüber. Alles in allem sind es 97 Offiziere und Mannschaften, die meisten krank und apathisch, abgekämpft vom pausenlosen Pumpen der vergangenen Tage. Sie scheinen kaum noch die Vorgänge um sich herum wahrzunehmen. Mit Hand anzulegen sind sie nicht mehr in der Lage.

Das Ausräumen der „Gloucester" zieht sich erstaunlicherweise zwei Tage lang hin. Das Schiff schwimmt immer noch, wenn auch tiefer und tiefer eintauchend. Es muß restlos verschwinden und darf auch nicht als Wrack in Feindeshand fallen. Sie wissen nicht genau, wie nahe sie schon an Land sind. Die vielen Vögel deuten auf Inselgruppen hin, es müssen die Ladronen sein, die heutigen Marianen. Sie sind ebenfalls spanischer Besitz, auf Guam ist eine Garnison stationiert — also weg mit dem Schiff.

Unter den bekümmerten Augen von Kapitän Mitchel und seinen Offizieren, die auf ihren Posten bis zur letzten Minute ausharren wollen, verteilen sie das Pulver und legen die Zündschnüre. Barfüßig eilen Matrosen, Junggrade und Feuerwerker hierhin und dorthin, schon nicht mehr sicher auf den Beinen. Sie nehmen zwischendurch immer wieder einen Schluck; denn dies ist nicht mehr das lustige Abbrennen von Paita. Dies hier

ist das Ende eines Stücks der Royal Navy, in das man zwar die meisten von ihnen brutal hineingepreßt hat, das ihnen aber während zweier Jahre voll Not und Tod ein Fleck englischer Heimat in der Wasserwüste geworden ist.

Viele Kameraden sind auf der Strecke geblieben. Werden sie selbst die liebliche Küste von Devon, die weißen Kreidefelsen von Dover, Kap Landsend und Lizzard, kurz Merry old

England jemals wiedersehen? Sie, der Seemann David Ross, seine Wachkumpel John Evans, Elias Hubert, Andrew Crawley, Duncan Campbell, Paddy O'Brien und wie sie alle heißen und als was sie sich alle eingetragen haben mögen. Namen vergehen wie Schall und Rauch, von der „Gloucester" leben gerade noch 97 Leute. Darum, old chap, nimm noch rasch einen Schluck, bevor alles vorbei ist.

Die Sonne senkt sich, der Tag geht zur Neige, und in den Decks der „Gloucester" steht das Wasser drei Meter hoch. Um sieben Uhr abends wird sie angesteckt, und alle Mann verlassen das Schiff. Als letzter steigt Mathew Mitchel ins Boot...

Die Betrunkenen rudern zurück. Auf der „Centurion" herrscht ein wüstes Durcheinander. Zwischen abgestellten Kisten und Kasten, auf Hölzern und Tauwerk, wo sie gerade umfielen, liegen Kranke und Sterbende. Dazwischen taumeln Matrosen, die versuchen Segel zu bergen, weil eine Bö heraufzieht, greifen unsicher daneben und schimpfen, daß ihnen andere im Wege sind. Unteroffiziere rufen zur Ordnung, und hinter ihren groben Befehlen und dem Gegröle der Betrunkenen verbirgt sich Trauer um die herzbeklemmende Lage. In zwei Meilen Abstand brennt die „Gloucester".

„Hoffentlich kommen wir dem brennenden Schiff nicht zu nahe", sorgt sich der Kommodore, „wenn wir bis zum Ende bei ihm ausharren..."

„... und womöglich noch selber Feuer fangen", sekundiert ihm Saumarez. Es ist das trübseligste Bild der Navy, das er je gesehen hat, und es greift ihm ans Herz.

Die „Gloucester" brennt die ganze Nacht. Aus ihrer Silhouette schlagen die Flammen, röten den Himmel und spiegeln sich im Wasser wider. Deutlich erkennt man die großen viereckigen Fenster des breiten Hecks, das wie die schwarze Fassade eines Hauses erscheint, hinter der das Feuer lodert. Es ist ein schaurig-schöner Anblick. Es glüht hinter der Reihe der Stückpforten. Die Kanonen sind mit Pulver vorgeladen. Als das Feuer an den Zündschnüren emporleckt, gehen sie los wie von Geisterhand bedient, eine nach der anderen: Bum — bum — bum — bummm! Das sterbende Schiff schießt einen letzten Salut, einsam und verlassen...

Um sechs Uhr morgens, als der neue Tag anbricht, haben die Flammen das Pulvermagazin erreicht, und das Linienschiff fliegt mit Getöse in die Luft. Über der Untergangsstelle steht eine dichte schwarze Rauchwolke, aus der die Trümmer herabregnen. Als letztes wirbelt die Fensterfront der Kajüte mit allen Verzierungen in einem Stück herunter, klatscht aufs Wasser und verschwindet im Pazifik. Die Wellen glätten sich wieder über dem Schauplatz einer Tragödie, das Trümmerfeld zerstreut sich in alle Winde, und nichts bleibt übrig von Seiner Majestät Schiff „Gloucester"...

Die „Centurion" ist jetzt ganz allein. Um sie herum nichts als Himmel und Wasser. Der Pazifik nimmt überhaupt kein Ende. „Wo sind denn nun eigentlich die vielen Inseln, von denen immer geredet wurde?" fragen sich David Ross und seine Kameraden. „Unsere Navigatoren haben sich wohl wieder versehen und sind an allen längst vorbeigelaufen, ohne es zu merken."

Nicht nur die einfachen Leute denken so, auch unter den führenden Köpfen macht sich eine solche Auffassung breit. Folgen sie nicht doch dem Kurs der Manila-Galeone, die bei den Ladronen stets anzulegen pflegt, um frischen Proviant einzuhandeln und Kranke an Land zu geben? Die Inseln können sich doch nicht in Luft aufgelöst haben — Master Nutt, was sagt er denn dazu?

Saumarez weiß es besser, aber auch er plagt sich mit Zweifeln. „Gewiß folgen wir dem Breitenparallel von 13 Grad und 30 Minuten Nord, der direkt zu den Inseln führt, aber unkontrollierbare Strömungen und die Gegenwinde versetzen uns immer wieder. Die abgelaufene Distanz läßt sich nur schätzen — und leicht verschätzen." Er bricht ab.

„Ja, und nun?"

Der Erste Leutnant zuckt die Achseln.

Die Besatzung läßt alle Hoffnung fahren, jemals irgendwo anzukommen, alle sind ratlos. Da, nach einer weiteren Woche, erscheint aus heiterem Himmel Land am Horizont. Neue Zuversicht erwacht, die aber gleich gedämpft wird, da es sich nur um zwei unwohnliche Eilande handelt, wo man weder Trinkwasser noch einen geeigneten Ankergrund findet. Immerhin bringt der Kutter, der dies erkundet, eine randvolle Ladung frischer Kokosnüsse mit, über die sich die Seeleute hermachen, bis es ihnen hochkommt. Ihre Mägen sind so etwas nicht mehr gewohnt. Niedergeschlagen und überzeugt, entweder durch Skorbut oder mit dem lecken Schiff zugrunde zu gehen, segeln sie weiter. Wie gesagt, nie werden sie ans Ziel gelangen. Doch schon die Morgenröte des nächsten Tages beschert ihnen den zauberhaften Anblick sanfter Hügel und weißer Palmenstrände: drei weitere Inseln sind in greifbarer Nähe.

Die Schiffsleitung greift zum Fernrohr. Schnelle Eingeborenenkanus und Mattensegeln kommen heran und umkreisen vorsichtig das große, unbekannte Kriegsschiff. George Anson späht aufmerksam voraus und seufzt erleichtert. „Gentlemen, das sind die typischen Auslegerboote der Polynesier, und die Inseln müssen Saipan, Tinian und Aguigan heißen. Seien wir froh, wir haben endlich die Ladronen zu fassen!"

Gelassen wie immer, setzt er hinzu: „Damit wir uns nicht mißverstehen, wir befinden uns jetzt wieder in spanischen Hoheitsgewässern. Wie Sie sehen, sind die Inseln bewohnt, und man wird uns nach Guam melden."

„Ist das die Hauptinsel, Sir?" wird er gefragt.

„Ganz recht, die Galeone läuft sie immer an. Dort residiert der spanische Gouverneur, der uns mit seinen Truppen Schwierigkeiten machen könnte. Saumarez, mustern Sie unsere Leute, wer von ihnen noch kampffähig ist."

„Sehr wohl, Sir."

Wieder ist das Ergebnis schlimm genug. Von den zusammengelegten Besatzungen, Jungen, Neger und Indio-Gefangene eingeschlossen, sind nur noch 71 fähig, Gefechtsposten zu beziehen. Alle anderen können sich kaum noch auf den Beinen halten, von Schießen und Fechten gar nicht zu reden.

Der Kommodore verzieht keine Miene. „Wie dem auch sei, lassen Sie wenigstens die leichten Kanonen besetzen und mit Kartätschen aufladen. Man kann nie wissen."

Er gibt dem Signalposten einen Wink. „Hör zu, mein Junge, hoch mit der spanischen Flagge in den Mast!" Und als der erstaunt zögert: „Was siehst du mich so blöde an, hast du nicht kapiert? Wir segeln jetzt unter falscher Flagge als Spanier. Mögen die uns vorerst für die Galeone halten. Für die Wahrheit ist es noch immer früh genug. Vorwärts also!"

Erst als sich über der „Centurion" die spanischen Farben entfalten und der Galeonenwimpel dazu — Anson hat an alles gedacht —, geben die Eingeborenen ihre Zurückhaltung auf und kommen näher.

Am 27. August 1742 ankert die „Centurion" vor der mittleren der drei Inseln, Tinian genannt. Die Engländer bleiben bis zum 16. Oktober. Obwohl sich ein spanisches Detachement im Busch verbirgt, kommt es zu keinen Feindseligkeiten.

Die Seeleute sind so abgearbeitet, daß sie fünf Stunden zum Segelbergen brauchen. Seit Mexiko sind 93 Mann gestorben. Jetzt finden 128 Kranke in leeren Hütten und Schuppen Unterkunft; denn die Spanier haben die eigentliche Inselbevölkerung verpflanzt, die Siedlungen und Tempelanlagen aber stehenlassen. Die Kranken haben hier alles, was sie brauchen, wenn ihnen auch Moskitos und Stechfliegen zu schaffen machen. Vom Brotfruchtbaum zur Kokospalme, von der Zitrusfrucht zum Gemüse, vom quellklaren Wasser bis zu Fleisch und Wild ist alles vorhanden, was die Genesung fördert.

Selbst der Kommodore ist diesmal nicht vom Skorbut verschont geblieben, den er sich bisher unbewußt vom Leibe zu halten verstand. Die ersten Kranken gehen schon wieder geheilt an Bord, da verläßt auch er sein Flaggschiff, um sich an Land in einem schönen Zelt und herrlicher Umgebung zu kurieren; denn vom Skorbut geheilt, so glaubt man damals, wird man nur auf festem Boden. Das aber gerät ihm beinahe zum Verhängnis. Ihm, George Anson, Esquire, Kommodore ohne Geschwader, ohne Gruppe, sogar bald auch ohne Flaggschiff.

Man schreibt Mitte September. „Die Äquinoktien ziehen herauf, und es geht auf Neumond zu, das bringt viel Wind mit sich", prophezeit Philip Saumarez, der jetzt an Bord das Kommando führt. „Dies ist ohnehin die Jahreszeit der asiatischen Wirbelstürme. Gott gebe, daß die Ankertrossen nicht an den Korallen durchscheuern und die Haken halten."

Der aus Korallenbänken bestehende Ankergrund bereitet ihm Sorge. Das Eisen klemmt sich darin fest, und die Trossen werden von den scharfkantigen Korallen allmählich zerschnitten, mögen sie auch schenkeldick sein.

„Nun, wir haben alles getan, was in unserer Macht steht, und sind vorsorglich genug gewesen", sucht ihn der Oberbootsmann zu beruhigen. „Wir haben die Trosse mit einem Kettenvorläufer versehen und zusätzlich umwickelt. Das dürfte genügen, Sir."

„Hoffentlich", gibt Saumarez wortkarg zurück. Diese Überfahrt ist eine einzige Serie von Fehlschlägen. Wer weiß, was sich noch alles gegen sie verschworen hat. Mißtrauisch beäugt er den Himmel, der sich in großer Höhe mit einem weißlichen Schleier überzieht. „Das gefällt mir nicht, da braut sich was zusammen."

Das Barometer verrät noch nichts, doch die Sonne verliert ihren Schein, und die Bläue des Firmaments verblaßt. Die Luft wird dicker, schon sind die beiden Nachbarinseln nicht mehr zu sehen. Vom offenen Ozean rollt eine hohe, träge Dünung heran, überstürzt sich schäumend bei den Korallenriffen und donnert auf den Strand. Der Wind schläft.

Nachmittags scheint er aufzuwachen, tut ein paar kleine Seufzer. Und dann, mit einem Mal, verwandelt sich das Säuseln innerhalb weniger Minuten zum heulenden, kreischenden Hurrikan, daß die Fetzen fliegen. Die See brandet ringsum, reißt Boote fort, steilt auf und droht der „Centurion" das Deck zu zerschlagen. Große Rucke gehen durch das hölzerne Schiff, das wie toll an seinen Ankertrossen reißt. Alle Befehle verwehen in diesem Inferno. Das Tageslicht flieht, die Dunkelheit bricht früh herein — und mit ihr das Unheimliche. Tief jagen die Wolken dahin. Aus der Finsternis leuchten die weißen Brecher.

Gegen Mitternacht erreichen die tobenden Böen ihren Höhepunkt, die Welt scheint unterzugehen. Stürzende Bäume, abgeworfene Dächer, prasselnde Regenschauer, schutzsuchende Menschen. Blitze erhellen sekundenlang die gespenstische Szene, die gleich darauf in noch tiefere Schwärze versinkt. Nach Stunden, die ihnen wie eine Ewigkeit vorkommen, läßt die Wut der Elemente allmählich nach.

Als die Sonne aufgeht und die Verwüstungen sichtbar werden, reiben sich der Kommodore und die an Land hausenden Seeleute verwundert und erschrocken die Augen. Die Reede von Tinian ist leer, der Horizont klar. Die „Centurion" ist spurlos verschwunden...

„Das Schiff ist fort, untergegangen — weh uns, wir sind verloren!" ertönen die verzweifelten Schreie der Zurückgebliebenen. Keiner vermag zu sagen, was mit dem Flaggschiff geschehen ist.

Einige glauben nachts Kanonenschüsse gehört zu haben, die aber vom Donner übertönt wurden. Einer hat ein Flackerfeuer gesehen, das die Blitze überstrahlten. Er hat es in dieser Höllennacht vorgezogen, sich nicht weiter darum zu kümmern, und hält jetzt besser seinen Mund. George Anson wiederum ist nicht der Mann, sich mit nutzlosen Vermutungen, geschweige denn Klagen aufzuhalten. Er weiß, dies ist der Tiefpunkt der ganzen Reise. Erst die „Gloucester", und nun sein Flaggschiff, die „Centurion". Aber soll dies zugleich das Ende sein? Er will es ebensowenig glauben, wie er an den Untergang der „Centurion" glaubt.

„Was auch geschehen ist, Leute", spricht er zu den Mutlosen, „seid nicht verzagt. Das Schiff ist nur vertrieben, mit Kapitän Saumarez hat es den besten Mann an Bord, auch dieses Unglück zu überstehen. Gott gebe, daß wir ihn wiedersehen. Wir selbst aber wollen keine Zeit verlieren — machen wir uns auf der Stelle an die Arbeit, das große Boot umzubauen, damit wir notfalls die Insel verlassen können, um unter Menschen zu gelangen. Also, an die Arbeit!"

Es gelingt dem Kommodore tatsächlich, die Verzagten aufzurichten und auch die nach den grausamen Erfahrungen der Reise fast schon Aufsässigen bei der Stange zu halten und mitzureißen. Mit Befehlsgewalt allein ist hier nichts getan. Er krempelt die Ärmel auf und geht auch bei der Arbeit am Boot mit gutem Beispiel voran. So wird gehämmert, daß die Späne fliegen, zumal mit jedem weiteren Tag die Aussicht auf eine Rückkehr der „Centurion" geringer wird. Anson selbst befürchtet im stillen, daß der Segler zu weit unter den Wind geraten sein könne und nicht mehr in der Lage sei, die verlorene Distanz durch Aufkreuzen zurückzugewinnen. Es vergeht die erste, die zweite Woche. Die Verlassenen arbeiten mit großem Eifer, um nicht ihren niederdrückenden Gedanken nachgehen zu müssen.

Am neunzehnten Tag, es ist der 11. Oktober, erblickt einer der „Gloucester"-Männer von einem Hügel aus in der Ferne einen dunklen Punkt. Er kommt näher — es ist die „Centurion".

„Unser Schiff, unser Schiff kommt zurück!" schreit er, so laut er kann. Etwas unterhalb hört ihn Leutnant Gordon, einer der wenigen noch lebenden Seesoldaten, und rennt spornstreichs mit der guten Nachricht zum Zimmerplatz.

Ein ungeheurer Jubel erfaßt die Menschen. Selbst George Anson, als Vormann werkelnd, wirft seine Axt fort und stimmt begeistert in den Freudentaumel ein. Zum erstenmal läßt er seine kühle und überlegene Haltung fallen. Spontan rudern die Männer der „Centurion" entgegen. An Bord fallen sich Rückkehrer und Befreite gerührt in die Arme.

„Nichts soll mich wieder von meinem Schiff trennen", schwört sich der Kommodore und bezieht unverzüglich seine vertrauten Gemächer im Achterschiff. Erwartungsvoll sieht er Saumarez an. „Erzählen Sie!"

„In jener Nacht war der Teufel los", berichtet sein Stellvertreter. „Auf der Höhe des Hurrikans brach die Trosse vom Hauptanker, und der Reserveanker allein fand keinen Halt mehr. ‚Centurion' begann schnell zu treiben, doch anstatt auf den Korallenriffen zu landen, was wir befürchteten, ging es ins offene Meer hinaus. Es wurde eine wahre Höllenfahrt mit baumelndem Reserveanker, unfertiger Takelage, mit ungelaschten Kanonen und mit dem Leck dazu. Das Wasser spritzte durch die offenen Stückpforten, durch Ankerklüsen und Speigatten, wir pumpten wie die Irren um unser Leben. Wir trieben mit dem Schiff wie auf einem Spielball rund um die Kompaßrose zwischen den Inseln, verloren die Orientierung und sichteten schließlich die Insel Guam. Von dort nach hier brauchten wir nur ostwärts zu segeln, was uns auch am Ende gelang."

Ein Alptraum ist zu Ende.

Das soll uns nicht wieder passieren, schwört Anson abermals und ordnet an, so schnell wie möglich frisches Wasser zu übernehmen und die Zelte abzubrechen. Doch da die stürmische Jahreszeit noch nicht vorüber ist, ein Unglück selten allein kommt und die Expedition ohnehin vom Pech verfolgt wird, geschieht das Unglaubliche. Noch einmal trägt es die „Centurion" davon. Diesmal ist sie aber schon nach fünf Tagen wieder bei der Insel, wo vierzig Mann, diesmal erfahrener und deshalb zuversichtlicher, ihrer harren.

Mit fünfzig Tonnen Trinkwasser an Bord, die bis zur Chinaküste ausreichen sollen, mit großen Haufen von Orangen, Limonen und Kokosnüssen versehen, lichten sie am 16. Oktober 1742 die Anker und verlassen Tinian, zum dritten und letzten Mal. Eine Insel, „die durch die Vortrefflichkeit ihrer Erzeugnisse, durch die Schönheit ihrer Erscheinung, durch die Anmut ihrer Wälder und Wiesen, durch die Gesundheit ihrer

Lüfte und durch die eingetretenen Abenteuer, unter all diesen Gesichtspunkten recht und billig als romantisch angesehen werden darf". So schreibt es der Schiffsgeistliche in sein Tagebuch. Im übrigen will er sich weder Schönheiten noch Gefahren länger aussetzen, sondern in Macao, dem nächsten Ziel der „Centurion", von Bord gehen und sich eine Passage nach England suchen. Zwei volle Jahre unterwegs und ein wenig darüber sind für ihn mehr als genug.

Auf die Stürme der Äquinoktien ist der ersehnte Ostwind gefolgt. Zum erstenmal während der langen Überquerung des Pazifiks bekommt die „Centurion" den Wind direkt von achtern. Er bläst mit vollen Backen, daß es in den Nähten der bauchigen Segel zerrt und reißt. Das Flaggschiff läuft wie noch nie. Vier Mann haben zu tun, es auf West-Nordwest-Kurs zu halten. Breit und schäumend zieht das Kielwasser hinterher und verliert sich in der langen blauen Schleppe, auf der die Sonnenstrahlen spielen und die Seeschwalben kreisen.

In hoher achterlicher See rollt das schwerfällige Schiff wie besessen. Wenn es sich weit nach beiden Seiten überlegt, stöhnt und knackt es im Holz, und durch das undichte Bolzenloch im Vorsteven dringt ein neuer Schwall. In der Tiefe des Raumes steht das Wasser schon zwei Fuß hoch und gluckert mit den Bewegungen des Schiffes hin und her. Das Pumpen macht den Matrosen jetzt wenig aus. Sie haben sich auf Tinian gut erholt, und die Zivilisation einerseits und der geheimnisvolle Ferne Osten andererseits locken. Also laß die Arche segeln auf Teufel komm raus.

Macao ist der nächste chinesische Hafen und neben dem nahen Kanton der einzige Handelshafen, der europäischen Schiffen im Reiche der Mitte zugänglich ist. Alle anderen bleiben ihnen noch verschlossen. In Macao durften sich 1557 die Portugiesen niederlassen, eine Nation, mit der England in Frieden lebt — in einer exotischen Stadt, in der der Silberdollar rollt und alles zu haben sein wird.

„Wir werden dort Post aus England vorfinden, Leute, und die neuesten Nachrichten", eröffnet ihnen Philip Saumarez. „Wir werden auch ins Dock gehen und die ‚Centurion' buten und binnen überholen. Zusätzliche Mannschaften sollen angeheuert werden, um die Besatzung zu verstärken, und es gibt genug zu essen und zu trinken."

Freilich, er weiß schon, was er sagt. Geld ist genug in der Schiffskasse, viel Prisengeld, um das alles zu bezahlen. Und die paar übriggebliebenen Mannschaften schreien lauthals hurra und denken, es ginge von Macao endlich heimwärts nach Merry old England, homeward bound. Und David Ross schreit mit allen anderen um die Wette. Doch das ist sehr voreilig, und der Kommodore wird weder sie noch die chinesischen Beamten, noch die Spione und Verräter an Land, noch sonst irgendwen in seine Karten gucken lassen. Die wenigen, die nach England entlassen werden und eine Passage auf einem heimreisenden Handelssegler finden, kann man sich an fünf Fingern abzählen. Es sind Captain Mitchel von der „Gloucester" und Captain Saunders von der „Tryal", der einen Reisebericht für die Admiralität mitnehmen soll. Dann Oberstleutnant Cracherode, der alle seine Seesoldaten überlebt hat, und der Schiffsgeistliche, der als erster die Anson-Story veröffentlichen möchte. Und schließlich gehen noch Mister Taswell, der vielgeschmähte Lebensmittelagent, mit seinem Neffen Charles Herriot. So geht mit Gott, aber geht — nur brauchen es die Sailors noch nicht zu wissen.

Die „Centurion" segelt wie von einem Magneten gezogen. Im Morgendunst des 4. November sichten sie zur Rechten Formosa, verwaschen wie eine Tuschzeichnung. Tags darauf stoßen sie auf Hunderte chinesischer Fischer, von denen sie nun bis zur Mündung des Kanton-Flusses ständig umgeben sind. Mit dem Senkblei fühlen sie sich an die Küste heran, ankern und harren der Dinge.

Mit einem chinesischen Lotsen, der Empfehlungsschreiben europäischer Kapitäne vorweist und Portugiesisch radebrecht, wird Saumarez handelseinig. Er wird sie für 30 Silberdollar nach Macao bringen. Abschließend verbeugt sich der Lotse und lächelt. „Großer Meister, in Macao dort schon sein vier Schiffe Britische Ostindische Company, zwei Franzosen, zwei aus Hollandia und zwei aus Danemarke."

Am 12. November 1742 ankert Seiner britischen Majestät Linienschiff „Centurion" auf Macao Reede. Nach 191 Tagen ist die Pazifiküberquerung zu Ende — 8 500 Seemeilen! Sie haben China erreicht, wo sie einstweilen fünf Monate zubringen werden. Vom Anson-Geschwader und seinen vielen Menschen sind nur noch ein Schiff und etwa jeder zehnte Mann übriggeblieben. Von den Soldaten und Invaliden lebt keiner mehr. Die Kleiderkammer der „Centurion" hängt voll roter Röcke, Tote brauchen keine Uniform ...

Klar zum Gefecht

Fünf Monate im Hafen vergehen im Nu, gemessen an sechs Monaten und mehr auf hoher See. Nur hat die „Centurion" weder im Hafen von Macao noch flußaufwärts in Kanton festgemacht, sondern ankert unterhalb beider im Mündungsdelta des Kanton-Flusses, den man später allgemein den Pearl River nennen wird. Als Befehlshaber eines britischen Kriegsschiffes läßt Anson nicht mit sich reden, die für Handelsschiffe üblichen Hafenabgaben zu bezahlen. Das führt dazu, daß man ihm um des lieben Friedens willen diesen Ankerplatz zuweist, der nichts kostet. Er versäumt auch nicht, mit dem portugiesischen Kommandanten des Forts von Macao sofort den Austausch von Höflichkeiten zu regeln, wie sie seinem Range zukommen. Er will elf Salutschüsse abgeben, wenn der Kommandant verspricht, diese zu erwidern. Der Kommandant stimmt zu, und so gibt es andertags eine schöne Knallerei.

Die Erinnerung an den langen Marsch im Pazifik, an die drohende Katastrophe wird verdrängt. Anson ist wieder obenauf und fühlt sich Herr der Lage. Aber da sind die Chinesen.

Die Chinesen haben noch nie ein Kriegsschiff gesehen. Ein Schiff, das nicht zum Handeln hergekommen ist? Das macht die „Centurion" von vornherein verdächtig. Zwar bringen chinesische Boote gleich Fleisch, Gemüse und Früchte längsseit, doch dann ist der Faden wie abgeschnitten. Es gibt keine Lebensmittel, keine Ausrüstung, es sind keine Zimmerleute für das sonderbare Schiff zu haben, das da ungebeten eingedrungen ist. Auch wenn es angeblich Hilfe braucht, auch wenn es gut bezahlt.

George Anson, Esquire, besucht den Portugiesen und kommt gleich zur Sache. England hat Portugal nicht nur deshalb zur Unabhängigkeit von Spanien verholfen, um dort Portwein zu beziehen. Heute braucht die Navy portugiesische Unterstützung. Der Kommandant wird sehr verlegen. Die Chinesen hätten strenge Umgangsformen, die bis ins kleinste beachtet werden müßten. Die Portugiesen seien mit ihrer Niederlassung, in der die Austauschgüter zwischen Europa und China lagern, selbst nur geduldete Gäste und müßten Miete zahlen. Wenn der chinesische Machthaber ihnen die Tore der Stadt zusperre, könne er sie sozusagen am steifen Arm verhungern lassen. Es seien auch nur ganz wenige chinesische Kaufherren zum Handel mit Europäern zugelassen. Der örtliche Machthaber unterstehe dem Vizekönig in Kanton, und dieser wiederum dem Mandschu-Kaiser Kiel-Lung im fernen Peking. Er, der portugiesische Kommandant, könne da leider gar nichts machen...

Anson wendet sich an die hier eingeführte Britische Ostindische Company. In Zeiten der Gefahr benötigen die Handelsschiffe den Schutz der Navy, hält er ihr vor, jetzt sei es einmal umgekehrt. Doch auch die Britische Ostindische Company sieht Anson mit seiner „Centurion" lieber gehen als kommen, da seine Anwesenheit nur die Handelsbeziehungen störe. Der Kommodore ist über die Haltung der Pfeffersäcke mehr als erstaunt, obwohl sie britischen Interessen dient. Als aber chinesische Mittelsmänner vorschlagen, ihn auf dem Umweg über Handelsschiffe zu beliefern, lehnt er derartige Winkelzüge strikt ab. Im stillen Einverständnis aller bekommt er schließlich zwar das zum Leben Notwendigste, aber keine Gelegenheit, sein Schiff zu reparieren, und schon gar nicht zu neuer Reise ausrüsten zu lassen. Auch wenn er beabsichtige, über Batavia zurück nach England zu segeln, wie er es laut genug jedem erzählt, der es hören will. Und das ist noch nicht einmal gelogen, nur ein wenig verfrüht. Dennoch, die „Centurion" wird argwöhnisch beobachtet. Keiner traut diesen Engländern, jeder weicht ihnen aus.

Die „Augusta", ein britischer Ostindienfahrer, hat Briefe und Zeitungen aus der Heimat mitgebracht. Der Kommodore bespricht sich mit seinen Offizieren.

Die politische Lage in Europa ist verworren. Im österreichischen Erbfolgekrieg steht halb Europa gegen die Kaiserin Maria Theresia. Im Frieden zu Breslau hat Preußens König Friedrich II. den Österreichern fast ganz Schlesien abgenommen. Er ist mit den Franzosen verbündet und steht auch auf der Seite der Spanier. „Er täte besser daran, mit seiner schlagkräftigen Armee auf Englands Seite zu treten, die Franzosen zu engagieren, um uns in Kanada den Rücken zu stärken. Ein Krieg mit Frankreich steht vor der Tür, Gentlemen."

„Aber das ist doch alles weit ab vom Schuß, Sir", gibt man zu bedenken. „Was geht uns das hier draußen an?"

„Das geht uns sehr viel an, meine Herren", entgegnet Anson. „Weil Frankreich und Spanien hier draußen einen großen Einfluß haben und vereint gegen uns arbeiten. Das erklärt nicht zuletzt die abweisende Haltung der chinesischen Bürokraten, die nicht einmal für die üblichen Bestechungen empfänglich sind und uns mit fadenscheinigen Ausreden abspeisen."

„Zumal sie Wind bekommen haben, daß wir hinter spanischen Schiffen her sind", meint Saumarez beiläufig.

„Wir müssen endlich wissen, woran wir sind", schließt Anson die Konferenz. „Am besten wird es sein, wenn ich selbst nach Kanton fahre und eine Audienz beim Vizekönig beantrage. Wir haben bereits einen vollen Monat vertrödelt."

Ansons Vorhaben ist leichter gesagt als getan. Der chinesische Würdenträger in Macao verweigert ihm die Erlaubnis, nach Kanton zu reisen. Erst als der Kommodore droht, seinen Weg zu erzwingen, gibt der andere klein bei. Das nützt allerdings nichts; denn Anson wird beim Vizekönig nicht vorgelassen und muß unverrichteterdinge umkehren.

Wieder an Bord, schreibt er am 17. Dezember dem Vizekönig einen Brief, den er ins Chinesische übersetzen und auf dem Dienstweg befördern läßt, ... daß er, mit den Gebräuchen des Landes nicht vertraut, sich nunmehr an Seine Exzellenz mit der Bitte wende, ihm die Handwerker und alles Nötige zukommen zu lassen, damit er die Reise nach Großbritannien baldmöglichst fortsetzen könne, da er andernfalls die günstigen Winde der Jahreszeit verlieren werde und mit der Abreise bis zum nächsten Winter warten müsse. Vermutlich hat die verhüllte Drohung, möglicherweise noch lange ein Dorn im Auge zu sein, die Dinge beschleunigt. Schon nach zwei Tagen erhält Anson eine Antwort: Im Auftrage des Vizekönigs würden ein Mandarin Erster Klasse und zwei nachgeordnete Mandarine die „Centurion" besuchen.

„Drei Mandarine bedeuten ein großes Gefolge, Sir", gibt Saumarez zu bedenken, „wir müssen sie mit allen Förmlichkeiten empfangen."

„Das werden wir auch", versichert der Kommodore und lächelt hintergründig, „wenn die unser Schiff näher betrachten, spüren sie schon den Wind von vorn."

„Aber wie wollen wir unsere Leute auftreten lassen, Sir? Die Sailors sehen nun einmal nicht sehr respektabel aus in ihren gestreiften Hemden und weiten Hosen, noch dazu, wenn sie mit ihren Messern den Kautabak abschneiden."

Anson überlegt. Seine Miene erhellt sich. „Ich hab's, Saumarez, ich hab's! Wozu hängen denn die vielen roten Röcke im Kleidermagazin — Tote brauchen keine Uniform. Jetzt werden wir einfach den Matrosen die Uniformen verpassen. Wenn das keinen Eindruck macht!"

Die Chinesen können sich über Mangel an Gepränge nicht beklagen. Zu ihrem Empfang sind hundert Rotröcke unter Waffen auf dem Oberdeck der „Centurion" angetreten, Kinn an der Binde, Augen geradeaus. Nur verraten die wetterharten Gesichter, die langen Haare und Schifferkrausen eben verkleidete Janmaaten, die das Ganze als eine willkommene Abwechselung empfinden. Etwa wie einstmals in Paita. Am liebsten würden sie über das seltsame Schauspiel respektwidrig losprusten, verhieße nicht der strenge Blick des Wachtmeisters jedem, der aus der Rolle fällt, Prügel.

Unter dem Krachen von fünfzehn Salutschüssen kommen die chinesischen Würdenträger mit großem Tamtam an Bord. Die Arme verschränkt, die Hände mit dem langen Fingernagel in den Ärmeln ihrer Seidengewänder verborgen, verneigen sie sich nochmals und nochmals, während ihr Gefolge mit Zimbeln, Gongs, Flöten und Zupfgeigen lautstark Spektakel macht. Wegen der bösen Geister, wie ein Dolmetscher den Engländern zuraunt. Man lächelt, man wackelt mit den Zöpfen, man trippelt auf Filzsohlen lautlos über das gescheuerte Deck. Die von den Chinesen mitgeführten langen und schmalen Fahnen, mit bizarren Zeichen bedeckt, flattern in der Brise. Hoch über allem weht an der Gaffel die Flagge Englands.

Als die improvisierte Schiffskapelle mit Pauken und Trompeten loslegt, verstummen die chinesischen Flötentöne. Zwischen dem Spalier der Ehrenwache, die schnell einige Gewehrgriffe klopft, begeben sich die Mandarine auf das Achterdeck, wo Kommodore Anson sie mit seinen Offizieren erwartet. Diesmal sind sie alle in vollem Wichs, mit Orden und Ehrenzeichen, Stock, Schärpe und Degen, in betreßtem Rock und Kniehosen. Auch hier das große Begrüßen und Trommelwirbel. Dann verschwinden alle in der großen Kajüte des Kommodore, die eine derartige Fülle selten erlebt hat. In der polierten Täfelung spiegeln sich die bunten Gewänder.

Man tauscht Liebenswürdigkeiten allgemeiner Art, tastet sich ab und kommt ganz allmählich zum Kern der Dinge. Der

Obermandarin spricht über die Eingabe des Kommodore. Er habe Befehl vom Vizekönig, sich das Schiff anzusehen und die Schäden zu begutachten. Seine Leute würden auch das vermeintliche Leck untersuchen, und so weiter, und so weiter, man würde sehen. Man begibt sich auf einen Rundgang durch das Schiff.

Beim Anblick der schweren Unterdeckkanonen, der dicken Kaliber, machen die Chinesen große Augen. Anson benutzt diesen Trumpf, um ihnen seine Friedfertigkeit zu versichern. Er habe bisher alles Gelieferte prompt und gut bezahlt und hoffe, daß man ihm von nun an entgegenkommen und ihn in allem unterstützen werde. Und damit übergibt er eine lange Wunschliste. Wie sich die hochverehrten Gäste überzeugen könnten, sagt er mit einem Seitenblick auf die Kanonen, wäre er sehr wohl in der Lage, sich selbst zu bedienen und die Häfen von Macao und Kanton zu blockieren. Doch lebten ihre beiden großen Nationen in Frieden und Freundschaft miteinander, und überhaupt sei er ein ganz ruhiger Mensch, der unnötigerweise keiner Fliege ein Haar krümmen könne. Wozu die Mandarine still lächeln.

Gewiß sei es nicht in der Ordnung, fährt der Kommodore fort, die Angehörigen einer befreundeten Nation aushungern zu wollen, so daß diese am Ende gezwungen seien, wie Kannibalen sich gegenseitig aufzuessen. Sollte es aber doch dazu kommen, meint er leichthin, so werde er — auf Ehre! — einen runden, wohlgenährten Chinesen seinen mageren Schiffsleuten vorziehen.

Jetzt vergeht den Mandarinen das Lächeln. Im Geiste ihren heilen Körper abtastend, erklären sie dem Kommodore ihr Mitgefühl. Sie würden alles in ihren Kräften Stehende tun, ihm das Gewünschte bald zu verschaffen. So vergeht die Zeit unter wechselseitigen Ausdrücken größter Hochachtung und Freundschaft, bis man sich zu Tisch begibt.

Die Tafel ist schön gedeckt und dekoriert. Erbeutetes Leinen und Silber hat sich an Bord gehäuft, und wenn den Mandarinen die Symbole der Kirchenteller vielleicht vertraut sind (sei es durch die Jesuitenmission in China), so zeigen sie es nicht. Der Kommodore unterläßt es keineswegs zu erklären, daß seine Speisenfolge wohl nicht ganz nach ihrem Geschmack sein werde. Das sei aber nicht seine Schuld, vielmehr ihre, da sie ihm nichts verkauften. Daß seine Gäste dem gesalzenen Ochsen wenig zusprechen, liegt nicht allein an der chinesischen Abneigung gegen Rindfleisch, sondern auch daran, daß sie nicht mit Messer und Gabel umzugehen wissen. Eine Ordonnanz muß ihnen das Fleisch kleinschneiden. Um nicht ganz leer auszugehen, nehmen sie immerhin vier Hühner bis auf die Knochen zu sich.

Im Trinken zeigen sie sich dagegen als Meister und suchen das Versäumte auszugleichen. Vier, fünf Flaschen Burgunder machen ihnen anscheinend nicht das geringste aus. Nachdem sie den Nachdurst noch mit Zitronenwasser gelöscht haben, stehen sie kerzengerade wie ein Mann auf, um sich zu verabschieden.

Man trennt sich wieder mit großem Zeremoniell, fliegenden Fahnen und Musik. Es wippen die Pfauenfedern der Mandarine, man lüftet die Dreispitze zum Gruß. „Oberdeck stillgestanden!" Der Bootsmann der Wache pfeift Seite, die Mandarine gehen von Bord der „Centurion", ihre Dschunken entfernen sich. Einige Zeit später erhält Kommodore Anson aus Kanton die schriftliche Zusage, daß alle seine Forderungen bewilligt sind und ihm jede Unterstützung gewährt wird. Wie man durchblicken läßt, haben französische Gegenspieler bis zuletzt versucht, dies zu verhindern.

Mit der Zusage des Vizekönigs haben das Hin und Her und die heimlichen Behinderungen allerdings noch kein Ende. Inzwischen ist es Januar 1743 geworden. Die Behörden, nachdem sie anfangs alles verzögert haben, versuchen jetzt, Anson unter Zeitdruck zu setzen. Chinesische Schiffszimmerer und Schmiede stellen sich ein, aber schon wieder muß man sich

damit aufhalten, ihre überspannten Forderungen herunterzuhandeln. Es wird gereizt und gefeilscht, jedes zweite Wort ist Geld, Geld, Geld. Jeder Lieferant von Nahrungsmitteln, Planken, Tauwerk und Tuch, jeder Vermieter von Dschunken und Booten zum Ausräumen des Linienschiffes wittert das Geschäft seines Lebens. Scharen von Fremden überschwemmen die „Centurion", und mit ihnen wächst die Gefahr der Spionage und Attentate. Nichts bleibt neugierigen Augen verborgen.

Ganz kritisch wird es, als man den hölzernen Schiffsrumpf nach der Mode der Zeit auf eine flache Sandbank setzt, die bei Ebbe trockenfällt, um den Boden zu überholen. Da liegt er, erst auf der einen, dann auf der anderen Seite, während die Matrosen Muscheln und Algen abkratzen und hundert Zimmerleute die Nähte dichten, den Kupferbelag erneuern und zu guter Letzt eine elastische Schicht aufbringen. Das Kriegsschiff ist unbeweglich und wehrlos, seine Flanken sind aller Welt preisgegeben, es braucht nur ein Feind aufzukreuzen und Kanonen auszufahren, um es zu vernichten. Hunderte von Augen, befugte und unbefugte, sind auf die „Centurion" gerichtet, Späher, die alles brühwarm weiterberichten. Sie blicken wohl nicht scharf genug. Wie könnte es sonst angehen, daß der spanische Gouverneur in Manila den George Anson und sein Flaggschiff mit einer hochfahrenden Handbewegung abtut. Was kann der ihm jetzt noch schaden, wo er sich ohnehin auf der Heimreise befindet. Jedenfalls ist er nicht mehr gewillt, 40 000 Dollar für die Zerstörung der „Centurion" auszugeben, wie es ihm ein französischer Kapitän angeboten hat, und hält das für weggeworfenes Geld. Anson — der Mann ist doch sowieso erledigt. Na schön, so geht auch diese Gefahr vorüber, und die einzigen Schüsse, die fallen, sind Salutschüsse, die man mit einem Portugiesen tauscht.

Anson wiederum ist mit seinem Geld weniger knauserig — und hört das Gras wachsen. „Der Gouverneur von Manila läßt uns vorn und hinten bespitzeln", teilt er Saumarez vertraulich mit, „und hat uns schon nicht mehr auf Rechnung. Er hält uns für zu schwach und unterbemannt und praktisch für abgetan. Der wird sich noch wundern. Wenn ‚Severn' und ‚Pearl' noch bei uns wären, würden wir ihm den ganzen Pazifik ausräumen, hahaha!"

„Ja, Sir, wenn —", wägt Saumarez ab. „Reden wir lieber nicht mehr davon. Wenn die ‚Anna' und die ‚Tryal' Kap Hoorn bezwangen, hätten es die beiden Linienschiffe erst recht tun können."

Man redet nicht mehr viel darüber in diesen Tagen, weil man an anderes zu denken hat. Immerhin wären aber 140 Kanonen mehr als 60 gewesen. Nun muß man eben sehen, wie weit man kommt. Was die Mannschaft betrifft, so weiß Anson, daß er sich auf sie verlassen kann. Er hat 3 000 Dollar Vorschuß verteilt. An Offiziere, Deckoffiziere und Unteroffiziere, an Kadetten, Toppsgäste bis hinunter zum Jungen. Alle haben sie ihr Teil bekommen, aber auf Reede liegend haben sie nicht viel mehr davon gehabt als ein paar persönliche Einkäufe und, wenn's hochkam, gelegentliche Feiern Saturday Night an Bord. Während der Reparaturen sind sie mit Sack und Pack hin und her gezogen, was ihre Bequemlichkeit auch nicht erhöhte. Der Kommodore hat versucht, seine überzähligen Offiziere loszuwerden und gegen Matrosen der Ostindischen Company einzutauschen (Was soll ich mit soviel Offizieren?), was ihm nur in Einzelfällen glückte. Zusammengenommen hat er lediglich 23 Laskaren, Inder und Holländer zusätzlich anheuern können. An Bord der „Centurion" befinden sich jetzt 227 Besatzungsangehörige aller Dienstgrade, einschließlich der 30 Schiffsjungen.

Anson weiß, was er an ihnen hat. „Die jetzt noch übrig sind, kann nichts mehr erschüttern. Sie sind der zusammengeschmolzene Kern eines ganzen Geschwaders, hart und zäh bis auf die Knochen. Vielleicht versoffen, aber das ist auch eine Frage der Gelegenheit. Jedenfalls hole ich mit diesen Männern und Jungen den Teufel aus der Hölle — hoffentlich bald."

Die Gelegenheit kommt eher, als er denkt. Seitdem ihm der chinesische Machthaber von Macao in seiner schwierigsten Situation in den Rücken zu fallen versucht und am 18. Februar kurzerhand befohlen hat aufzuhören, da die ihm angeblich gesetzte Frist verstrichen sei, beantwortet er alle Anfragen wegen seiner Abreise nur noch ausweichend, wenn nicht barsch. Die Chinesen werden unruhig und denken, er wolle bleiben. Und als am 3. April zwei Mandarine ihn dringend ersuchen zu verschwinden, ist von Höflichkeiten nicht mehr die Rede. Im Gegenteil, er wirft sie bald hinaus und läßt mitteilen, er gehe, wenn er es für gut befinde. Da sie ihn nicht fortjagen können, nehmen sie alle chinesischen Arbeiter mit sich und verbieten auf der Stelle jeden Handel und Verkauf. Die „Centurion" erhält nun wirklich nichts mehr. Kein bißchen Gemüse, keinen Fisch, keine Räucherkerze, kein Krümelchen Tee, keinen Strohhut, kein Stück Seide und keine Jadekette als Mitbringsel. Der totale Boykott ist da, sie sind geächtet.

„Die können mir gestohlen bleiben", sagt George Anson. „Was soll's auch, wir haben hier sowieso nichts mehr verloren, das Schiff ist gut in Schuß, das Leck abgedichtet. Alles getrimmt, alles gesetzt, alles gesund. Also dann, Anker auf und raus aus dem Fluß — machen wir uns in Gottes Namen auf den Weg."

Und so geschieht es. Bis sie sich zwischen den Sandbänken und Untiefen freigezogen haben, vergeht eine volle Woche. Dann, am 18. April 1743, verläßt „Centurion" die Mündung des Kanton-Flusses, in der sie fünf Monate voller Mühe und Arbeit zugebracht hat. Es war noch unruhiger als auf See und fast ebenso isoliert. Nun stehen die Segel wieder voll, und die auslaufende Ebbe trägt das Schiff ins offene Meer.

Im Angesicht des Forts von Macao läßt der Kommodore 19 Salutschüsse lösen, die prompt erwidert werden. Es wiederholt sich die gleiche Szene wie bei der Ankunft, die Luft erdröhnt: Bum — bum — bum — bum — bummm!

Auf dem Fort ein Flaggensignal: Wohin gehen Sie?

Antwort von „Centurion": Nach Batavia und weiter nach England.

Gute Reise, weht es hinterher.

„Wenn das der Kurs nach Batavia ist, will ich einen Besen fressen", sagt wenig später Matrose David Ross zu seinen Kameraden.

„Je nun, du Schlaumeier weißt wieder mal alles besser", hänselt man ihn. „Wie kommst du denn darauf?"

„Ist euch noch gar nicht aufgefallen, daß wir der Sonne entgegensegeln?" gibt David zurück. „Also ostwärts, anstatt nach Süden?"

„Gewiß doch, er hat recht", mischt sich ein anderer ein, „achtet doch mal darauf, wie die Schatten der Masten an Deck fallen."

„Aber wir haben doch einen ganzen Packen Briefe und sonstige Postsachen aus Macao und Kanton an Bord, deren

Empfänger in Batavia wohnen", äußert sich ein Dritter, „die können wir doch nicht ohne weiteres verlorengehen lassen."

„Ohne weiteres ist gut", meint wieder ein anderer. „Wir sind schließlich ein Kriegsschiff Seiner Majestät und kein Postboot. Habt ihr noch nie davon gehört, daß man den Feind auf eine falsche Fährte lockt?"

„Ach, und da meinst du tatsächlich —", staunen sie.

„Ich will nichts gesagt haben", wehrt der vorige ab. „Aber was gehen mich anderer Leute Postsachen an. Ich habe nicht einen einzigen Brief von zu Hause bekommen."

„Ich auch nicht — ich auch nicht —", heißt es ringsum. „Das haben wohl nur die Offiziere." Und schon sind sie bei einem anderen Thema angelangt. David Ross hat ebenfalls keine Nachricht erhalten. Niemand hat seiner gedacht, nicht eine einzige Zeile war von der frommen Tante eingegangen. Man hat sie wohl alle buchstäblich abgeschrieben. Never mind, aber irgendwo tut es doch weh.

Ein alter Fahrensmann räuspert sich. „Um noch einmal darauf zurückkommen — Dave hat mit der Sonnenbeobachtung recht, wir segeln nicht nach Süden, vielmehr nach Osten."

„Das wäre ja zurück in den Pazifik!"

„Was hat das zu bedeuten?"

„Frag nicht so dumm —", erwidert der Alte ungerührt und steckt sich eine Pfeife an. „Das bedeutet noch ein bißchen Kaperkrieg und nichts anderes. Und was ist daran so schlimm? Ist es etwa besser, nach drei Jahren an Bord mit halbleeren Händen nach Hause zu kommen?" Er sieht sich um. „Ihr antwortet nicht? Na also."

„Darum also auch das tägliche Exerzieren mit den Kanonen", läßt sich einer im Hintergrund hören. „Mir geht ein Licht auf."

„Aber das tun sie doch bloß, um uns zu beschäftigen, weil es zur Zeit am Schiff selbst nicht so viel zu tun gibt."

Das klingt zwar beruhigend, aber nicht sehr überzeugend. Indessen machen die Bootsmannspfeifen allen weiteren Mutmaßungen ein Ende.

Auffällig oft geht es jetzt an die Kanonen. Gleich nach dem Wachwechsel, wenn die Posten verteilt und die Brassen steifgeholt sind, werden die übrigen ins Batteriedeck an die 24-Pfünder gescheucht. Das ist ein 15-Zentimeter-Kaliber und nicht von schlechten Eltern, mit drei Meter langen Rohren von vorne zu laden und schwer wie ein Rollwagen. Da heißt es Laschings los, da wird die dicke Schlinge des Brooktaues hinten eingepickt, die den Rückstoß aufzufangen hat, und der Richtkeil angesetzt. Schwamm, Brecheisen, Ansetzer und Wischer sind griffbereit, der Löscheimer steht daneben. Der Pulverbeutel kommt von vorn ins Rohr und der Ladepfropf, zuletzt die Vollkugel zur Übung. Das Zündloch wird mit dem Pulverhorn gefüllt, die Lunte genommen. Und nach dem Schuß, rein mit dem Schwamm und das Rohr sauber ausgewischt, ehe das Ganze von neuem beginnt.

Natürlich wird der Schuß nur markiert, man übt eben. Aber das Richten wird nicht markiert, und das Aus- und Einfahren schon gar nicht, wenn die Stückpforten aufklappen. Und zum Schluß wird noch einmal geladen, der Mündungspfropfen aufgesetzt und abgepfiffen. Alles kostet Kraft und Ellbogenfett, wie die Offiziere sich auszudrücken belieben. An den leichteren Kanonen des Oberdecks ist es nicht ganz so anstrengend. Doch egal, ob im gleißenden Licht der Tropensonne oder im Dämmer der Unterbatterie, in der Hitze arbeiten sie alle mit bloßem Oberkörper, und der Schweiß rinnt in kleinen Bächen von der gebräunten Haut.

„Was ist euch lieber, mit der Kanone umzugehen oder mit einem Gewehr?" fragen die Korporale scheinheilig. Die Seeleute murren unterdrückt, vom Schießprügel halten sie auch nicht viel. Nach allgemeiner Auffassung in der Navy grenzt es beinahe an Selbstmord, einem Matrosen ein Gewehr in die Hand zu drücken, doch diesmal muß es sein. Die Unterrichtenden beschränken sich indes auf einfachste Kommandos wie Laden — Zielen — Feuern. Und siehe da, bald geht es den Matrosen leicht von der Hand. Am Ende der Großrah wird ein leeres Faß als Zielscheibe aufgeheißt, schnell genug ist es von Kugeln durchsiebt. Die ganz Gerissenen verziehen sich in die Masten und wähnen sich dem Auge des Wachhabenden entzogen. Mitnichten. „Ihr Zugvögel könnt von oben herunter auf schwimmende Ziele schießen", heißt es listig, „mal sehen, wer am besten trifft!" Und schon fliegen leere Flaschen über Bord, und es macht peng-peng.

„Brav gemacht, Leute", lobt der Kommodore zuweilen, „und damit ihr mehr Geschmack an der Sache bekommt, soll euch der Proviantmeister mit Rum und spanischem Kognak traktieren, das hebt die Stimmung."

„Hurra für Kommodore Anson!" schreien sie erfreut. Doch warum das alles geschieht, verrät er ihnen selbst dann noch nicht, als besondere Gruppen von Scharfschützen zusammengefaßt werden.

„Matrose Ross", ruft es da unversehens, „hinunter mit dir zum Helfen in die Pulverkammer."

Ach, du meine Güte, warum gerade ich, wenn die anderen hier oben ihren Spaß haben. Weil er ein nüchterner, ehrlicher und sorgfältiger Mann ist, wie es die Regeln für Feuerwerker verlangen. So nützt denn kein Protest, er muß hinunter und Schießpulver in Beutel einwiegen. Weit unter der Wasserlinie, abgeschlossen von Luft und Licht. Wo man beim trüben Lampenschein aus abgeschirmten Nebenräumen barfuß oder in Pantoffeln umherschleicht. Wo man, um Funken zu vermeiden, die alles in die Luft sprengen könnten, kein eisernes Werkzeug benutzt. Wo die Pulverbeutel nach oben durchgereicht und von den Jungen schnellfüßig an die Kanonen getragen werden. Es wird ihm unheimlich dort unten, wo selbst das Niesen Staub aufwirbelt, und er ist froh, nach vorübergehender Aushilfe wieder ans Tageslicht zu kommen. Unten aber stapeln sich die Pulverladungen, die Kartuschen, die verschiedenartigsten Kugeln.

Wozu? fragt er sich und entsinnt sich dunkel, eine ähnliche Frage schon mal vor Jahren gestellt zu haben. Und auch die

Antwort ist ungefähr die gleiche. „Wozu?" sagt der Feuerwerkersmaat und sieht ihn forschend an. „Ich werde dir sagen wozu — es gibt wieder Kaperkrieg, klar zum Gefecht."

Gerüchte durchlaufen die Decks der „Centurion", Vermutungen verdichten sich, die Spannung wächst. Als Formosa wieder in Sicht kommt, hält es Kommodore Anson an der Zeit, der Besatzung reinen Wein einzuschenken.

Sie haben sich auf dem Achterdeck versammelt. Die Letzten seiner einstmals großen Gefolgschaft, die mit ihm durch dick und dünn gegangen sind. Er blickt von einem zum andern. Ihre feste Haltung, ihre entschlossenen Mienen, ihre offenen Augen zeigen, daß sie schon wissen, was auf sie zukommt. Er braucht deshalb auch nicht viele Worte zu machen oder sich in gewählten Redewendungen auszudrücken. Was er zu sagen hat, ist kurz, knapp und eindeutig.

Anson spürt das gute Schiff unter seinen Füßen, wie es sich wiegt und neigt, er fühlt den Schatten der Segel über sich. Er sieht das weißgescheuerte Deck, die Reihe der oberen Kanonen, das matt glitzernde Eisen, die Messingglocken, in denen sich die Sonnenstrahlen brechen, das neue Geflecht der Taue, und das Herz wird ihm weit. Sein Blick streift die Rettungsringe mit der frischen Aufschrift: „H. M. S. Centurion" ...

Seine Stimme ist so laut, daß man sie noch vorn am Bug versteht. Zuversicht und Entschlossenheit übertragen sich mit jedem Satz mehr und mehr auf seine Zuhörer.

„Seeleute, Soldaten! Es ist Zeit, daß wir uns wieder auf unsere eigentliche Aufgabe besinnen, nämlich die spanischen Schiffe, die uns begegnen, wegzunehmen, zu verbrennen, zu versenken, zu vernichten. Unser letztes und zugleich größtes Ziel ist noch immer die Manila-Galeone, der wir seit drei Jahren auf der Spur sind. Nichts hat uns davon abbringen können, alles andere war nur ein Vorspiel."

Er macht eine Kunstpause und fährt fort. „Jetzt kommt sie uns entgegen! In diesem Augenblick ist sie unterwegs zu den

Philippinen, die sie wie immer bei Kap Espiritu Santo erreicht. Wir werden sie dort erwarten, zum Kampf stellen — und die Galeone mit all ihren Schätzen kapern."

Hier unterbrechen wilde Hurrarufe seine Ausführungen. Anson läßt sie gewähren.

„Die Galeone ‚Nuestra Señora de Cabadonga' wird als starkes Schiff beschrieben mit mehr als 44 schweren Kanonen, ganz zu schweigen von den leichten. Sie soll fast 600 Mann Besatzung haben. Laßt euch nicht einschüchtern, Leute, vieles ist übertrieben, so auch die Sage von den meterdicken Bordwänden, die jeder Kanonenkugel trotzen. Solche Märchen wurden nur für Feiglinge erfunden. Sind wir etwa so schwach im Kopf oder so weich im Herzen, uns dadurch abschrecken zu lassen?"

Ein vielstimmiges „Nein, nein, wir werden sie schlagen!" ist die Antwort.

„Und ich verspreche euch", ruft Anson, „daß ich der scheinbar unverletzlichen Galeone so dicht auf den Pelz rücken werde, daß unsere Kugeln, anstatt von ihr abzuprallen, quer durchschlagen, zur einen Seite rein, zur anderen wieder raus..."

„Hurra, hurra, Sir, drauf und dran!" tönt es begeistert.

Zufrieden schaut sich Anson um. „Recht so, Männer! Das ist die Sprache, die wir gewohnt sind, ich verlasse mich auf euch. Wenn ihr im erprobten Geiste kämpft, wird es gelingen. Unser ist der Sieg — es lebe der König — es lebe England!"

„Es lebe der König — es lebe England!" Der Funke ist übergesprungen. Nach altem Navybrauch bringen sie three cheers aus. Ihre seit Mexiko fast begrabenen Hoffnungen bekommen neue Nahrung und flammen auf wie eine Fackel. Alle Rückschläge und Enttäuschungen sind vergessen, sie wollen siegen oder untergehen. Das Ziel ist so nahe, daß sie nur die Hand auszustrecken brauchen, um mit einem kurzen Waffengang für alles entschädigt zu werden. Es juckt ihnen in den Fingern, sie sind nicht mehr zurückzuhalten — der Endsieg ist schon zu fassen, es kann gar nicht mißglücken. Und haben sie nicht ebenfalls eine fast meterdicke Bordwand? Wo, zum Teufel ist die verfluchte Galeone, her damit!

„Proviantmeister, rück den spanischen Kognak raus", raunt Anson. „Man muß das Eisen schmieden, solange es warm ist."

Ja, wo steckt denn die Galeone? Auch die Offiziere setzen auf einen baldigen Sieg. Der Kommodore macht es ihnen noch einmal klar.

„Noch einmal, Gentlemen: Die Manila-Galeone ist regelmäßig im Monat Juni zu erwarten. Beim Überqueren des Pazifiks erreicht sie, wie wir, zuerst die Ladronen und erfrischt sich bei der Insel Guam. Von dort nimmt sie Kurs auf die äußerste Ecke der Philippinen, auf das Kap Espiritu Santo der Insel Samar. Danach segelt sie bis Manila im ständigen Landschutz der vielen Inseln, überall stehen Ausgucksposten und werden Leitfeuer angezündet. Der Posten auf Espiritu Santo brennt zwei Feuer ab, wenn sie nichts zu befürchten hat — wir wissen das alles durch unsere Kundschafter. Ist jedoch für die Galeone Gefahr im Anzug, so brennen vier Feuer oder mehr. In diesem Fall muß der Kapitän sofort mit dem Posten sprechen und mit der Galeone einen verborgenen Schlupfwinkel aufsuchen und sich auf Verteidigung einrichten."

„Daraus folgt, daß auch wir uns nicht zeigen dürfen, um keinen Verdacht zu erregen", bekräftigt Saumarez. „Das ist leichter gesagt als getan, Sir."

Er weiß, wovon er spricht. Er beherrscht die Navigation aus dem Handgelenk, aber die Seekarten sind wie immer veraltet und unzuverlässig. Das Inselgewirr der Philippinen ist, wenn überhaupt, nur ungenau und unvollständig vermessen. Sie müssen Tag und Nacht doppelten und dreifachen Ausguck gehen, tasten sich mit dem Lot voran und schlängeln sich zwischen umbrandeten Klippen und zwischen Untiefen hindurch, die überhaupt nicht in der Karte enthalten sind. Fünf kleine Inseln tauchen auf, die ganz woanders sein sollten. Sie treiben in rabenschwarzen Gewitternächten auf der Stelle und kreuzen durch Tage voll Sonnenglast. So nähern sie sich allmählich der Insel Samar mit dem Kap Espiritu Santo, wo die Galeone abgefangen werden soll.

Ende Mai erreicht die „Centurion" die geographische Breite des Kaps. Kreuzt hin und her, immer sorgsam darauf bedacht, nicht in Sicht der Küste zu geraten. Die Engländer wähnen sich unentdeckt, aber die scharfäugigen Wachen auf Samar werden das britische Kriegsschiff doch gewahr, das die unberechenbaren Strömungen mehr denn je nach Land zu versetzt haben. Eilig wird die Entdeckung zur nächsten Insel signalisiert, und von Insel zu Insel schließlich dem spanischen Gouverneur in Manila gemeldet. Der weist die Anwesenheit eines englischen Kriegsschiffes weit von sich, will es einfach nicht wahrhaben. Woher sollte ein solches Schiff wohl kommen? Seine Spione haben ihm aus Macao von einer kampfunfähigen, halb abgetakelten „Centurion" berichtet, deren Besatzung am Aussterben sei. Ein Angriff auf die Galeone? Lächerlich! In letzter Minute läßt der hohe Spanier ein Geleit zusammenstellen, das die Galeone beschützen und sicher nach Manila bringen soll. Aber auch dies, nur halbherzig unternommen, verzögert sich. Alles kommt zu spät.

Und so läuft die Galeone „Nuestra Señora de Cabadonga" unausweichlich den Engländern ins offene Messer.

„Woran sollen wir sie eigentlich aus der Ferne erkennen, Sir?" fragen die Offiziere den Kommodore bei der letzen Lagebesprechung. „Es gibt viele Schiffe auf den sieben Meeren, und man kann nicht jedes vorher anrufen, ehe man das Feuer eröffnet."

Anson winkt energisch ab. „Da gibt es nicht viel zu rufen. Europäische Schiffe dürfen mit den Philippinen keinen Handel treiben und sind hier nicht anzutreffen, und von Amerika kommt nur ein einziges Schiff, eben die besagte Galeone. Sie allein ist vom König im Überseehandel zugelassen. Man erkennt sie schon von weitem, Gentlemen, es sei denn, man wäre mit Blindheit geschlagen."

Die Offiziere sehen ihn neugierig an. „Sir —?"

„Passen Sie auf! Nach der Weise spanischer Schiffe führt auch die Galeone ihr Trinkwasser anstatt in Fässern in irdenen Behältern mit sich. Für die vielen Menschen an Bord ist das zuweilen etwas knapp, und auf der langen Überfahrt stellt sich Wassermangel ein. Um dem abzuhelfen, überspannen sie das Deck mit Matten oder Sonnensegeln und fangen die schweren Regengüsse der Tropen auf. Das ganze ruht auf einem Gerüst aus Bambusrohr. Dieses Gerüst erkennt man schon von weitem, es ist typisch für das Schiff. Außerdem ist die Galeone auf der Herfahrt nur leicht beladen und ragt hoch aus dem Wasser heraus. Machen Sie das auch allen Ihren Männern klar."

Die Zuhörer nicken zustimmend und reiben sich die Hände. Sie haben alles verstanden und werden das Gehörte auch ihren Leuten einschärfen. Soll die Galeone nur kommen. Je eher, desto besser. Sie werden ihr einen heißen Empfang bereiten.

Doch vorerst wird ihre Geduld noch auf eine harte Probe gestellt. Seit dem 20. Mai kreuzt „Centurion" vor Kap Espiritu Santo. Mal so weit entfernt, daß man vom Mastkorb eben noch einen bloßen Küstenstrich erkennt, mal so nahe heran verschlagen, daß man die bewaldete Felsenküste mit bloßem Auge von Deck aus sieht. Nachts liegt das Linienschiff unter kleinen Segeln, und jeder an Bord hofft, daß ihnen der Spanier nicht durch die Lappen geht. Eintönig ziehen sich die Tage hin, ausgefüllt mit Exerzieren, das schon seinen Reiz verliert.

Anfang Juni steigen die Erwartungen aufs höchste. Jetzt müßte die Galeone eintreffen, jeden Tag, jede Stunde. Es ist ihre Zeit. Vielleicht könnten auch zwei kommen, da die des vergangenen Jahres ausgeblieben war. Doch nichts läßt sich blicken, und die Enttäuschung ist groß. Mitte Juni weht es wieder zwei Tage aus östlichen Richtungen. Ein wunderbarer

Segelwind, der ihnen die Galeone direkt in die Arme treiben muß, oder sagen wir besser müßte. He, Ausguck, kommt die Galeone, ist was zu sehen? Der Ausguck verneint, der Horizont ist nach wie vor ein leerer Strich.

Einer der Offiziere schreibt in sein Tagebuch: „19. Juni — die Galeone müßte, wenn sie überhaupt kommt, bald erscheinen."

Er hat recht und braucht nicht mehr lange zu warten. Am nächsten Morgen, es ist der 20. Juni 1743, bei Sonnenaufgang, meldet der Ausguck ein Segel im Südosten, noch halb unter dem Horizont. Gegen acht Uhr erkennt man deutlich den Schiffsrumpf. Zwischen den Masten zeichnet sich ein Gerüst ab. Es ist die Manila-Galeone.

Seiner Majestät Schiff „Centurion" erwacht zu fieberhafter Geschäftigkeit. Trommeln und Pfeifen zerreißen die Stille, endlich weicht die durch das Warten angestaute Spannung. Jetzt geht es los. „Alle Mann auf Station — alle Mann auf Station — klaaaar Schiff zum Gefecht!"

Kampf und Sieg

Der Spanier hat sie ebenfalls bemerkt. Drüben löst sich eine Wolke von Pulverdampf, eine ganze Weile später dringt der Knall eines Kanonenschusses über das Meer. „Sie ist noch weit entfernt", stellt Kommodore Anson fest, „ob sie uns als feindlich erkannt hat, darf man bezweifeln. Im Gegenteil, sie begrüßt uns — begrüßen wir sie ebenfalls — los!" So macht es denn auch auf „Centurion" noch einmal freundlich bummm!

Später, als alles vorbei ist, hört man, daß die auf der Galeone keinen Verdacht geschöpft und fälschlich angenommen haben, eins der üblichen Versorgungsschiffe käme ihnen von Manila entgegen. Zudem hatten die Nachrichten über den angeblich baufälligen Zustand der „Centurion", die sich mit ihrer kleinen Besatzung kaum verteidigen und schon gar nicht an einen Angriff denken könne, den Kommandanten der Galeone sorglos und selbstsicher gemacht. War sein Schiff überdies nicht viel größer, und hatte er nicht mehrere hundert Mann an Bord? Was also sollte er fürchten?

Auf „Centurion" begibt sich jeder auf seine Gefechtsstation. Tief unten im Schiff die Feuerwerker in die Pulverlast und die Sanitäter auf den Verbandsplatz. Besonders standhafte

Gefechtsrudergänger besetzen das Steuerrad. Schiffsjungen verstreuen überall Sand, damit die Füße besseren Halt finden. Artilleristen schichten Kanonenkugeln zu Pyramiden, in Blechkästen glimmen die Lunten. Die Pulverjungen bringen wieselflink die Beutel zu den Kanonen. Um die 24-Pfünder herrscht Gedränge. Wassereimer werden aufgestellt, zum Löschen und Waschen. Schwamm, Keile, Ansetzer und Wischer, her damit!
„Stoßt die Pforten auf — los die Laschings."

Als die lange Reihe der Stückpforten aufklappt, flutet Sonnenlicht in das dunkelrote Batteriedeck. Alles, was dort im Wege ist, wird beiseite geräumt. Im Halbdunkel des Hintergrundes legen sie die Bretterwände im Offiziersdeck nieder. Andere schleppen Hängematten die Niedergänge hoch und zur Reling, wo sie als Kugelfang dienen sollen.

„Ausfahren —!" Es knarren die Flaschenzüge, es schwellen die Muskeln der Männer. Als die schweren 24-Pfünder rollen und die Nasen ins Freie stecken, geht ein hohles Gepolter durch den ganzen Schiffskörper, wie durch eine Baßgeige, die bald aufspielen wird.

Der Kommodore kommt mit seinem Anhang die Treppen herunter, um sich von der Gefechtsbereitschaft zu überzeugen. Sie sind bewaffnet wie die Räuber. „Wir sind viel zu wenig Leute, um alle Kanonen mit den nötigen zehn, zwölf Mann gleichzeitig zu besetzen", redet Anson auf seine Begleiter ein, „das Problem müssen wir anders lösen."

„Und wie, Sir?"
„Stellen Sie an jede Kanone zwei Mann..."
„Nur zwei Mann?" fragen sie erstaunt.
„Sie haben richtig gehört, nur zwei Mann", wiederholt Anson, „zwei Mann, die nichts weiter zu tun haben, als die Kanone zu laden. Ist das klar?"

Aye, aye, Sir, nur zum Laden, und was tun die anderen?
„Der Rest der Artilleristen bildet größere Gruppen", fährt der Kommodore fort. „Sie haben nur die Reihe der Kanonen entlangzugehen, sie ein- und auszufahren und eine nach der

anderen abzufeuern. So können wir fortlaufend schießen und halten den Gegner dauernd im Trab."

Eine gute Idee, trotzdem meldet sich der Feuerwerker zu Wort: „Wenn ich recht verstanden habe, feuern wir keine Breitseite?"

Anson verneint. „Keine Breitseite, die Pausen zwischen den einzelnen Salven sind ohnehin groß, und dann —", er überlegt kurz, „und dann weiß man bei älteren Schiffen nie, ob der gewaltige Rückstoß einer Breitseite dem eigenen Schiff keinen Knacks gibt."

„Sehr wohl, Sir." Das wäre mal etwas Neues, eine Notlösung.

Im vorderen Batteriedeck ist der Koch am gemauerten Herd zugange. „Fach das Feuer kräftig an, Chef, falls wir mit glühenden Kugeln schießen müssen." Anson will schon weitergehen, als er aus den Augenwinkeln frisches Fleisch bemerkt und stutzt.

„He, Chef, das ist doch Hammelfleisch, das ich mir zum eigenen Verbrauch von Macao mitgenommen habe, oder etwa nicht? Und mir habt ihr erzählt, das wäre alles schon aufgegessen. Was, zum Teufel, bedeutet das?"

Der hat vielleicht Nerven, vor dem Gefecht noch nach seinem Hammelfleisch zu fragen! Der Koch indessen läßt sich nicht einschüchtern und strahlt über das ganze Gesicht.

„Das habe ich mir extra für diese Gelegenheit beiseite gelegt, Sir", meldet er und wischt seine Hände an der speckigen Schürze ab. „Damit ich was Besonderes auftischen kann, wenn wir den spanischen Kommandanten in die Pfanne gehauen haben und Euer Ehren ihn zum Essen bitten."

Unwillkürlich muß auch Anson schmunzeln. Die Siegeszuversicht seiner Leute ist unerschütterlich. Sie zieht sich durch alle Chargen, sogar bis zum Koch. Da muß man ja einfach gewinnen, da kann überhaupt nichts schiefgehen.

An Deck befehligt der Erste Leutnant, Philip Saumarez. Sie sind beim Trimmen der Segel. Scharfschützen halten sich bereit, um ihre Positionen in den Masten einzunehmen. Sie werden von dort auf das Deck des Gegners hinunterfeuern.

„Boote einschwingen!" erschallt ein anderer Befehl. Damit sie sich beim Nahkampf nicht ineinander verhaken. Die in ihren Galgen ausgeschwungenen Boote werden nach binnenbords geklappt und die Bordwand freigemacht. Ob es zum Nahkampf kommt?

Langsam segelt die Galeone heran. Der Himmel bezieht sich zwischendurch, Regenböen behindern strichweise die Sicht und verschleiern den Spanier. Jedesmal, wenn die Sonne wieder durchbricht und es aufklart, ist die Entfernung kleiner geworden.

Linkerhand liegt die Insel Samar und nur wenige Meilen entfernt der Hafen Port Japay, der für die Galeone ein Schlupfwinkel sein könnte. Den Spaß wird er ihr versalzen, denkt Kommodore Anson, sie soll ihm nicht entwischen! Der Wind ist auflandig. Die Segler ziehen ihre Bahn und neigen sich zur Seite.

„Wir greifen gegen den Wind an", instruiert er den Ersten Leutnant. „Das heißt, wir schieben uns zwischen Land und Galeone und schneiden ihr so den Fluchtweg ab. Sie muß sich zum Kampf stellen, ob sie will oder nicht. Es bleibt ihr keine andere Wahl."

„Aber wir zeigen ihr dabei unsere hohe Luvseite und bieten ein besseres Ziel, Sir", kontert ein anderer Leutnant.

„So? Na, dann passen Sie mal auf, wie ich mit der Schlitten fahren werde", erwidert George Anson lachend.

Gegen Mittag sind die beiden Schiffe einander so nahe gekommen, daß man mit bloßem Auge Einzelheiten unterscheiden kann. Ungeachtet der Gefahr, fast gleichgültig hat die Galeone ihren Kurs beibehalten. Sie ist viel größer als die „Centurion", ein hohes Schiff, das von Menschen wimmelt. Sie scheint gut bestückt und ist an der Reling mit Netzen und spitzen Piken versehen, um Angreifer am Entern zu hindern.

Etwa um halb zwölf verkürzt die Galeone die Segel, gleichzeitig werden die spanischen Fahnen und der Kommandowimpel im Topp gesetzt.

Die besser segelnde und schräg von hinten auflaufende „Centurion" gerät allmählich in Reichweite und nimmt die Untersegel fort, um freies Schußfeld zu bekommen. Sie lüftet ihren Schleier und heißt die englische Flagge, gleichzeitig entfaltet sich im Großtopp der Kommodorestander. Gegen das Himmelblau leuchtet es blutrot.

Die Engländer lecken sich die Lippen. Vor ihnen schwimmt ihr Ziel. Die Galeone, das Silberschiff, Reichtümer im Bauch. Jahrelang sind sie ihr wie einem Phantom nachgejagt, haben zwei Drittel des Erdballs umkreist, sind verdorben und gestorben. Ein Kloß steigt ihnen in die Kehle, das Herz klopft bis zum Hals. Sie blicken auf das hohe verzierte Heck, die Galerie, die kunstvollen Lampen, auf die schneeweißen Trapeze der Segel. Da schwimmt sie, die „Nuestra Señora de Cabadonga", sie brauchen nur zuzupacken. Die Offiziere genießen das schöne Bild, die Matrosen lassen die Gewehre sinken, und die Kanoniere treten für einen Augenblick beiseite. Es ist, als erfülle sich ein Traum...

Auf der Galeone scheint man offenbar erst jetzt zu begreifen, was eigentlich gespielt wird. In aller Eile werden größere und kleinere Gegenstände über Bord geworfen und bleiben im Kielwasser zurück. Lebende Rinder, Holz, Fässer und anderes. „Was ist das denn?" fragen sich die Engländer verblüfft. „Die machen ja jetzt erst klar Schiff zum Gefecht!"

„Dem wollen wir zuvorkommen", fährt der Kommodore auf, „wir sind zwar noch nicht in Pistolenschußweite, aber trotzdem." Er hebt den Arm und läßt ihn dann mit einem Ruck fallen. „Feuer — frei!"

Der Zauber weicht schlagartig, der friedliche Sommertag verwandelt jäh sein Gesicht, als „Centurion" aus Bugkanonen das Feuer eröffnet. Es knallt und kracht, Kugeln und Kartätschen jaulen davon. Es fegt die Spanier aus den Masten und hüllt die Galeone in Wassersäulen. Das Schatzschiff schießt sofort mit zwei Heckkanonen zurück. Die Salve liegt zu hoch, durchlöchert die Segel der „Centurion" und läßt Splitter aus der Takelage an Deck fallen. Man springt hastig zur Seite, niemand ist verletzt. Aber jetzt wird es tödlich ernst.

In der nächsten halben Stunde schiebt sich „Centurion" voraus, ihre Kanonen nacheinander ins Spiel bringend. Im Zwischendeck quieken die Ratten ob des höllischen Lärms und laufen vor Angst davon. Die Luft ist dick vom beißenden Pulverqualm, der Seitenwind treibt ihn durch die offenen Pforten zurück. Zwischen den Schwaden erblicken die Kanoniere querab das Deck der Galeone, das sich ihnen zuneigt. Jedesmal wenn sie eine Kanone schußbereit ausfahren, werfen sich die Spanier drüben flach hin, um nach der Detonation sofort wieder aufzuspringen, wie sie es gelernt haben. Doch dies ist keine Breitseite mit längeren Pausen. Verstummt die eine Kanone, schießt schon die nächste. Die Spanier kommen kaum zum Aufstehen und Luftholen, sie halten ihre Nasen unten. Immerfort knallt es!

Von Anbeginn sind die Engländer im Vorteil. Die Spanier können das Feuer nur unvollkommen erwidern. Ihr Schußfeld ist enger, und sie können nur wenige Kanonen zugleich auf die „Centurion" richten. Die Engländer indessen jagen auf kürzeste Entfernung pausenlos Schuß auf Schuß aus dem Rohr. Laden — ausfahren — bummm — einfahren! Laden — ausfahren — bummm — einfahren! Auf beiden Schiffen splittern Balken, klaffen Löcher, zerbricht die Verschanzung, wirbeln Kugelfänger hinweg. Die prächtige spanische Flagge fetzt davon, im Eisenhagel heißt man ein neues Tuch. Menschen gestikulieren wild. „Was ist das, was haben die?"

Plötzlich zuckt auf der Galeone eine grelle Stichflamme so hoch, daß sie die Segel ansengt. Der Enterschutz an der Reling, die Matten und Netze haben Feuer gefangen. Der Anblick ist so bedenklich, daß auch Kommodore Anson sich sorgt. „Hören Sie, Saumarez, hoffentlich fliegt der Vogel nicht mitsamt seinem Pulver in die Luft. Dann nimmt er uns mit in den katholischen Himmel, und wir haben bei der Beute das Nachsehen."

„Hoffentlich nicht, Sir."

Man ist nur noch einen guten Steinwurf voneinander entfernt, jetzt kann Anson den Gegner im Nahkampf fertigmachen. Man sieht schon das Weiße in den aufgerissenen Augen der Spanier, die planlos durcheinanderlaufen. Wie Hühner ohne Köpfe, denkt David Ross. Und Philip Saumarez schüttelt den Kopf über einen Gegner, der jegliche Umsicht vermissen läßt. Während des Brandes geht die erbarmungslose Kanonade weiter. Von oben nehmen die Scharfschützen jeden spanischen Offizier aufs Korn, dessen schmucke Uniform ihn schon von weitem kenntlich macht. Sie sehen, daß ein Mann mit vielen Rangabzeichen gestützt wird und davonwankt. Wie es sich später herausstellt, ist es der Befehlshaber der Galeone, General Don Jeremino de Mentero, ein angeheuerter Portugiese. Er gilt als mutig und erfahren und weiß nicht mehr, wie ihm geschieht.

Das Gemetzel ist verheerend. Menschen sinken nieder, werden aus der Feuerlinie geschafft oder gleich über Bord geworfen, wenn ihnen nicht mehr zu helfen ist. Das Deck der Galeone steht voll roter Lachen. Die Engländer schießen in ein Inferno von lodernden Matten, glimmenden Tampen und verbrannter Leinwand. Hinter der brennenden Walze breiten sich Furcht und Entsetzen aus. Dann gelingt es den Spaniern, den ganzen Kram zu kappen, so daß er ins Wasser fällt und verlöscht.

Als sich die Rauchwolken verziehen, tobt das Gefecht noch heftiger weiter. Die Spanier haben sich merklich gefaßt und erwidern den Beschuß aus allen Rohren. Schwere Treffer erschüttern die „Centurion" wie Faustschläge, die Masten samt Takelage erzittern vom Kiel bis zum Flaggenknopf. Das obere Ende des Vormastes bricht ab und kommt splitternd herunter. Der halbe Bugspriet fliegt davon, das Vorsegel zerreißt. Ein

Hagel von kleinen Steinchen, Nägeln und Kugeln schwirrt den Engländern um die Ohren. „Verdammt noch mal", schreit einer durch den Lärm des Gefechts, „das sind die kleinen Pedros, die Dreipfünder. Da stopfen sie jeden Mist rein, sogar Kattenschiet — Kopf weg!"

Sonst haben sie sich wenig zu sagen. Den Kanonendonner im Ohr, der jedes Wort erstickt, ätzenden Pulvergeschmack auf der Zunge, den Luftzug kleiner Geschosse an der Backe spürend, beißen sie die Zähne zusammen und bewegen sich mechanisch wie eine Maschine, eine Kriegsmaschine. Sie kämpfen wie ein Team, das hat ihnen Anson in langen Monaten beigebracht. Jedermann, vom Ersten Leutnant bis zum letzten Pulverjungen, kennt seine Aufgabe und führt sie ungeachtet des Kampflärms aus. Nichts kann sie bewegen, ihre Posten zu verlassen, ob oben an Deck, dessen Planken mit Trümmern übersät sind und von Pulverschleim schlüpfrig zu werden beginnen, oder in der Unterbatterie, wo das vergossene Blut gegen die rote Farbe weniger auffällt. Schnell Sand darüber hingestreut! Sie hören nicht einmal die ermunternden Worte des Kommodore, der im dicksten Getümmel von Mann zu Mann geht und seine sprichwörtliche Ruhe ausstrahlt. Der aber selber seine fünf Sinne zusammennehmen muß, als ausgerechnet im Niedergang zur Pulverkammer ein Ballen Werg in Flammen aufgeht und „Centurion" in allerhöchste Gefahr bringt. Glücklicherweise haben sie das drohende Verhängnis im Handumdrehen unter Kontrolle. Brand erstickt, fertig!

Während man auf der Galeone mehr und mehr, und sogar buchstäblich, den Kopf zu verlieren scheint, läuft auf „Centurion" noch alles wie am Schnürchen. Schuß auf Schuß verläßt das Rohr, als wären die Kanonen selbst außer Rand und Band. Die Vorderlader sind schon so heiß, daß man sich beim Pulverladen vor Rohrkrepierern hüten muß, und die heftigen Rückstöße zermürben die Halteseile der klobigen Lafetten. Englische Kartätschen bestreichen wieder und wieder das Deck der Galeone und fegen es leer.

Drüben geht es drunter und drüber, schon zeichnet sich die Auflösung ab. Dem verwundeten Befehlshaber ist die Führung entglitten. Die noch kampffähigen Offiziere haben alle Hände voll zu tun, die von ihren Posten fliehenden und schutzsuchenden Mannschaften zurückzutreiben. Schließlich müssen sie es aufgeben. Das spanische Feuer läßt merklich nach, und auch die Engländer werden mit ihren heißen Rohren zurückhaltender. Langsam nähert sich das Artillerieduell seinem Ende. Die beiden Schiffe sind nur noch drei Bootslängen auseinander. Einige gutgezielte Schüsse der „Centurion" bringen den Abschluß.

Die Takelage der „Nuestra Señora de Cabadonga" gleicht zerrissenem Spinnweben. Nachdem schon kurz nach Kampfbeginn die spanischen Farben mitsamt dem Flaggenstock weggeschossen, neu aufgebracht und abermals abrasiert wurden, sieht man nunmehr einen Mann zur Spitze des Großmastes klettern. Dort flattert noch immer der spanische Kommandowimpel. Mühsam hangelt er sich nach oben, Hand über Hand und Meter für Meter. Kommodore Anson, der das Vorhaben des Mutigen erkennt, will, daß er mit heiler Haut davonkommt, und brüllt über Deck:

„Feuer einstellen!"

Urplötzlich Ruhe ringsum. Eine einzelne Kanone hinkt mit einem Paukenschlag noch nach. Dann lähmende Stille, in der alle kleinen Geräusche wieder wach werden. Das Plätschern des Wassers an der Bordwand, im Winde klatschende Segelfetzen, eine Kugel, die über das wiegende Deck rollt — und das Stöhnen der Verwundeten. Die Kriegsmaschine hält den Atem an. Engländer und Spanier wischen sich den Schweiß von der Stirn und schauen auf den Kletterer, der soeben die Mastspitze erreicht. Er streckt die Hand aus — und nimmt das prächtige, wappenbestickte Tuch fort. Als der Wimpel verschwindet, braust ein Hurrageschrei aus zweihundert englischen Kehlen auf. Der Kommandant der Galeone hat die Flagge gestrichen und aufgegeben. Das Gefecht ist vorüber ...

Die Engländer haben gesiegt, ihre Voraussagen sind in Erfüllung gegangen. Die ersten Schüsse fielen vor kaum zwei Stunden. Trotz der Heftigkeit, mit der auf beiden Seiten gefochten wurde, haben die Engländer nicht mehr als zwei Tote und siebzehn Verwundete zu beklagen. Einer stirbt ihnen unter den Händen, als sie dem Unglücklichen bei vollem Bewußtsein und mit viel Rum ein Bein amputieren.

Als Philip Saumarez wenig später mit einem Prisenkommando das Deck der Galeone betritt, um das Schiff zu übernehmen, bietet sich ihm ein schreckliches Bild. „Es sieht ganz so aus, wie man es nach hartem Kampf erwarten muß", berichtet er. „Überall ein Durcheinander von leblosen Körpern, Gedärmen und abgerissenen Gliedern. Um die Großluke herum findet man besonders viele Leichen."

Und das, obwohl die Spanier noch während des Gefechts unverzüglich ihre Toten und tödlich Verwundeten aus dem Weg geräumt und über Bord geworfen haben. Zuletzt aber wurde es ihnen zuviel. Sie hätten hohe Verluste erlitten, sagen sie, 67 Tote und 84 Verwundete, aber es werden immer mehr. Auch die mit nur 440 Mann angegebene Besatzung wird immer größer, am Ende sind es schon 550 Gefangene.

Die „Nuestra Señora de Cabadonga" ist zwar ein großes, starkes Schiff, denkt Saumarez, aber mit diesen 44 Kanonen kann sie keinen Staat machen, und die kleinen Pedros zählen auch nicht viel. „Das ist doch eine zusammengesuchte und noch dazu veraltete Bewaffnung. Man merkt, daß Spanien keine nennenswerten Waffenwerkstätten hat. Und dann lassen sich die Kanonen in ihren engen Pforten auch kaum herumschwenken", bemerkt er verwundert. „Die vielgerühmte, unantastbare Galeone stellt man sich doch anders vor."

„Wir haben uns eben völlig auf unsere starke Besatzung und auf ein Entern Mann gegen Mann verlassen, aber nicht auf ein Kanonenduell", gibt der Befehlshaber niedergeschlagen zu. „Und außerdem hat uns der Gouverneur von Manila ein ganz falsches Bild von der ‚Centurion' übermittelt. Es war alles zu sorglos und selbstsicher — aber ich habe mein Bestes getan."

Saumarez zweifelt nicht daran und versichert dem Bedauernswerten seine Hochachtung. Der General hat einen Gewehrschuß in der Brust, kann nur mühsam sprechen und ist nicht transportfähig. Er hat sein Bestes getan, auch der Hauptmann und der Feuerwerker ebenfalls. Der Hauptmann, ein Neffe des Vizekönigs von Mexiko, ist tödlich verwundet und stirbt wenige Stunden nach der Übergabe. Der gleichfalls schwerverwundete Feuerwerker erholt sich später. Das Ungewisse ihrer Zukunft lastet auf ihnen, sie erwarten von den Siegern nichts Gutes. Erst als Saumarez ihnen angemessene Behandlung und Unterkunft verspricht, richtet sie das ein wenig auf. Ihre Selbstsicherheit ist allerdings dahin.

Sie sind allesamt Opfer einer falschen Sorglosigkeit. Es wird schon klargehen, es ist doch immer klargegangen. Warum auch nicht, es passiert doch höchstens alle fünfzig Jahre etwas, wie die Erfahrung lehrt. Nur sind die friedlichen Jahrzehnte auch in diesem Teil des Weltmeeres wieder einmal vorbei, und so büßen die Spanier ihre Versäumnisse mit riesigen Verlusten, die sich überhaupt nicht absehen lassen. Die Sieger wissen nicht, was ihrer an Beute harrt, und aus den Gefangenen ist vorerst kein vernünftiges Wort herauszukriegen.

Schon bestürmen die Matrosen den Ersten Leutnant mit hitzigen Fragen. „Wo ist denn nun das Geld, Sir, wo liegt der fabelhafte Schatz verstaut?"

„Ich habe da eine Silberkiste gesehen, Sir, die war schon aufgebrochen —", meldet ein anderer eifrig.

„Unten im Raum liegen eine Menge Achten verstreut, sieht aus, als hätte sie jemand verloren!" ruft ein Dritter mit glänzenden Augen. Achten sind Pesos (im Gewicht zu 8 Silberrealen), eine von Karl V. in Spanien eingeführte, dem deutschen Taler entsprechende Silbermünze.

„Möchte bloß wissen, wieviel du dir schon in die Tasche gesteckt hast", grollt ein anderer, Mißtrauen in der Stimme.

„Daß mir keiner den Verstand verliert", warnt Philip Saumarez eindringlich, „laßt alles stehen und liegen, wir haben im Augenblick anderes zu tun, als nach der Beute zu suchen. Zuvor müssen die Gefangenen von Bord. Rasch, an die Boote und rüber mit ihnen zur ‚Centurion'."

Mit schmerzverzerrten Gesichtern verlassen die Spanier ihr Schiff. Verwundet, entmutigt, geschlagen begeben sie sich in die Gewalt des Siegers, dessen Bordwand dunkel vor ihnen aufragt. Auch die „Centurion" zeigt deutliche Spuren des Kampfes. Ihre Seiten sind zerkratzt, Planken haben sich gelöst, eine Kanonenkugel steckt halb im Holz, Versteifungen baumeln herunter, Strickleitern sind zerrissen, eine schiefe Rah mit Segel sieht aus wie ein kaputter Fächer. Zerschossene Beiboote sind nur noch Treibholz.

Bis zum Abend haben dreihundert Menschen das Schiff gewechselt. Alt und Jung, hoch und niedrig, Soldaten, Kavaliere, auch Passagiere. Und noch immer hört das Sterben nicht auf. Soviel sich auch die Ärzte bemühen, das Leben verflackert weiter. Der Stolz ist gebrochen, der Wille erloschen.

Einigen dagegen steht der Widerstand im Gesicht geschrieben. Der unmittelbaren Gefahr entronnen und zuletzt noch ein wenig außer Atem, spähen sie nun flink in die Runde und erheben ihre kritische Stimme. „Was, solch schwache Besatzung hat die ‚Centurion' nur?" zischen sie. „Und dieser kleine Haufe hat uns besiegt und will sich mit einem Millionenraub davonmachen. Madre de Dios, da soll doch . . ."

Die Engländer spüren die Gefahr, die ihnen aus der großen Anzahl Spanier erwächst. Wie wollen sie mit ihnen fertigwerden? „Die könnten leicht den Spieß umdrehen, Sir", warnen sie ihren Kommodore.

Anson gibt ihnen recht. „Das liegt auf der Hand", sagt er und dreht den Daumen nach unten. „Runter mit den Gefangenen in den Laderaum, wo er am tiefsten ist. Der verwundete General kann meine eigene Kajüte beziehen, die siebzehn Offiziere soll Saumarez in seinen Räumen unterbringen. Der

Erste Leutnant wird sowieso Kapitän auf der Prise, und wir behelfen uns, so gut es geht. Die Masse aber muß runter in den Schiffsbauch. Verwahrt sie gut, nur laßt sie nicht ersticken."

„Wo wollen wir überhaupt mit ihnen hin, mit Verlaub zu fragen?"

„Wo wir hergekommen sind", erwidert Anson, kurz angebunden. „Bewacht sie nur gut, es sind doppelt so viele wie wir. Ich verlasse mich auf euch."

Und so müssen die Verlierer, entwaffnet und gedemütigt, zu allem anderen auch noch in die Tiefe und schwitzen. Die Niedergänge werden zu bloßen Luftschächten gemacht und von Doppelposten bewacht. „Und noch eine Warnung, amigos, beim geringsten Widerstand wird geschossen. Aufruhr wird im Keim erstickt und jede Gewalttat mit dem Tode bestraft, saben?" Selbst der verwundete General bekommt einen ständigen Aufpasser, und die siebzehn Offiziere erhalten eine Wache von sechs Mann.

Anson will ganz sichergehen. „Um vor Überraschungen sicher zu sein, schlafen wir selbst nur mit der Waffe in der Hand und meine Offiziere außerdem angekleidet."

Die Spanier sind unter der Wasserlinie eingepfercht, von Ungeziefer geplagt, in der tropischen Hitze von Schweiß und atemberaubendem Gestank bis zur Übelkeit gewürgt. Bei kleinen Mahlzeiten, die sie eben noch am Leben erhalten, und bei täglich einem halben Liter Wasser, daß ihnen der Gaumen trocken wird. Als die ersten von ihnen nach drei Wochen Gefangenschaft wieder ans Tageslicht kommen, sind sie nur noch ein Schatten ihrer selbst und kaum wiederzuerkennen. Die Engländer rechtfertigen sich später mit guten Gründen.

„Ist es trotz allem nicht wunderbar, daß es neben drei Schwerverwundeten nicht einen Toten gegeben hat? Wir waren nicht auf diese vielen Menschen vorbereitet, mit denen wir nun alles zu teilen hatten, obwohl uns das Wasser bildlich bis zum Halse stand. Wie hätten wir uns wohl in dieser Situation anders verhalten sollen?"

Was war an der Situation so beschwerlich?

„Nun, wir hatten zwei angeschlagene Schiffe zu navigieren, einen ungeheuren Reichtum zu bergen und mußten eine Überzahl von Feinden im Zaum halten, die nur darauf warteten, sich bei der geringsten Chance wie ein Mann gegen uns zu erheben.

Zu alledem befanden wir uns mit den nur noch bedingt seetüchtigen Schiffen in größtenteils unbekannten und gefährlichen Gewässern, in denen wir jederzeit Schiffbruch erleiden konnten, die stürmische Jahreszeit fing an. Wir mußten versuchen, einen Ausweg zu finden; denn mit dem Sieg allein ist es nie getan."

So schnell wie möglich erklärt Kommodore Anson die eroberte „Nuestra Señora de Cabadonga" zum Kriegsschiff Seiner britischen Majestät. Das Kommando überträgt er Philip Saumarez und befördert ihn gleichzeitig, durch Urkunde und mit Salutschüssen, in aller Form zum Captain. Unter den Hochrufen seiner neuen Besatzung, bestehend aus 15 Engländern und 60 Spaniern, läßt Captain Saumarez auf der Prise die englischen Farben und den Kommandowimpel setzen. Nun hat er, was er jahrelang anstrebte. An Bord der „Centurion" rückt Leutnant Dennis an seinen Platz. Master Nutt, der Navigator, wird Dritter, und der draufgängerische Augustus van Keppel wird Leutnant.

Wie immer vor Beginn des Monsuns ist das Wetter launisch. Die Dünung läuft hoch, und der Himmel hat ein ungutes Aussehen. Beide Segler liegen still. Man ist mit dem Bergen des Schatzes beschäftigt. Unablässig pendeln Boote zwischen den Schiffen, die Menschen, Geldkisten und Silberbarren von der Galeone zum Linienschiff tragen. Es geht alles sehr langsam und gründlich von der Hand, auch wenn die frohlockenden Ruderer sich kräftig ins Zeug legen und die Boote bis zum Rand weggeladen sind. Bis zum 26. Juni hat man rund 300 000 Dollar abgeborgen. Der erbeutete Schatz ist schwer und nimmt

wenig Raum ein. Er ist hauptsächlich in ein paar hundert Kisten aufgestapelt, teilweise gut versteckt und zusammengenommen noch schwieriger zu übersehen als alle anderen samt und sonders ungenauen Angaben der Spanier, mag es sich dabei nun um Dublonen oder um Tote handeln. Wollen die uns für dumm verkaufen, wieviel Geld ist denn eigentlich an Bord? Sagt's schon. Die Schwarzbärtigen zucken die Achseln, keine Ahnung. Sie tun so, als wüßten sie es selbst nicht genau. Vielleicht stimmt es sogar — bei ihrer Schlamperei.

Sehen Sie, Sir, da kommt so vieles zusammen. Da ist das Silber aus dem Erlös der letzten Reise nach Acapulco, dann das Silber zum Ankauf neuer Waren in Manila. Da führen die Leute private Ersparnisse mit sich und die Schiffskasse Überweisungen verschiedener Art. Wie soll man das alles im Kopf behalten, wem gehört was, und wo ist es gelagert? Über den

Daumen gepeilt werden es etwa eine Million Dollar sein. Wie, ihr Engländer seid mißtrauisch? Aber das ist doch schon weitaus mehr, als die Galeone amtlicherseits mitnehmen darf. Ist das etwa noch nicht genug? Dann sucht nur schön.

Die Engländer haben Grund genug, mißtrauisch zu sein. Von allen Schätzen der Neuen Welt ist ein Fünftel an die spanische Krone abzuführen. Es ist aber auch gang und gäbe, die Krone zu betrügen. Die Verschiffer pflegen Beamte zu bestechen, Ladelisten zu fälschen und manches Gold und Silber überhaupt nicht anzugeben. Als „schwarzes" Gold wird es in Warenballen verborgen oder sonstwie im Schiff versteckt und herausgeschmuggelt. Die Engländer tun jedenfalls gut daran, von vornherein mehr zu erwarten als angegeben — und ihre Nase überall reinzustecken. Sie suchen und finden ...

Stürmische Böen und hoher Seegang unterbrechen den Strom des Edelmetalls und legen alles lahm. Die Schiffe drehen bei und warten besseres Wetter ab, dann machen die Schatzsucher weiter.

Der Kommodore überlegt. Sie müssen zusehen, bald einen sicheren Platz zu finden, wo sie mit den schadhaften Schiffen unterkriechen können. Das nächstbeste wäre wieder Macao, wo sie hergekommen sind. Die Chinesen sehen die Engländer zwar nichts weniger als gern und wünschen ihnen alle bösen Geister auf den Hals. Doch was hilft's, es gilt zu retten, was zu retten ist. Und von Macao geht es endlich zurück nach Hause. Auch ihre Segelanweisung lautet so. Sie haben alles erreicht, was sich erreichen ließ, und nun ist ihres Bleibens in diesen Gewässern nicht mehr länger. Sie laufen sonst Gefahr, daß sich der Feind formiert und ihnen die Beute wieder abjagt. Zunächst also fort von den Philippinen und wieder nach China.

Kapitän Saumarez segelt mit den 75 Mann die Galeone, so gut es eben geht. Er hat nicht viel Zeit zu verlieren, das Schiff ist böse zugerichtet. Das schlimmste sind drei schwere Einschüsse und ein Loch unter Wasser. Bei auffrischendem Wind muß die Prise von „Centurion" geschleppt werden, um mithalten zu können. Wenn Wind und See nachlassen, heißt es wieder Boote aussetzen und mehr Beute zum Flaggschiff bringen. Dort ist sie sicherer als auf der Galeone.

Silber, vor allem pures Silber, wiegt schwer. Eine Woche später ist die „Nuestra Señora" schon um soviel leichter geworden, daß man die schweren Kanonen von oben als Ballast hinunter in den Laderaum schaffen muß, damit sie nicht umfällt. Die Luken leeren sich allmählich. Das Bargeld ist hauptsächlich in Kisten von 3 000 bis 4 000 Dollar verpackt. Mehr findet sich in Seekisten, Gepäckstücken und Ballen von Offizieren und mitreisenden Kaufleuten. Die geprägten Münzen alleine belaufen sich auf etwa 1 300 000 Dollar. Ein Ende läßt sich indessen auch jetzt noch nicht absehen, und die Suche nach verborgenen Schätzen und Schmuggelgut geht weiter.

Die Seeleute sind auf den Geschmack gekommen und haben eine feine Nase. Im flackernden Schein ihrer Windlichter stoßen sie in der Tiefe des Raumes auf glitzernde Schmuckkästchen, auf Barren und Platten, auf entzückende Filigranarbeiten von unschätzbarem Wert. Als sie einige unscheinbare Behälter näher betrachten, die bloß herumstehen, entdecken sie zwischen doppelten Böden große Mengen reines Gold, das niemandem zu gehören scheint. Sie klopfen die Wände ab und finden hinter Täfelungen und Deckenverschalungen Beutel und Päckchen. Das Licht in ihrer hocherhobenen Hand wirft seinen Strahl in Ritzen und Winkel, die jäh aufblitzen und Unerwartetes preisgeben.

Die Neigung der Spanier, ihren Reichtum an Bord zu verstecken, ist groß. Der Spürsinn der Engländer, die während der ganzen Rückfahrt weiterstöbern, steht ihnen nicht nach. Bisweilen hilft ihnen der Zufall. Sie schneiden einen verdächtig schweren Käse an und haben unverhofft solide Goldbarren unterm Messer. Noch lange danach, als sie schon wieder vor Kanton ankern, und noch viel später geraten ihnen vereinzelte Silber- und Goldstücke in die Finger.

So also sieht der berühmte Schatz der Manila-Galeone „Nuestra Señora de Cabadonga" aus!

Auch als man sich schließlich zusammentut, um die große Rechnung aufzumachen, bleibt noch vieles unklar und schwer abzusehen.

„Was ist denn nun unterm Strich dabei herausgekommen?" fragt der Kommodore stirnrunzelnd.

Saumarez geht mit der Feder lange Zahlenreihen entlang. „Ich habe 1 278 546 spanische Gold- und Silberdollar zusammengezählt. Das macht nach dem jetzigen Währungskurs etwa 313 121 englische Pfund Sterling."

„Vorausgesetzt, daß es mit der Umrechnung stimmt", entgegnet Anson zweifelnd. „Nach meiner eigenen Aufstellung sind es 1 313 843 Stücke von Achten und 35 682 Unzen reinen Silbers."

„Vergessen wir wieder nicht die vielen Arbeiten der Silberschmiede, deren Wert nur Experten und Liebhaber bestimmen", mahnt Kapitän Saumarez.

„Selbstverständlich nicht", gibt Anson zu. „Zusammengenommen ist das eine phantastische Beute. Die Galeone hat uns gut und gerne anderthalb Millionen Dollar eingebracht."

Die beiden Anführer hängen eine Weile ihren Gedanken nach, rauchen eine Pfeife, und während sie im Geiste ihren persönlichen Anteil überschlagen, werden ihre Mienen immer zufriedener. Schließlich sind von vorangegangenen Beutezügen ja auch noch Werte in Höhe von 400 000 Pfund an Bord. Sie haben es dem Spanier ganz schön gegeben.

„Der muß zudem noch den Verlust aller Schiffe und Waren verschmerzen, Sir, die wir verbrannten und zerstörten. Das ist ein Betrag, der kaum weniger als 600 000 Pfund ausmachen dürfte."

„Ich glaube, das ist noch zu gering angesetzt", entgegnet der Kommodore und schüttelt den Kopf. „Allein der Handstreich auf Paita und die Prisen haben ihn weitaus mehr gekostet — und wenn wir schon die gesamten Verluste überschlagen, die wir dem Feinde zufügten", fährt er fort, „dürfen wir das verlorene Pizarro-Geschwader nicht übersehen. Alles in allem läßt sich der Schaden, den die Spanier durch uns erlitten haben, kaum abschätzen. Es sind unermeßliche Summen."

„Obwohl auch wir nicht ungeschoren davongekommen sind, wenn ich an unser eigenes Geschwader denke", bemerkt Saumarez beiläufig.

Kommodore Anson macht eine leichte Handbewegung, als wollte er etwas vom Tische fegen. „Immerhin haben wir nicht den verletzten Stolz einer Weltmacht zu beklagen. Der Sieg rechtfertigt die Mittel, und mit dem, was wir allein mit unserm Flaggschiff nach Hause bringen, wird man zufrieden sein. Darauf, mein Lieber, lassen Sie uns trinken."

Sie dürfen wirklich mehr als zufrieden sein. Zwar weichen auch die zeitgenössischen Berichte voneinander ab, aber man ist sich schließlich darüber einig, daß der Geldeswert ihrer Beute, die sie nach Hause bringen, mehr als 800 000 Pfund Sterling beträgt, das Pfund zu zwanzig Schilling. Im England von heute würden das ungefähr 50 Millionen Pfund sein, so behauptet man jedenfalls. Die Amerikaner wiederum sprechen von 100 Millionen Dollar. Doch wie man die Dinge auch drehen und wenden mag, der Wirklichkeit dürfte man damit kaum nahekommen. Alles ist relativ, in diesem Fall noch dazu derart abenteuerlich und phantastisch, daß es sich allen greifbaren Vorstellungen entzieht: die größte Kriegsbeute, die einem Schiff vorher und nachher je zuteil wurde. Und die sieben Meere sind groß.

Hier aber greift der Erzähler dem Ablauf der Handlung weit vor. Zuerst müssen Kommodore Anson und sein kleiner Verband das Schlupfloch in China wieder erreichen.

Langsam entfernen sich die Schiffe vom Schauplatz des blutigen Treffens. Durch ein Gewirr von tausend Inseln ziehen sie ab. In der Ferne streichen flinke Eingeborenenkanus vorbei, aber keines kommt zu ihnen. Nachts sichten sie Feuer an Land, von denen man nicht weiß, was sie bedeuten. Alle Seekarten früherer Entdecker erweisen sich als unzuverlässig, und die vorgefundene Karte der Galeone zeigt nur den Weg über den Stillen Ozean. Sie müssen laufend loten und gut Ausguck halten, um die Korallenriffe zu umgehen, die sich hellgrün unter der tiefblauen Oberfläche abzeichnen. Palmen wiegen sich am Horizont, die aussehen, als stünden sie im Wasser, so flach sind die Eilande. Starke Strömungen schieben die Segler hierhin und dorthin. Der Wind wechselt, mal ist er stürmisch, mal mäßig, aber meistens trägt er sie in die gewünschte Richtung. Als zur Rechten die Hauptinsel Luzon zurückbleibt, liegen die Philippinen hinter ihnen, und es geht wieder über offene See.

Ein französisches Kriegsschiff kommt in Sicht. Von den gefangenen Spaniern hat Anson gehört, daß ein Krieg zwischen England und Frankreich droht, aber niemand vermag zu sagen, ob er schon ausgebrochen ist. Mit allen Reichtümern an Bord läßt es der Kommodore nicht an der gebotenen Vorsicht fehlen, aber für ihn ist ein Angriff die beste Verteidigung. Noch außer Reichweite fängt er schon an zu schießen. Hinterher stellt sich heraus, daß der Franzose auch nicht weiß, wie die Dinge stehen. Europa ist weit entfernt, und Neuigkeiten brauchen lange Monate, um hierher zu gelangen. Nur eins ist sicher: der Krieg mit Spanien ist noch immer nicht beendet.

Als am 7. Juli 1743 im Nordwesten Land in Sicht kommt, hat der englische Verband die chinesische Küste zu fassen. Schon vier Tage später gehen die ersten Gefangenen von Bord. Trotz aller erlittenen Unbill sind sie den Engländern dankbar und machen daraus kein Hehl.

Das eigentliche Abenteuer scheint zu Ende. Was ihrer jetzt noch harrt, ist der übliche Ärger mit den Chinesen, sind Schikanen und Intrigen. Das sattsam bekannte Streiten um Hafenabgaben, um einen Ankerplatz, um Reparaturen und um die Ausrüstung für die Heimreise. Es ist das Ringen um Anerkennung eines englischen Kriegsschiffes in chinesischen Hoheitsgewässern. George Anson, Esquire, schluckt einiges hinunter, immer von dem Gedanken beseelt, Schiff und Schatz heil nach Hause zu bringen. Darüber vergehen Monate. Die Matrosen schlucken auch, aber auf eine andere Weise. Sie vertreiben sich die Zeit mit dem Genuß von Arrak, und das nicht zu knapp. In der Vorfreude auf die Heimreise und auf den ihnen winkenden Beuteanteil sind sie dauernd hochgestimmt. Die Offiziere schreiben wohlwollend, daß sie nicht einzuschreiten brauchen, alles sei in bester Ordnung.

Nur das Schatzschiff „Nuestra Señora de Cabadonga" wird allmählich eine Last. Die Galeone leidet an den Gefechtsschäden. Die Takelage müßte größtenteils erneuert werden, und das Leck ist nicht zu stopfen. Die Lenzpumpen sind dermaßen verfallen, daß die Besatzung das Wasser mit Eimern ausschöpfen muß. Der Kupferbeschlag löst sich von der Außenhaut, und das Werg quillt aus den Bordwänden. Beim Verholen auf dem Fluß treibt der schwerfällige Kasten fast auf eine Sandbank. Um den Rumpf überhaupt am Schwimmen zu erhalten, sind alle schweren Geschütze schon zur „Centurion" gebracht worden. Kein Zweifel, die Galeone ist hin. Sie wird die Reise nach England nicht überstehen. Kapitän Saumarez und seine Offiziere machen eine Eingabe an den Kommodore und teilen ihm ihre Bedenken mit.

Mittlerweile bemühen sich die Spanier, über portugiesische Mittelsmänner, um einen Rückkauf des Schiffes. Sie möchten es wiederhaben, ungeachtet seiner schlechten Verfassung. Wahrscheinlich widerstrebt es ihnen, den Gegenstand ihrer schweren Niederlage noch immer in Feindeshand zu wissen. Kommodore Anson wittert ein gutes Geschäft, ist einverstanden und läßt alle brauchbaren Dinge von Bord nehmen. Eine portugiesische Abordnung erscheint und sichert zu, daß sie sich auch um die restlichen Gefangenen kümmern werde. Der Wortführer taxiert das vernachlässigte Schiff und bietet nur kurz:

„Sechstausend Dollar."

„Habe ich mich verhört?" entgegnet der Kommodore. „Gemeint sind doch wohl sechzehntausend Dollar, und das wäre halb geschenkt."

„Nein, nein, sechstausend, so wie sie daliegt."

„Das ist Erpressung, Herr."

„Nennen Sie's, wie Sie's wollen." Der Portugiese bleibt beharrlich. „Sechstausend Dollar, und nicht einen mehr."

Wutschnaubend muß Anson einwilligen. Diesmal haben sie ihn in der Hand. Mit nach England nehmen kann er das Schiff nicht.

Schweren Herzens muß auch Philip Saumarez auf der Galeone Flagge und Wimpel niederholen. Sein Wunsch war zwar in Erfüllung gegangen, er war Captain geworden. Jetzt ist er jedoch ein Kapitän ohne Schiff. Seine alte Dienststellung auf der „Centurion" bekommt er auch nicht wieder, da für ihn ein anderer planmäßig aufgerückt ist. Und so muß am Ende auch Captain Philip Saumarez, inzwischen 32 Jahre alt, unverheiratet und von angegriffener Gesundheit, die Heimreise nach England als überzähliger Offizier antreten.

„Habe ich's nicht schon immer gesagt", beklagt er sich, „ich bin unter einem unglücklichen Stern geboren."

Noch am gleichen Tage, an dem die Galeone für ein Spottgeld an die Portugiesen abgetreten wurde, verließ Kommodore Anson mit seinem Flaggschiff China: am 15. Dezember 1743. Es schien, als könne er sich jetzt nicht schnell genug von den exotischen Schauplätzen trennen. Die Heimreise verlief völlig ereignislos. Weder Stürme noch Krankheiten plagten die „Centurion" und ihre wenigen Überlebenden, der entsetzliche Skorbut stellte sich nicht wieder ein. Sie machten in der Sunda-Straße Station und am Kap der Guten Hoffnung, wo vierzig neue Leute hinzukamen. Am 10. Juni 1744 erfuhren sie von einem englischen Schiff, daß der längst erwartete Krieg mit Frankreich ausgebrochen war. Am 15. Juni 1744 erreichte „Centurion" Spithaed, der Anker fiel nach einer Abwesenheit von drei Jahren und neun Monaten.

Diesmal war ihnen das Glück bis zum letzten Tage treu geblieben. Es stellte sich heraus, daß sie im Kanal bei dichtem Nebel mitten durch eine französische Flotte gesegelt waren, ohne daß die Gegner einander gesichtet hatten. Der Schatz kam ungefährdet nach England.

Wenn Anson gehofft hatte, die Meldung seines großen Erfolges als erster nach Europa bringen zu können, so sah er sich getäuscht. Die Botschaft von der Eroberung der schier fabelhaften Manila-Galeone war ihm vorausgeeilt, und der Jubel der Nation schlug ihm und seinen Leuten wie eine Woge entgegen.

Was ihm an Unheil zugestoßen war, schien vergessen. Sein Geschwader war aufgerieben worden. Von den mehr als 1 900 Mann, die mit ihm ausgezogen waren, kehrten nur 104 zurück. Keiner der invaliden Soldaten von Chelsea hatte die Reise überlebt. Doch davon sprach man nicht. Nur der Erfolg zählte ...

Wieder daheim

An einem Sommertag des Jahres 1744 stieg David Ross leichtfüßig aus der Postkutsche und sah sich um. Er war wieder zu Hause. Dort drüben führten die steinernen Stufen zur Bootsanlegestelle am Bollwerk hinunter, daneben standen die Festmachedalben. Ein Ende weiter weg hantierten Männer an Kranwinden, breiteten Segel zum Trocknen aus, flickten Netze. Die Firmenzeichen der Hafengeschäfte schaukelten im Winde, Nachbildungen von Tönnchen, Seestiefeln oder Kompaß. In den blanken Fensterscheiben der Wasserfront spiegelte sich die Bucht, in der wie eh und je Segelschiffe ankerten oder sich von der Tide mitnehmen ließen.

Nichts schien sich in den vergangenen vier Jahren verändert zu haben, nur daß aus dem halbwüchsigen Burschen von damals ein kräftiger, gebräunter junger Mann geworden war, der alles viel größer in Erinnerung hatte. Guten Tag, guten Tag, grüßte man ihn beiläufig und nickte mit dem Kopf, aber er sah in lauter unbekannte Gesichter.

Und doch, er war ohne Zweifel wieder daheim. An dieser Ecke hatten ihm seinerzeit die Greifer ein Bein gestellt. Über dieses Kopfsteinpflaster war er einmal gehetzt und hatte einen

Schnallenschuh verloren. Das war lange her, heute war er besser ausstaffiert denn je, und nur sein wiegender Gang verriet den Seemann, und vielleicht die langen Haare, die er sich im Nacken zusammengebunden hatte. Er bog in eine wohlvertraute Gasse ein. Drehte sich eben nicht einer nach ihm um — aber wer sollte sich des jungen Fremden wohl noch entsinnen! Er trug blanke Schuhe, modische Strümpfe, einen feinen Rock mit Weste und einen dreieckigen Hut von einem Londoner Ausstatter. Er konnte sich's leisten; in seinem Handgepäck steckte noch ein Geldbeutel mit Vorschuß auf das Prisengeld, bis die Gerichte die endgültige Summe festgesetzt hatten. Und er war ein freier Mann, wenn er auch noch nicht wußte, was er mit der neuen Freiheit anfangen sollte.

Natürlich erst einmal zurück zur Tante. Die würde Augen machen, wenn er so unvermutet vor ihr auftauchte. Vielleicht nicht so ganz unvermutet. Die Zeitungen hatten spaltenlange Berichte über die glückliche Heimkehr der „Centurion" gebracht. Trotzdem blieb es fraglich, ob seine Tante ihn überhaupt erwartete. Außer einigen spärlichen Zeilen, mit denen sie ihn gebeten hatte, sich in den Willen des Allmächtigen zu schicken, hatte er nie ein Lebenszeichen von ihr empfangen, und er selbst hatte auch nichts mehr von sich hören lassen. Es hatte andere Dinge zu bedenken gegeben.

In England wurden schon Lieder auf Anson gedichtet und Flugschriften gedruckt, welche die Abenteuer der Expedition in den höchsten Tönen priesen. Wie voll sie den Mund auch nehmen mochten, die Wirklichkeit war viel schlimmer gewesen. Sie hatte alle Erwartungen übertroffen und sogar das, was sich unser Seemann in seinen kühnsten Jungenträumen von der weiten Welt und dem Leben auf dem Ozean ausgemalt hatte. Er lachte, wenn er an den kleinen David dachte, der abends Bier holen mußte, bis er einmal Zinnkrug und Uhr verlor und endlich merkte, was die Glocke geschlagen hatte. Nun lag das alles hinter ihm, und alle früheren Empfindungen waren verblaßt. Er war wieder daheim.

Er ging die Gasse hinauf, von neugierigen Blicken begleitet, und musterte die Giebel, die sich ihm zuzuneigen schienen. Das vertraute Wirtshausschild des „Penny and Piper" winkte. Halt mal — wie wäre es, wenn er zuerst hier einkehren und die Lage peilen würde? Er versuchte, wie früher, durch die bunten Scheiben zu spähen, entdeckte aber nichts. Ob der Wirt sich wohl seiner entsann?

Die Gaststube war um diese Stunde noch leer. David war erstaunt, einen Fremden hinter dem Schanktisch zu sehen. Der hatte ein rundes, gönnerhaftes John-Bull-Gesicht und ein mitteilsames Gemüt. Er sei durchaus kein Fremder, sondern stamme auch aus dem Ort, erklärte er bereitwillig, die früheren Inhaber hätten die Lizenz an ihn verkauft und seien aufs Land gezogen.

„Das ist allerdings schon volle drei Jahre her", setzte er hinzu, „Ihr müßt lange nicht mehr hiergewesen sein. Kommt Ihr von draußen, etwa von Übersee?"

David schlürfte mit Genuß sein Bier und nickte. „Wie man's nimmt, ich war auf der ‚Centurion'."

„Auf der ‚Centurion', sagt Ihr? Aber dann seid Ihr ja einer von Ansons Leuten —", entgegnete der andere wie aus der Pistole geschossen, „man hört Gott weiß was von euren Heldentaten."

„Man darf nicht alles auf die Goldwaage legen", dämpfte David den Überschwang.

Aber der Wirt kam richtig in Fahrt. „Und dann die Empfänge und Festessen, mit denen man euch Heimkehrer wochenlang ehrte."

„Uns Überlebende", korrigierte David.

„Na ja, meinetwegen auch die Überlebenden, aber wie man euch mit offenen Armen aufgenommen und abgefeiert hat, kann man sich lebhaft vorstellen."

David lächelte. „Das ist nicht übertrieben. Unterwegs wären wir fast verhungert und verdurstet, und jetzt stopfte man es uns vorne und hinten rein."

Der Wirt strahlte. „Die Gazetten schreiben auch, daß die heimgebrachte Beute von Portsmouth in den sicheren Tower nach London überführt wurde. Sagt, sind es tatsächlich zweiunddreißig vollbeladene Rollwagen gewesen, zwei-und-dreißig?" Er ließ die Zahl genießerisch auf der Zunge zergehen.

„Na, was denn", David grinste, „zweiunddreißig Rollwagen mit jeweils acht Pferden bespannt, mit der spanischen Flagge bedeckt, und die englischen Farben obendrüber, und der Kommodorestander vorneweg. Und nebenher gingen die Bewaffneten, damit nichts gestohlen wurde."

Die Augen des Wirtes glänzten, der Stolz Englands spiegelte sich in seiner Miene. „Und an der Spitze, bejubelt vom Volk, bei flotter Marschmusik — bumsvallera — Ansons wackere Seeleute!"

„Die paar Überlebenden."

Diesmal überhörte der Budiker den Einwand. „Und der Kommodore wurde zum Admiral befördert, von unser allergnädigstem König Georg dem Zweiten."

„Zum Konteradmiral genaugenommen", wandte David ein. „Aber das war nach alldem doch selbstverständlich und kein Gnadenakt. Man munkelt schon, daß er auch noch Lord werden soll."

„Hätte er auch verdient, hätte er auch verdient", bekräftigte der Wirt. „Und was die Prisengelder betrifft, die sind erst recht nicht zu verachten. Da fällt für jeden von euch ganz schön was ab. Ist es nicht so, mein Freund?"

David stellte sein Glas hin. „Die Gelder werden nach einem bestimmten Schlüssel aufgeteilt", erklärte er zurückhaltend, „der Geschwaderchef bekommt ein Achtel für sich und als Kommandant der ‚Centurion' nochmals zwei Achtel, macht insgesamt drei Achtel."

Der Wirt pfiff durch die Zähne. „Anson wird also ein sehr wohlhabender Mann — und die anderen?"

„Ein weiteres Achtel fällt an die leitenden Offiziere, und damit wäre schon die Hälfte vergeben."

„Das geht aber fix", wunderte sich der Wirt. „Und wie steht's mit der anderen Hälfte?"

„Soviel ich weiß, bekommen ein weiteres Achtel die Feuerwerker, Ärzte, Zahlmeister, Pfarrer und nachgeordneten Offiziere, dann geht noch ein Achtel für Kadetten und dergleichen drauf, und das restliche Viertel entfällt schließlich auf das untergeordnete Volk."

Der Wirt machte ein langes Gesicht. „Den Letzten beißen die Hunde, so sagt man ja wohl."

David winkte ab. „Ganz so schlimm ist es nun auch wieder nicht. Irgendwie kommt jeder zu seinem Recht."

„Sagen wir nicht irgendwie, sondern hoffentlich. Komm, trink, Seemann, ich gebe einen aus."

Während der Wirt neu einschenkte, bemerkte er so nebenbei: „Wie kommt es, daß Ihr nach der langen Reise gerade hier erscheint, wenn man fragen darf. Seid Ihr vorher hier ansässig gewesen?"

David wischte sich den Schaum vom Mund. „Ansässig ist vielleicht nicht ganz der richtige Ausdruck. Immerhin, ich bin auf dem Wege zu einem gewissen Ross-Haus, wenn Euch das was sagt."

Der Wirt starrte ihn an. „Das Ross-Haus sucht Ihr? Ja, natürlich, und ob mir das was sagt, es ist ganz in der Nähe. Aber viel Glück werdet Ihr damit nicht haben. Die alte Besitzerin ist gestorben, und nun wird das Haus von einer Anwaltsfirma verwaltet und vermietet. Es sieht nicht mehr sehr schön aus — aber, unter uns gesagt, die ganze Gasse sieht schließlich nicht mehr sehr schön aus."

Da hockte nun unser Seemann David im neuen Anzug und stierte in seinen Becher. Seine Stimmung war jäh dahin wie die Sonne hinter Wolken. Er hatte in all den Jahren eine Erinnerung mit sich herumgetragen an etwas, was es nicht mehr gab. Das Haus war an Fremde vermietet, seine Tante tot. Zwar war man einander nicht gerade übermäßig zugetan gewesen, aber man war verwandt und trug den gleichen Namen.

Nun hatte er niemand mehr auf der Welt. Keine Angehörigen, keine Freunde, keine Feinde. Von den Genossen der langen Reise waren die meisten den Strapazen zum Opfer gefallen, und das Häuflein der Zurückgekommenen hatte sich zerstreut. David war allein. Plötzlich sehnte er sich irgendwie nach der alten „Centurion" zurück, die er in- und auswendig kannte. Aber auch das war vorbei. Mit halbem Ohr lauschte er den Reden des Wirtes.

„... die ganze Gasse sieht schließlich nicht sehr schön aus. Deshalb braucht Ihr doch nicht den Kopf hängen lassen, ich wollte Euch gewiß nicht die Laune verderben. Nehmt lieber noch einen."

David gab sich einen Ruck. „Was das Haus angeht, so ist doch sicher ein Erbe vorhanden?"

Der schüttelte den Kopf. „Nicht daß ich wüßte, sonst hätte er sich wohl schon gemeldet. Da war mal ein kleiner Neffe, der mußte für die Alte hier immer Bier holen. Aber eines Nachts ist er verschwunden, und niemand weiß, wo er abgeblieben ist."

„Verschwunden?"

„Ja, er ist fort, von einem Tag zum andern. Warum fragt Ihr?"

David antwortete nicht. Der Wirt machte sich hinter dem Schanktisch zu schaffen und beobachtete seinen Gast aufmerksam, der düster und in sich gekehrt dasaß. Je länger er ihn betrachtete, desto vertrauter erschien er ihm. Er kramte in seiner Erinnerung. „Ich kann mir nicht helfen", bemerkte er schließlich, „aber es kommt mir vor, als hätte ich Euch früher schon mal gesehen."

„Mich?" erwiderte David gedehnt, „das dürfte kaum angehen."

„Doch, doch, ganz bestimmt", sagte der Wirt hastig, und die Erkenntnis erhellte sein Gesicht. „Jetzt weiß ich es, Ihr seid..."

In diesem Augenblick wurde die Tür von draußen aufgestoßen, und mehrere Männer in der üblichen Marinetracht drangen ein. Hinter ihnen, den Eingang ausfüllend, die betreßte Figur eines Leutnants. „Im Namen des Königs — alles sitzenbleiben!"

„Ach, du mein lieber Gott, die Greifer sind wieder da!" entfuhr es dem Wirt.

Die Eindringlinge, den Schlagstock unterm Arm, ließen ihre Blicke kreisen. Enttäuscht maßen sie den leeren Raum.

„Ist das alles, keine Gäste? Die Navy braucht wieder Seeleute. Wir liegen im Kampf mit Frankreich."

„Dies ist mein Haus, Ihr dürft hier nicht ohne weiteres hereinpoltern", protestierte der Wirt, „das schadet dem Geschäft, seht doch selbst, wie schlecht es geht."

„Hier kann jeder rein, eine Gaststätte steht allen offen", konterten die Mariner, während sich der Leutnant bewußt abseits hielt. „Wenn niemand weiter da ist, sehen wir uns diesen Vogel einmal näher an — natürlich mit Eurer gütigen Erlaubnis, Herr Wirt." Der zuckte die Achseln.

Und zu David gewandt: „Wo kommst du her, Maat, ich glaube, dich sollten wir mitnehmen."

David behielt seinen Gleichmut, er kannte diese Typen zur Genüge. „Was ihr nicht sagt! Ich war lange genug in der Navy, bin zufällig gerade entlassen worden. Also, laßt mich zufrieden."

„Aus der Navy entlassen — in diesen unruhigen Zeiten, wo man jeden braucht? Das gibt es doch gar nicht. Bist du etwa desertiert? Laß mal deine Urkunde sehen."

David gab ihm das Entlassungspapier. Der Anwerber beguckte es eingehend von vorne und hinten. Er stutzte und schien ratlos. „Ich weiß nicht recht, Sir —", meinte er unsicher, „was der behauptet, stimmt offenbar. Es ist einer vom Anson-Geschwader."

David wußte, daß er alle Trümpfe in der Hand hatte, und blieb gelassen. Das, was hinter ihm lag, war nicht zu überbieten. Er hatte die Navy aus erster Hand und von ihrer schrecklichsten Seite erfahren, niemand machte ihm etwas vor.

Er kannte die Meere nach allen Richtungen der Kompaßrose, dazu noch Mord und Brand, Tod und Teufel, und konnte diesen Burschen Dinge erzählen, daß sich ihnen die Haare sträubten. Aber das war alles vorbei. War es das wirklich? Er fühlte sich plötzlich einsam an Land und sehnte sich nach der Geborgenheit eines Schiffes, nach einem Platz in einer Gruppe unter Gleichen. Aber er war noch nicht einsam genug, um vom Regen in die Traufe zu gehen. Und ihm konnte keiner etwas anhaben.

„Es ist einer vom Anson-Geschwader, Sir", wiederholte der Sprecher.

„Ja, das ist er", meldete sich nun auch wieder der Wirt. „Er war auf der ‚Centurion', heißt Ross und ist hier beheimatet, nicht wahr?" Aufmunternd nickte er seinem Gast zu.

David spizte die Ohren, endlich hatte man ihn erkannt. Jetzt verlor auch der Offizier etwas von seiner Unnahbarkeit. „Sieh mal einer an, wer hätte das gedacht — von der ‚Centurion' ist er! Das ändert natürlich alles, da müssen wir ihn laufenlassen. Nach einer besonderen Order der Admiralität dürfen wir ihn ohne sein Einverständnis nicht mitnehmen."

Seine Worte bekamen einen fast respektvollen Unterton, und es war wohl nur der Form wegen, daß er fortfuhr: „Oder will er aus freien Stücken wieder in die Marine eintreten? Da hat er alles, was er braucht, und wird es mit seiner Erfahrung weit bringen."

Für einen Augenblick überkamen David wieder die Zweifel. Gewohnheiten erleichtern das Leben. Er beherrschte alle Tricks und Schliche an Bord. Seine Zukunft an Land war noch ungewiß. Doch dann gewann die Vernunft die Oberhand. Nachdem er allen Gefahren auf dem weiten Weltmeer entronnen war, wollte er nicht von sich aus Gott versuchen, um am Ende vor den heimischen Küsten einer feindlichen Kugel zum Opfer zu fallen. Er schüttelte den Kopf.

„Freiwillig wieder eintreten?" sagte er. „Den Deubel werde ich tun."

"Schade", sagte der Leutnant und lächelte. "So redet ein fixer Kerl. Vielleicht sehen wir uns eines Tages doch wieder, die Navy braucht fixe Kerle."

Er gab seinen Leuten einen Wink. Die Mariner drehten sich zögernd um und überließen David seinem Schicksal. Noch im Hinausgehen warfen sie ihm über die Schulter staunende und achtungsvolle Blicke zu, als könnten sie ihre Augen nicht von dem Manne lassen, der das miterlebt hatte, wovon alle Welt sprach.

Bis der Leutnant sie anherrschte: "Los, Leute, vorwärts marsch! Wir haben noch mehr zu tun — der Krieg geht weiter."

Nachwort

Die in diesem Buch erzählten Ereignisse haben sich tatsächlich abgespielt, sie sind ein Stück Geschichte. Die namentlich erwähnten Menschen haben wirklich gelebt, gekämpft und gelitten: George Anson, Philip Saumarez, Dandy Kidd, Louis Léger, Augustus van Keppel, um nur einige zu nennen. Es waren Seeleute und Soldaten, Meister und Maate, Invaliden, Köche und Pulverjungen, die alle in der Musterrolle stehen und deren Namen heute kaum noch einer kennt. Was die Figur des jungen David Ross betrifft, so steht sie stellvertretend für die vielen Matrosen, die zwangsweise in die Royal Navy gepreßt wurden, ob sie nun Andrew Campbell oder Edward O'Brien heißen mögen, oder einfach so wie du und ich. Sie führt uns in die Geschichte hinein und am Ende auch wieder heraus.

Auch die Zeit war so, wie ich sie beschrieben habe. Man empfand sie weder als besonders rauh noch gar als unerträglich, vielmehr als ganz natürlich und angemessen. Man kannte es nicht anders. Es war noch vor der großen Französischen Revolution, aber England, seit 1707 mit Schottland zum Königreich Großbritannien vereint, wurde schon von einem liberalen Parlament regiert, wenn auch der kleine Mann nicht zu Wort kam. Die Royal Navy war ein Teil dieser Zeit, nicht besser und nicht schlechter.

George Anson wurde 1697 als jüngster Sohn eines Landedelmannes in der Grafschaft Staffordshire geboren. Mit 15 Jahren trat er in die Royal Navy ein, machte eine Offizierskarriere und erhielt 1722 sein erstes selbständiges Kommando als Commander, zwei Jahre später als Captain einer Fregatte. Unter anderem kämpfte er sechs Jahre und, nach vorübergehender Verwendung in der Heimat, nochmals drei Jahre in

Westindien gegen Piraten und spanische Freibeuter. Religiös veranlagt, liebte er doch Wein, Weib und Gesang. Selbstbeherrscht und immer ausgeglichen, war er bei den Kolonisten beliebt. Trotz seiner guten Umgangsformen sagte man ihm in Gesellschaft zuweilen eine gewisse Kühle nach, „so daß er sich ebensoviel Feinde wie Freunde machte".

Das „Centurion"-Unternehmen rückte ihn in den Blickpunkt der Öffentlichkeit. 1745, nach Rückkehr von der Weltreise, wurde er in die Admiralität berufen, trat wegen politischer Meinungsverschiedenheiten aus, kam aber wieder. 1747 kaperte er vor Finisterre einen französischen Geleitzug im Werte von 300 000 Pfund Sterling und setzte damit seine einträglichen Erfolge fort. Er wurde Baron und später Erster Lord der Admiralität. Wegen seiner Reformen gilt er als der „Vater der Navy". Er führte u. a. die blaue und weiße Uniform für Offiziere ein, gründete ein Seesoldatenkorps und revidierte die Kriegsartikel und die Disziplinarordnung. Mit der Einteilung der Segelkriegsschiffe in sechs Klassen setzte er neue Maßstäbe. Daneben förderte er neue Schießverfahren. Unter seiner Verwaltung gewann die Royal Navy ihre zunehmende Schlagkraft im weltweiten Siebenjährigen Krieg (1756—1763) um die See- und Kolonialherrschaft zwischen England und Frankreich (zugleich Dritter Schlesischer Krieg Friedrichs des Großen). Er befürwortete die Blockade des französischen Kriegshafens Brest durch Hawke, die zum Schlüssel des britischen Erfolges überhaupt wurde. Lord Anson starb 1762 als Admiral der Flotte (Großadmiral).

Aus Ansons Lehre ging eine Reihe führender Marineoffiziere hervor, von den Teilnehmern der „Centurion"-Expedition wurden sechs später Admiral. Der wahrscheinlich begabteste von ihnen beendete jedoch sein kurzes Leben als Captain: Philip Saumarez.

Philip Saumarez, eigentlich de Saumarez, schien nach seinen eigenen Worten wirklich „unter einem unglücklichen Stern geboren" zu sein. Geboren 1710, stammte er aus einer alten

Marinefamilie von der Kanalinsel Guernsey. Obwohl sehr umsichtig und tüchtig, konnte er sich anfangs keiner schnellen Karriere erfreuen. Noch mit 29 Jahren wurde er als Dritter Leutnant auf H. M. S. „Centurion" eingeschifft, wo auch sein jüngerer Bruder Thomas als Kadett diente. Im Laufe der Reise rückte er zum Ersten Offizier auf, wurde Ansons Vertreter und darüber hinaus sein persönlicher Vertrauter. Wie Anson hatte auch Saumarez früher ist Westindien gedient, beide teilten gemeinsame Erinnerungen.

Philip Saumarez führte während der Weltreise ein Tagebuch, das später die Grundlage amtlicher Berichte bildete. Diese insgesamt vier Bände galten lange als verschollen, wurden jedoch vor einigen Jahren in einem verstaubten Pappkarton auf dem Boden des Herrenhauses wiedergefunden, das sich Saumarez von seinen Prisengeldern gekauft hatte. Nach ihrem Fundort heißen sie heute die „Guernsey-Papers". Um die gerechte Verteilung der besagten Prisengelder kam es übrigens, wie vorausgesagt, zu langwierigen und nicht in allen Fällen befriedigenden Prozessen, die mehr Schaden als Nutzen anrichteten.

Philip Saumarez war unverheiratet. Der Marinedienst, den er über alles liebte, ließ ihm offenbar keine Muße. Nach Rückkehr von der strapaziösen Weltreise wurde Captain Saumarez das Kommando von H. M. S. „Nottingham" übertragen, einer Fregatte, mit der er 1746 das französische Linienschiff „Mars" (64 Kanonen) eroberte. Ein Jahr später, 1747, nur 36 Jahre alt, wurde er im Gefecht bei Finisterre von einer französischen Kanonenkugel getötet. Die Obduktion ergab, daß er nach Meinung der Ärzte ohnehin nur noch ein Jahr zu leben gehabt hätte. Die westindische Dienstzeit hatte seine Gesundheit unterhöhlt, und die Härten des Anson-Unternehmens hatten ihm das Letzte abverlangt. Er war lungenkrank geworden und scheint sich im Dienste der Royal Navy verzehrt zu haben. In der ehrwürdigen Westminster Abbey, Englands Ruhmestempel, erinnern Büste und Plakette an ihn.

Tapfer, umsichtig und dem Dienst ergeben, hätte es Philip Saumarez noch weit bringen können. Aber er kannte die Wolke, die über ihm hing, und dunkel die Kürze seines Lebens ahnend, suchte er jede Gelegenheit sich auszuzeichnen, solange es noch Zeit war. So gesehen, erscheint Philip Saumarez als eine tragische Gestalt. Er und sein Freund und Vorbild George Anson gehören zu den Männern der ersten Stunde in dem langen Ringen um die Seeherrschaft zwischen England und Frankreich, das mit der Blockade von Brest begann und mit der siegreichen Nelson-Ära aufhörte. Wie es Schicksal und Geschichte so wollen, war wiederum ein halbes Jahrhundert später ein jüngerer Captain Saumarez einer von Nelsons „Bande von Brüdern", die ihm halfen, die entscheidenden Seeschlachten zu gewinnen.

Noch ein Wort über Ansons spanische Gegenspieler. Lange nach den Engländern erreichte die „Esperanza" als einziges spanisches Kriegsschiff die südamerikanische Westküste — ein kaum noch schwimmfähiges, geschweige denn kampffähiges Wrack. Und erst zwei Jahre nach Anson, nämlich 1746, kehrte der spanische Admiral Pizarro mit seinem Flaggschiff „Asia" nach Europa zurück. Auch diese Rückreise entwickelte sich zu einer dramatischen Angelegenheit von Mord und Totschlag, als es zwischen den grausamen Spaniern und der meuternden indianischen Mannschaft zu einem erbitterten Kampf um den Besitz des Schiffes kam. Die Spanier behielten schließlich die Oberhand, wenn auch unter erheblichen Opfern, und Pizarro erreichte, ähnlich wie Anson, nur mit seinem Flaggschiff und weniger als hundert Getreuen die Heimat. Das war alles, was von seinem Geschwader von fünf Kriegsschiffen, einem Hilfsfahrzeug und von mehr als dreitausend Mann, der „Blüte spanischer Seefahrer", übrigblieb, mit denen er vor sechs Jahren einmal ausgezogen war, die Engländer zu vernichten.

Obwohl man einander, abgesehen von einer zufälligen Begegnung mit einem englischen Schiff im Südatlantik, überhaupt nicht zu Gesicht bekommen und keinen Schuß gewechselt hatte,

hatte das bloße Vorhandensein der Engländer genügt, erhebliche Seestreitkräfte der Spanier aus Europa abzuziehen. Das nennt man eine weitsichtige und langfristige Planung, das ist Strategie.

Die materiellen englischen Verluste wurden durch die Eroberung der Galeone mehr als aufgewogen, es war die größte Beute aller Zeiten auf dem Meer. Die Spanier hatten nicht das Schwarze unterm Nagel gewonnen, wie man so sagt, dagegen alles verloren. Und die Zurückkehrenden kamen zu spät. Die Kämpfe zur See hatten sich bereits in andere Richtungen verlagert. Jetzt wehte ein anderer Wind, der weltweite Siebenjährige Krieg zog herauf.

Schiffe des Anson-Geschwaders

„Centurion" 60 Kanonen   521 Mann   1 005 t
(Schiff dritter Rate) gebaut 1732, abgewrackt 1769

„Gloucester" 50 Kanonen   396 Mann   866 t
(Schiff vierter Rate) gebaut 1737, verbrannt 1742

„Severn" 50 Kanonen   384 Mann   853 t
(Schiff vierter Rate) gebaut 1695, umgebaut 1739, abgewrackt 1747

„Pearl" 40 Kanonen   299 Mann   595 t
(Schiff vierter Rate) gebaut 1708, umgebaut 1726, verkauft 1744

„Wager" 28 Kanonen   243 Mann   559 t
(Schiff sechster Rate) erworben 1739, gestrandet 1741

„Tryal" 8 Kanonen   96 Mann   201 t
(Sloop) gebaut 1732, versenkt 1741.

Dazu als Versorgungsschiffe die Handelsschoner „Anna" und „Industry"

Reihenfolge der Kommandanten

„Centurion" Kommodore George Anson, Esquire

„Gloucester" Capt. Richard Norris
Capt. Mathew Mitchel

„Severn" Capt. The Honourable Edward Legg

„Pearl" Capt. Mathew Mitchel
Capt. Daniel „Dandy" Kidd (†)
Capt. The Honourable John Murray

„Wager" Capt. Daniel „Dandy" Kidd
Capt. The Honourable John Murray
Capt. David Cheap

„Tryal" Capt. The Honourable John Murray
Ltn. David Cheap
Ltn. Charles Saunders
Ltn. Philip Saumarez (i. V.)

Saunders und Saumarez erreichten Captain-Rang als Kommandanten von Prisen.

Besatzung des Flaggschiffs „Centurion" (soweit ersichtlich)

George Anson, Esquire	Kapitän z. S. und Geschwaderkommodore
Philip Saumarez	Erster Leutnant
Piercy Brett	Zweiter Leutnant
Mr. Dennis	Dritter Leutnant
Richard Walter, M. A.	Schiffsgeistlicher
Mr. Waller	Schiffsarzt
Justinian Nutt	Navigator und Segelmaster
Zahlmeister	
Stückmeister/Feuerwerker	
Hon. Augustus van Keppel	Kadett (Sohn des Herzogs von Richmond)
Thomas Saumarez	Kadett
Mr. Halldane	Kadett
Mr. Taswell	Viktualienagent
Charles Herriot	sein Neffe
Wachtmeister	Profos, Master at Arms
Quartermeister	
Bootsmann und Bootsmannsmaate	
Segelmacher und Segelmachersmaate	
Sanitätsmaate	
Verwaltungsmaate	
Zimmerleute	
Schmiede	
Köche	
Louis Léger	Ansons französischer Koch
Bediente der Offiziere	
Able Seamen (Vollmatrosen)	gleichzeitig Kanoniere
Ordinary Seamen (Leichtmatrosen)	und Schützen
Schiffsjungen/Pulverjungen (ab 13 Jahren)	
Mordaunt Cracherode	Oberstleutnant und Kommandeur der Seesoldaten
Mr. Gordon	Leutnant der Seesoldaten/Marines
Marines und Invaliden	

Diese Aufstellung umfaßt nicht alle. Insgesamt befanden sich an Bord:

Offiziere und Bediente	32
Seeleute	367
Seesoldaten/Offiziere	5
Seesoldaten	117
zusammen	521

Benutzte Literatur

Anson, George/Walter, Richard
    A Voyage round the World
    in the Years 1740, 1741, 1742, 1743, 1744
    A New Edition London 1838

Bell, Douglas	Seamen of Britain	London 1943
Bowen, Frank C.	Men of the wooden Walls	London/New York 1952
Brown, Douglas G.	The floating Bulwark	London 1963
Cipolla, Carlo M.	Guns & Sails	London 1965
Heaps, L.	Log of the Centurion	New York 1974
Horner, Dave	The Treasure Galleons	London 1973
Hugget, Frank E.	Life & Work at Sea	London 1975
Pack, S. W. C.	Lord Anson's Voyage round the World 1740—1744	West Drayton 1947
Padfield, Peter	Waffen auf See	Bielefeld 1973
Wheeler, Harold	The wonderful Story of the Sea	London 1935

Encyclopaedia Britannica   1973—74

Aufsätze:

Schadewaldt, Hans Prof. Dr. med.
    Die Lebensbedingungen der Seefahrt in
    vergangener Zeit
        Schiffahrt international 9/73

    Medizin und Naturwissenschaften
    auf Entdeckungsreisen
        HDW-Werkzeitschrift 1971

Der Autor

Fritz Brustat-Naval ist einer der bekanntesten deutschen Seebuchautoren der Gegenwart. Er ist noch auf Segelschiffen „vor dem Mast" um Kap Hoorn gefahren. Als Kapitän auf Großer Fahrt lernte er alle Weltmeere kennen. Er gehört dem Freundschaftsbund der letzten Kap-Hoorn-Umsegler an, der berühmten Association Amicale Internationale des Capitaines au Long-Cours Cap Horniers. Er hat die Welt mit offenen Augen gesehen, studierte Politische Wissenschaften, bereiste das China Mao Tse-tungs und war bei der Windjammerparade 1972 als Kommentator auf dem Flaggschiff des Bundespräsidenten eingesetzt. Fritz Brustat-Naval weiß, wovon er schreibt, man merkt seinen Büchern an, daß er die Welt der Seefahrt aus eigenem Erleben kennt. Er schrieb zahlreiche Seebücher, entwarf Dokumentarfilme und arbeitet für Presse, Funk und Fernsehen.

Der Illustrator

Hans Peter Jürgens ist ein bekannter Marinemaler und Mitglied der Royal Society of Marine Artists. Auch er hat als junger Seemann Kap Hoorn umsegelt, auf der Hamburger Viermastbark „Priwall", hat das Kapitänspatent auf Große Fahrt erworben und ist als Kapitän auf Schiffen der deutschen Hansa-Linie gefahren. Heute ist er als Lotse in Kiel tätig.

Bücher von der See und von der Seefahrt

Fritz Brustat-Naval: Windjammer auf großer Fahrt

Der Kieler Kapitän und Cap Hornier zeigt an zahlreichen Beispielen „die Welt der Segelschiffe, wie sie wirklich war". Glück und Leid der Windjammer, Aufstieg und Fall ihrer Reedereien, Schicksal und Ende der großen Segelschiffe werden kenntnisreich geschildert. Chamissos Weltumseglung kommt ebenso vor wie das Verschwinden des „Admiral Karpfanger", der Graf-Luckner-Story folgt das Kapitel der Schulsegler und ihrer Auswüchse, Salpeterfahrten wechseln mit Weizenregatten, die „Pamir" geht unter, und am Ende steht die Geschichte der Amicale der Cap Horniers.
Ein umfangreiches Register nennt Namen, die heute kaum noch einer kennt. Rund hundert dokumentarische Fotos, alte Stiche, acht bunte Bildtafeln runden das 255 Seiten starke Buch ab.

Kieler Nachrichten

Fritz Brustat-Naval: Die Kap-Hoorn-Saga

Der bekannte Seebuch-Autor, der selbst noch vor dem Mast um das sagenhafte Kap der Stürme gesegelt ist, erzählt in diesem Buch die Schicksale von Menschen und Schiffen am Ende der Welt. Über vier Jahrhunderte lang, seit der Entdeckung der Neuen Welt bis in unser technisches Zeitalter hinein, war das berüchtigte Kap Hoorn der Prüfstein, die Schicksalsmarke der Segelschiffe, die auf dem Wege zur Westküste Amerikas oder in die Südsee, oft Wochen und Monate lang, gegen die heulenden und brüllenden Weststürme ankämpfen mußten ...

240 Seiten, 5 Karten, 56 Fotos und Zeichnungen

W. FISCHER-VERLAG · GÖTTINGEN